ZHONGGUO ZUQIU NIANJIAN

中国足球年鉴

ZHONGGUO

ZUQIU NIANJIAN

《中国足球年鉴》编委会　编

2011

武汉出版社
WUHAN PUBLISHING HOUSE

(鄂)新登字08号
图书在版编目(CIP)数据
中国足球年鉴.2011/《中国足球年鉴》编委会编.—武汉:武汉出版社,2011.5
ISBN 978-7-5430-5780-7
Ⅰ.①中…　Ⅱ.①中…Ⅲ.①足球运动—中国—2011—年鉴
Ⅳ.①G843.92-45
中国版本图书馆CIP数据核字(2011)第063046号

编　　者:《中国足球年鉴》编委会
责任编辑:杨建文、郭牧林、熊刚
装帧设计:刘福珊
出　　版:武汉出版社
社　　址:武汉市江汉区新华下路103号　　邮　　编:430015
电　　话:(027)85606403　85600625
http://www.whcbs.com　　E-mail:zbs@whcbs.com
印　　刷:武汉中远印务有限公司　　经　　销:新华书店
开　　本:850mm×1168mm　1/32
印　　张:13.5　　字数:364千字　　插页:3
版　　次:2011年6月第1版　2011年6月第1次印刷
定　　价:50.00元

中国 ZHONGGUO

足球年鉴 2011

ZUQIU NIANJIAN

编写说明

一、《中国足球年鉴》是以足球运动管理人员、科研人员、运动员、教练员和广大足球爱好者为读者对象的大型专业工具书，以连续出版的方式每年编印一本，力求从史料的角度为中国足球运动的理论研究做一些基础性的工作。《中国足球年鉴2011》全面、系统、客观、真实地记录了2010年中国足球运动发展的状况，具有较强的文献性、资料性和权威性。

二、2010年是中国足球在危机中艰难复兴的一年，虽然有男足国青队、国少队分别无缘2011年世青赛、世少赛和国奥队止步亚运会16强的苦涩，但也有足坛反赌扫黑行动不断深入的捷报，有东亚四强赛男足国家队勇夺冠军带给球迷的惊喜，让人们感受到了危难时刻的中国足球奋力前行的脚步。《中国足球年鉴2011》以赛事为中心对2010年的中国足球状况进行动态扫描和分类综述。赛事分为东亚四强赛、女足亚洲杯、第16届亚运会足球比赛、U-19亚洲青年足球锦标赛、U-16亚洲少年足球锦标赛、亚足联室内五人足球锦标赛、亚洲冠军联赛、中国足球超级联赛、中国足球甲级联赛、全国足球乙级联赛、全国女子足球超级联赛等11大项，每项赛事部分都由文字综述和相关资料组成，所收资料截至2010年12月31日止。除赛事外，还收有《2010年中国足球纪事》，《附录》为《2010年国际足球大事记》。

三、本书所采用的稿件，均由长期从事中国足球报道和评论的专业人员撰写。《中国队征战2010年东亚四强赛综述》、《中国队征战2010年亚足联室内五人足球锦标赛综述》、《2010年中甲联赛综述》、《2010年全国足球乙级联赛综述》由曹旭东执笔，《中国队征战2010年女足亚洲杯综述》、《中国队征战第16届亚运会足球比赛综述》、《中国队征战2010年U-19亚青赛综述》、《2010年全国女足超级联赛综述》由徐毅执笔，《中国队征战2010年U-16亚少赛综述》、《中国俱乐部征战2010年亚洲冠军联赛综述》、《2010年中超联赛综述》由邹鹏亮执笔，《2010年中国足球纪事》由郭牧宁执笔，《2010年国际足球大事记》由杨卓执笔，资料收集和整理工作由足球之夜杂志编辑部完成。本书在编辑过程中得到了国内多家俱乐部、媒体及有关部门的协助和支持，在此一并表示感谢。

四、《中国足球年鉴》的编辑出版工作是个不断探索、不断积累、不断完善的过程，由于时间紧张，加上我们水平有限，书中肯定还存在许多不足和疏漏之处，欢迎大家批评指正，以便我们在以后的编辑出版工作中进行改进。

编者

2011年4月

中国 ZHONGGUO

足球年鉴 2011

ZUQIU NIANJIAN

目录

东亚四强赛

EAST ASIAN FOOTBALL CHAMPIO
EAST ASIAN FOOTBALL CHAMPIONSHIP 2010 JAPAN
Champions
D 500
Cash
Date:14 Febr
EAST ASIA

中国队征战 2010 年东亚四强赛综述

中国队征战男子足球比赛综述

2010 年 2 月 6 日至 14 日，东亚足球四强赛在日本东京拉开帷幕。2009 年底，中国足坛展开了一场声势浩大的反赌风暴，中国足球的形象在国人面前乃至世界范围内已经跌至谷底，中国足球正在经历一次彻底的洗心革面。该届东亚四强赛中国队的表现关系着中国足球能否重新树立一个正面形象。

这届东亚四强赛男足比赛的 4 支参赛球队，除了中日韩三国直接入围以外，还有 7 支球队要先打附加赛。首先是第一阶段小组赛，由关岛队、蒙古队、中国澳门队和北马里亚纳群岛队 4 支球队参加，赛制是单循环小组赛，小组头名进入第二阶段较量，最终关岛队获得了小组第一。第二阶段小组赛在中国香港队、朝鲜队、中华台北队和关岛队 4 支球队之间展开，赛制也是单循环小组赛，最终中国香港队和朝鲜队都获得了 2 胜 1 平积 7 分的成绩，但是中国香港队的净胜球比朝鲜队多，所以中国香港队获得了 2010 年东亚四强赛的参赛资格。

中国男足征战东亚四强赛名单

杨智、曾诚、关震、赵鹏、杜威、孙祥、何杨、荣昊、刘建业、汪强、张琳芃、冯潇霆、杨昊、黄博文、闫峰、赵旭日、邓卓翔、于海、姜宁、郜林、曲波、杨旭、武磊

中国队 0 比 0 日本队

北京时间 2 月 6 日 18 点 15 分，2010 年东亚足球四强赛男足比赛在日本东京味之素体育场揭开战幕，中国队首场迎战东道主日本队，结果中国队在第 81 分钟赢得一粒点球，可惜杨昊主罚的点球被日本队门将酋崎正刚扑出，最终中国队与日本队 0 比 0 互交白卷，遗憾地错失了终结 12 年不胜日本队尴尬纪录的绝佳良机。

开场之后，坐镇主场的日本队迅速控制了场上的主动权。第 2 分钟，日本队在中路挑传穿透了中国队的防线，大久保嘉人在禁区右侧射门没有打上力量，中国队门将杨智将球牢牢抱住。不久，日本队又获得一个任意球机会，远藤保仁的传中也给中国队禁区内的防守制造了混乱。此后，中国队就势摆出一副防守反击的姿态。第 7 分钟，姜宁右侧强突造成田中斗笠王犯规，中国队获得禁区线右侧任意球，邓卓翔主罚直接打在人墙上。第 19 分钟，日本队在左侧底线附近切入传中，冈崎慎司前点似传似射形成吊门效果，皮球划出高弧线后落在横梁上沿弹出界外。第 31 分钟，中国队在前场左侧通过连续快节奏传递后，荣昊将球挑传至禁区线附近，郜林转身射门被中泽佑二挡出。1 分钟后，中国队张琳芃右侧斜传，中泽佑二再次将球解围出禁区，荣昊在禁区前迎球大力抽射，皮球擦立柱偏出大门。上半场两队 0 比 0 战平。

下半场开始后不久，日本队连续获得任意球机会。第 49 分钟，冈崎慎司在禁区中路头球攻门顶高。1 分钟后，中国队形成反击攻势，张琳芃在右翼插上扣球摆脱对方防守队员，然后一脚劲射打偏。第 54 分钟，日本队长传至前场右翼，内田笃人切入禁区后小角度大力劲射，皮球击中后立柱直线弹回，杨智反应迅速将球没收。1 分钟后，日本队球门前也出现险情，荣昊在左侧突破后下底传中，在中国队逼抢的压力下，中泽佑二飞身救险和门将酋崎正刚彼此干扰，皮球反弹向空门，幸亏田中斗笠王在门线前及时将球解围破坏。第81分钟，中国队通过拼抢赢得了一个点球机会。姜宁在左路得球后传中，郜林在禁区中路停球调整时，日本队后卫长友佑都手球犯规，当值主裁判果断吹罚点球，但是杨昊主罚的点球力道不足，被日本队门将酋崎正刚一个侧扑将球扑出，中国队错失了一个绝杀对手的大好机会。2分钟后，日本队也错过了一个良机，平山相太横向头球摆渡，大久保嘉人扫射，皮球碰到冯潇霆后擦着右立柱偏出。最终，中国队与日本队0比0握手言和。

中国队出场阵容：

杨智/荣昊、杜威、赵鹏、张琳芃/杨昊、赵旭日（第65分钟，冯潇霆）、孙祥（第46分钟，曲波）、邓卓翔、姜宁/郜林（第83分钟，杨旭）

中国队3比0韩国队

北京时间2月10日18点15分，2010年东亚四强赛进入第2轮的争夺，在东京味之素体育场作战的中国国家队依靠于海、郜林和邓卓翔的进球，以3比0完胜卫冕冠军韩国队，不但终结了长达32年的在国际A级赛事中不胜韩国队的“恐韩症”尴尬历史，还创造了战胜韩国队的历史最大分差纪录。这是继当天下午中国女足2比1击败韩国女足后，中国男足再次完胜韩国男足，从而让2010年2月10日成为了中国足球的“克韩日”。

在首轮比赛中，不被外界看好的中国队错失一粒点球与东道主日本队0比0战平，而韩国队则以5比0大胜中国香港队喜迎开门红。这是中韩两队自1978年以来进行的第26次交锋，此前中国队9平16负未有一胜。在东亚四强赛的前3次交锋中，中国队也是1平2负难以撼动韩国队，即使在2005年夺冠时也是1比1逼平太极虎。此役，高洪波对首发阵容做出3处调整，在韩国K联赛踢球的冯潇霆入替赵鹏先发，前场两翼也换成了曲波和于海。

开场后双方迅速形成紧密对峙，积极前压的中国队在第 4 分钟取得完美开局。曲波在右翼传中被对手挡出，皮球反弹中又形成了下底突破机会，曲波前插后再度传中落点极佳，于海近距离甩头攻破韩国队球门后角，对方门将李云在对此球毫无反应，中国队 1 比 0 领先。失球后，韩国队形成前场连续控制，并多次形成传中球，中国队中后卫冯潇霆与杜威没有给对手绝对机会。第 19 分钟，持续进攻的韩国队由李根浩在左翼内切后一脚远射，中国队门将杨智飞身将球扑出。第 26 分钟，赵旭日在中场断球后连续过人突破，金正友故意犯规领到黄牌，邓卓翔主罚任意球攻门，李云在牢牢将球抱入怀中。第 27 分钟，韩国队后卫郭泰辉开大脚解围失误，杨昊在禁区前得球后准确分到禁区左侧，及时跟进的郜林面对弃门出击的李云在小角度射门得分，中国队 2 比 0 领先。扩大比分后，中国队的士气顿时高涨，片刻后又形成连续配合渗透，不过邓卓翔被判定越位后仍然起脚射门，被主裁判出示黄牌警告。韩国队士气也因此受到影响，进攻声势已明显减弱，中国队以防守反击架式同对手形成拉锯。第 41 分钟，中国队的杨昊在后场得球后传给赵旭日，后者前插再妙传至左侧，郜林带球冲入韩国队禁区后一脚低射，皮球被李云在封出后反弹回郜林脚下，郜林已反应不及将球趟出了底线。上半场中国队 2 比 0 暂时领先。

下半场开始后，韩国队连续换人加强冲击，而中国队继续稳守反击，连续化解了韩国队边路的多次攻势。第 56 分钟，中国队反击中再次形成威胁攻势，赵旭日将球传到韩国队禁区左侧，于海似传似射地将球扫到门前，郜林与邓卓翔两点一前一后的包抄均错过了打空门的机会。第 60 分钟，中国队在后场化解了韩国队攻势后，曲波快速带球前插策动反击，邓卓翔接曲波妙传后连续过掉两人后杀入禁区中路，一脚冷静的弧线球射门，皮球绕过奋力扑救的李云在，直蹿球门后角网窝，中国队 3 比 0 领先。面对邓卓翔的这粒极为精彩更是提气的进球，韩国队一代功勋门将李云在的表情已显绝望。第 66 分钟，韩国队反复冲击终形成机会，金正友面对出击的中国队门将杨智抢先出脚射空门，就在皮球越过门线瞬间，荣昊及时解围，皮球击中横梁下沿后弹出。3 分钟后，韩国队卢秉俊劲射再被杨智倒地封出。此后一段时间内，韩国队连续冲击中国队的防线，而中国队努力化解着对手的威胁进攻。第 81 分钟，韩国队右路斜传入中国队禁区，卢秉俊小角度抽射被杨智封出，皮球反弹至禁区后点，韩国队再度凌空抽射，杨智反应极快再次将球挡出。此后，李东国在左侧小角度劲射击中了中国队大门的边网。最终中国队 3 比 0 战胜韩国队全取 3 分。

中国队出场阵容：

杨智/荣昊、杜威、冯潇霆、张琳芃/杨昊、赵旭日（第 71 分钟，闫峰）、于海、邓卓翔（第 87 分钟，赵鹏）、曲波/郜林（第 64 分钟，姜宁）

中国队 2 比 0 中国香港队

北京时间 2 月 14 日 15 点 30 分，2010 年东亚四强赛进入收官战的争夺。在最后一轮比赛中，中国队在东京国立霞丘竞技场依靠曲波的梅开二度 2 比 0 击败中国香港队，从而以 2 胜 1 平进 5 球失 0 球积 7 分的佳绩获得冠军，这是中国队继 2005 年之后第二次夺得东亚四强赛冠军。

在战平东道主日本队、3 球完胜韩国队之后，中国队若能此战击败中国香港队就有望问鼎该届赛事的冠军。而比赛当日又正好时逢中国农历的大年初一，因此中国队上下也表态要全力争胜为全国球迷奉上新年贺礼。由于赵旭日累积两张黄牌停赛，中国队此战阵容略有变化，刘建业顶替赵旭日出任后腰，其余位置均沿用对韩国队一战配置。

比赛伊始，中国队阵型积极全力前压。第 17 分钟，中国队在后场阻断了中国香港队的攻势，于海长传发动反击，郜林外切过掉谢雷后于禁区右翼小角度低射，中国香港队门将叶鸿辉用腿将球挡下。第 28 分钟，中国队的刘建业在右路突然远程吊射球门，叶鸿辉奋力将球托出横梁。第 39 分钟，杨昊在中场断球后展开反击，邓卓翔从右翼得球后突然前传穿透了中国香港队防线，杨昊插入禁区面对门将形成单刀之势，但他的攻门被叶鸿辉扑出底线。第 44 分钟，中国队在左翼获得一个任意球机会，皮球开出被中国香港队后卫破坏出禁区后，刘建业直传禁区右翼，曲波停球后小角度一脚低射，将皮球送入球门远角，中国队 1 比 0 领先。

中场休息后，中国香港队有意将阵型前压。第 51 分钟，中国香港队在右翼斜传形成威胁，张琳芃对落点判断失误未能碰到皮球，郭建邦在禁区后点面对杨智低射，幸亏杨智反应机敏将球挡出。第 55 分钟，郜林在右翼摆脱谢雷后带球直突禁区，中路跟进的邓卓翔已是无人盯防，但郜林传中稍大未能形成有效配合。第 67 分钟，邓卓翔在中场挑传中国香港队的防线身后，武磊前插已形成单刀机会，可惜他带球失误错过了建功良机。第 73 分钟，中国队化解了对手的攻势后展开快速反击，邓卓翔左翼带球后精确直塞，刚刚替补郜林出场的姜宁快速插入禁区，中国香港队后卫李志豪在背后将姜宁放倒，主裁判吹罚点球并向李志豪出示黄牌，曲波操刀点球破门，中国队 2 比 0 领先。1 分钟后，中国队很快又有扩大战果的机会，姜宁在左翼内切连过两人，可惜最后一脚攻门却将球打飞。随后双方均未再形成威胁攻势，最终中国队 2 比 0 奏凯。

由于日本队在另外一场比赛中 1 比 3 不敌韩国队，这样中国队就以 2 胜 1 平积 7 分的佳绩豪取 2010 年东亚四强赛冠军，韩国队以 2 胜 1 负积 6 分的成绩屈居亚军，东道主日本队则以 1 胜 1 平 1 负的成绩位列第 3 名，中国香港队 3 战皆负排名垫底。

中国队出场阵容：

杨智/荣昊、杜威（第 89 分钟，冯潇霆）、赵鹏、张琳芃/杨昊、刘

建业、于海(第57分钟,武磊)、邓卓翔、曲波/郜林(第69分钟,姜宁)

2010年东亚四强赛男足比赛各类奖项

最佳球员	杜威(中国)
最佳射手	曲波(中国)、李东国(韩国)、李圣阮(韩国)、玉田圭司(日本)(2球)
最佳门将	杨智(中国)
最佳后卫	赵容亨(韩国)
公平竞赛奖	中国香港队

中国队征战女子足球比赛综述

2010年2月6日至13日，东亚四强赛女足比赛在日本东京举行。曾经号称亚洲霸主的中国女足早已青黄不接、风光不再。在亚洲女足的格局中，日本队和朝鲜队已经成为了代表，中国队早已不具备与之抗衡的实力，而只能与韩国队掰一掰手腕。如果再考虑到澳大利亚队的国际排名也高于自己，中国女足在亚洲的位置实际上已经相当尴尬。

在上届东亚四强赛上，中国队名列第三。此次比赛，中国女足主教练商瑞华需要考察众多的年轻球员为2010年阿尔加夫杯和女足亚洲杯做准备。

中国女足征战东亚四强赛名单

张颖、徐媛、袁帆、高燕、孙凌、尤佳、韩端、马晓旭、毕妍、庞丰月、王冬妮、李丹阳、晋晓梅、张艳茹、马君、翁晓洁、刘卅、汪玲玲、张娜、刘华娜

中国队0比2日本队

北京时间2月6日14点30分，2010年东亚四强赛在日本揭开战幕。在揭幕战中，坐镇主场东京味之素体育场的日本女足2比0战胜中国女足。

由于现场温度较低，所以两队在开场后迅速展开了快节奏对峙。第5分钟，亚洲足球小姐泽穗希在中场抢断后迅速直传，大野忍得球后形成单刀势头，可惜她的攻门过于急躁，一脚低射没能打上力量，中国队门将张艳茹将球没收。此后，日本队频繁在边路和中国队的腹地展开冲击，而中国队只能以防守为主，在进攻中只能简单的前传，失误率较高。第19分钟，袁帆在中路防守时放倒了对方球员山口麻美，日本队获得距球门25米处任意球机会，宫间绫右脚抽射，皮球从中国队人墙漏缝中穿过后击中左立柱内侧弹入球网，日本队 1 比 0 领先。失球后中国队虽然有心想要前压，但是在阵地战传递中很难向前渗透，几度边路传中也没有形成包抄，相反日本队则继续拉开阵型给中国队施压。第 29 分钟，马晓旭左翼内切连续过人摆脱，在其横传后韩端于禁区弧前回做，庞丰月远射打偏。这是中国队此战首次攻门。第 44 分钟，中国队获得开场以来最好的得分机会，李丹阳接毕妍开出的任意球头球攻门，皮球重重击中横梁上沿弹出底线。

下半场开始后，中国队前压意图比较明确，不过在处于逆风的情况下，很难组织起有效的攻势。日本队则展开防守反击。第 60 分钟，中国队的防线再次出现重大失误，给日本队创造了第二粒进球——日本队左侧传中，李丹阳头球将其截下，庞丰月准备头球回传给门将张艳茹，但是力量明显不足，近贺由香里插上断球面对张艳茹起右脚捅射斜线球破门。失球后，商瑞华立即用汪玲玲换下尤佳，马晓旭从左边路位置推到锋线。日本队则派出有“天才少女”之称的岩渊真奈。此后，日本队依然用持续进攻压制住中国队。最终，在揭幕战中，中国队 0 比 2 告负。

比赛结束后，中国队主教练商瑞华表示：“两支球队打了一场非常精彩的比赛，双方控球、渗透都很好。日本队比中国队进入状态快一些，她们把握住了机会，取得了胜利。我对我们后面 60 分钟的比赛很满意。”对于马晓旭在本场比赛中的表现，商瑞华认为：“马晓旭在心理上还是有些阴影，只要她的身体状态好，能胜任多个位置。”另外，在谈到日本队以及 5 月的女足亚洲杯时，商瑞华认为：“近几年来，日本女足发展很快，后备力量很足，打法也比较稳定，她们在整体组织上，不仅仅在亚洲，在世界范围内也是非常好的，中国队与她们相比还有差距，应该说日本队是亚洲杯我们要面对的很强劲的对手。亚洲杯前我们还需要进行更多的准备，我认为我们队参加亚洲杯还是有很大的希望，因为我们还有时间，我相信亚洲杯的时候我们还有一场精彩的比赛。”

中国队出场阵容:

张艳茹/高燕(第 83 分钟,孙凌)、袁帆、李丹阳、刘华娜/庞丰月(第 85 分钟,刘卅)、毕妍、徐媛、尤佳(第 65 分钟,汪玲玲)、马晓旭/韩端

中国队 2 比 1 韩国队

北京时间 2 月 10 日 15 点 30 分,东亚四强赛女足赛事在日本东京继续进行,中国队迎来第二个对手韩国队。本场比赛,中国队的首发阵容与对阵日本队时相比仅有一处变化,即晋晓梅替换高燕出任左后卫。

开场后中国队迅速展开积极前压,仅仅 1 分钟即形成威胁攻势——中国队在前场右路拦下韩国队界外球,韩端回撤后做球,尤佳插上在离球门 15 码处右脚垫射稍稍偏出右立柱。第 16 分钟,韩国队吉素云左侧快速突破后直插中国队禁区,她的小角度攻门被张艳茹封出。第 34 分钟,中国队中场抢断后迅速前传右侧,徐媛小角度大力斜射,韩国队门将飞身将球挡下。1 分钟之后,韩国队李姜美接任意球后近距离冲顶被张艳茹连续扑救挡出底线。第 37 分钟,韩国队崔君美将球挑至禁区右翼,景加颖面对出击的张艳茹挑射被封堵,吉素云大力抢射空门,皮球击中横梁。半场结束前,韩国队利用中国队解围失误获得良机,景加颖禁区右翼小角度劲射稍打高。

下半时伊始,现场飘起雪花。中国队率先换人,商瑞华用张娜将尤佳换下。第 51 分钟,中国队从左路开始耐心组织一直打到右翼,庞丰月拿球后传中,马晓旭小禁区边缘甩头攻门打破僵局,中国队 1 比 0 领先。失球后,韩国队先是对锋线人员进行调整,随即全线压上,只不过之后的两脚远射都无甚威胁。第 61 分钟,徐媛前场断下金有美的脚下球后传中,韩端头球攻门,可惜稍稍顶高错失扩大领先优势的绝佳良机。第 62 分钟,中国队获得角球机会,

毕妍在右侧开出，袁帆抢点头球攻门，韩国队门将金正美失误，让皮球从自己裆下漏过钻入球网。凭借此份大礼，中国队 2 比 0 领先。随后中国队更侧重于防守，而韩国队则加强攻势。第 71 分钟，韩国队纪素妍禁区内抢射被中国队后卫晋晓梅直接封堵。第 84 分钟，晋晓梅在禁区弧附近犯规，韩国队获得任意球机会，吉素云主罚，皮球击中立柱后撞入网内。此后韩国队大举压上，中国队则采取密集防守的办法。最终，中国队 2 比 1 击败韩国队。

中国队出场阵容：

张艳茹/刘华娜、袁帆、李丹阳、晋晓梅/毕妍、庞丰月、马晓旭（第 74 分钟，汪玲玲）、尤佳（第 46 分钟，张娜）、徐媛/韩端（第 79 分钟，马君）

中国队 3 比 0 中华台北队

北京时间 2 月 13 日 11 点 30 分，中国女足迎来东亚四强赛的最后一个对手中华台北队。由于当天是农历腊月三十，是中国传统的春节，因此中国队非常想用一场胜利给中国球迷拜年。

本场比赛商瑞华派出了替补门将翁晓洁顶替张艳茹。开场后中国队迅速主动前压，中华台北队则摆出一副密集防守的姿态。第 25 分钟，晋晓梅在左路起高球斜吊中华台北队禁区，对方门将摘球脱手，徐媛转身抢射空门打偏，痛失得分良机。第 43 分钟，中国队右翼角球发出，袁帆头球攻门顶高。不久，中国队从中场斜传右翼空当，庞丰月传中被防守球员挡出，张娜外围攻门打高。上半场中国队得势不得分，只能以 0 比 0 的比分进入中场休息。

下半场开始不到 1 分钟，中国队就打破了僵局。刘华娜在中场将球斜传给右路，马晓旭带球下底传中，门前包抄到位的韩端机敏推射中的，场上比分变成 1 比 0，中国队领先。此后中国队的攻势并没有减少，中华台北队并不能给中国队带来多少冲击。第 60 分钟，中国队中路送出一记过顶传球，韩端反越位成功突入禁区，在无人防守的情况下面对中华台北队门将轻松将球打进，场上比分变成2比0。两球领先后中国队进攻节奏有所放缓，更加注意控球成功率。中华台北队则很难形成有效反击。第76分钟，中国队徐媛突入中华台北队禁区左侧后传中，韩端在中路虽然错过了包抄机会，但是后点接应的庞丰月已迎上落点，轻松推射将皮球送入网窝，中国队3比0领先。第85分钟，中华台北队在中场斜传穿透了中国队的防线，谭汝琳左侧斜射稍稍打偏，这也是中华台北队在本场比赛最有威胁的一次进攻。第90分钟，中国队左路传中，中华台北队禁区内又形成混乱，韩端射门被防守球员挡给门将。

最终，中国队3比0战胜中华台北队。由于日本队在随后的比赛中2比1击败韩国队，这样中国队就以2胜1负的战绩获得了2010年东亚四强赛的亚军，日本队以3战全胜的佳绩夺得冠军，韩国队获得季军。

中国队出场阵容：

翁晓洁/晋晓梅（第31分钟，孙凌）、李丹阳、袁帆、刘华娜/毕妍、张娜（第61分钟，刘卅）、马晓旭、徐媛（第78分钟，马君）、庞丰月/韩端

2010年东亚四强赛女足比赛各类奖项

最佳球员	泽穗希（日本）
最佳射手	韩端与3名日韩球员（2球）
最佳门将	张艳茹（中国）
公平竞赛奖	中国队

中国 ZHONGGUO

足球年鉴 2011

ZUQIU NIANJIAN

女足亚洲杯

中国队征战2010年女足亚洲杯综述

第17届女足亚洲杯于2010年5月19日至5月30日在中国成都举行。获得该届女足亚洲杯前3名的球队可以晋级2011年在德国举行的女足世界杯赛，但中国女足最终只获得了第4名，历史上第一次无缘世界杯。

老帅商瑞华在2008年火线出任中国女足主教练后，压制住了球队的内乱，中国女足也逐渐走上了正轨，特别是北京奥运会第一场比赛，中国女足战胜了排名比自己高的瑞典队，不仅打响了中国军团在北京奥运会上的第一枪，也为球队最终晋级八强打下了坚实的基础，商瑞华因此得到了体育总局和中国足协的认可，原本打算在奥运会结束后就离开中国女足回杭州西子女足执教的商瑞华最终又被中国足协重新请回。可是由于女足整体水平下滑，人才严重缺失，再加上亚洲对手的进步飞快，中国女足最终无缘前三。比赛结束后，商瑞华辞去了中国女足主教练一职，随后由少帅李霄鹏接任。

中国队参赛名单

主教练	商瑞华
球　员	张艳茹、翁晓洁、翁新芝、马君、管菁菁、周高萍、徐媛、袁帆、孙凌、尤佳、毕妍、韩端、庞丰月、李丹阳、张越、马自翔、张娜、李冬娜、刘华娜、晋晓梅、娄佳惠、李影、张睿

中国队 0 比 0 韩国队

5 月 19 日，中国女足的第一场亚洲杯比赛在成都体育中心进行，对手是韩国队，这也揭开了中国女足冲击 2011 年德国世界杯的序幕。如果仅从历史战绩来看，中国队占据了绝对的优势，中国队和韩国队此前交手 23 次，中国队 20 胜 3 负，最近一次交手是 2010 年的东亚四强赛，中国队 2 比 1 获胜。而在亚洲杯赛场上，双方此前交手 6 次，中国队 6 战全胜打进 36 球丢 3 球。最终这场 0 比 0 的平局改写了中国队在亚洲杯上逢韩必胜的历史，而且韩国队在比赛中占据了很大的优势，中国队能够拿到 1 分已经非常侥幸。

韩端因伤没有首发出场，江苏队的 21 岁小将马君和徐媛担纲中国队的锋线。开场后中国队的进攻无法威胁到韩国队大门，韩国队却在前 10 分钟就发起狂攻，掌握了比赛的主动。第 9 分钟，韩国队从左路突破后传中禁区，李张美俯身冲顶，球击中横梁弹出。第 21 分钟，中国队在前场左路获得一个任意球机会，毕妍直接起脚射门，球弹地后碰韩国队大门远门柱弹出，这也是中国队全场比赛最好的机会。下半场韩端上场，但没有改变中国队进攻不力的局面。第 70 分钟，韩国队后场打出快速反击在前场形成 4 打 3，迟笑然禁区内得球后单刀射门，球打中横梁弹出。第 72 分钟，韩国队左路斜传禁区，后点跟上的赵召贤胸部停球后大力抽射，球碰中国队防守球员身上再次打中横梁。第 90 分钟，韩国队此役第 4 次击中横梁。

对于这场险平，中国队主教练商瑞华表示："年轻球员的心态容易发生变化，大部分队员有点急躁，我们的心态需要放平和。"这场平局也把中国队逼上了绝路，商瑞华认为后两场比赛都需要拿下："越南队也在进步，这从她们（首轮）跟澳大利亚队的比赛可以看出来，我们绝对不能轻视对手。后面两场球肯定要取胜，否则连小组都不好出线了。”

中国队出场阵容：

张艳茹/刘华娜、袁帆、翁新芝、李丹阳/庞丰月（第84分钟，尤佳）、张娜、毕妍、张睿（第79分钟，娄佳惠）/马君（第46分钟，韩端）、徐媛

技术统计

	中国队	韩国队
射门	5	17
射正	1	2
角球	1	5
犯规	11	11
越位	5	1
黄牌	1	0
红牌	0	0

中国队5比0越南队

5月21日，中国女足迎来了亚洲杯的第2场小组赛，对手是越南队。2008年女足亚洲杯，中国队在小组赛中仅1球小胜越南队，但这次被逼上绝路的中国队大开杀戒，最终5球大胜对手。

虽然中国队首战比较狼狈地和韩国队打成平局，但由于中国队和越南队在亚洲杯上交手3次，中国队全胜进9球失0球，所以还是带着信心开始了比赛。韩端这场比赛出现在了首发阵容中，她和徐媛的配合明显更加娴熟。第7分钟，中国队开出战术角球，刘华娜把球斜传入禁区，李丹阳反越位插入禁区后甩头攻门得手。第11分钟，毕妍右侧角球送到禁区中路，无人看防的袁帆轻松将球顶入大门。第36分钟，中国队前场抢断后组织反击，韩端将球交给徐媛，徐媛不停球直塞给高速插上的张睿，张睿带球杀入禁区

面对出击的门将冷静将球打入。第 45 分钟，李丹阳连续使用假动作带球突入禁区被越南队后卫放倒，主裁判判罚点球，毕妍轻松将球打进。

下半场双方易地再战，商瑞华用孙凌和马君分别换下毕妍和徐媛。第 49 分钟终于轮到韩端“表现”，李丹阳左路把球吊入禁区，韩端高高跃起远距离甩头吊射，球划出一道美妙的弧线后飞入大门死角。

比赛结束后，商瑞华重点提到了新人的表现：“这场比赛对方非常认真，所以我们要想破密集防守不容易。幸运的是我们开局就能进球，年轻球员在比赛中得到了锻炼，也表现出了水平，我相信以后的比赛会越打越好。”

中国队出场阵容：

张艳茹/李丹阳、袁帆、翁新芝（第 67 分钟，娄佳惠）、刘华娜/张睿、毕妍（第 46 分钟，孙凌）、马自翔、庞丰月/韩端、徐媛（第 46 分钟，马君）

技术统计

	中国队	越南队
射门	19	3
射正	10	1
角球	9	0
犯规	17	8
越位	6	2
黄牌	2	2
红牌	0	0

中国队 1 比 0 澳大利亚队

5 月 23 日，中国队迎来了小组赛的最后一战，对手是澳大利亚队。澳大利亚队两战全胜已经提前出线，中国队只要打平对手就可以出线。本场比赛澳大利亚队排出了全替补阵容，中国队则是全主力出战，力争获胜以夺取小组头名。值得一提的是，男足国家队主教练高洪波也出现在了看台上，他的到来引起了球迷们很大的兴趣。

相比于 5 比 0 大胜越南队的首发，中国队只进行了一个位置的调整，在中场由孙凌顶替了庞丰月。中国队的开局非常顺利，第 8 分钟，中国队打出快速进攻，左路的张睿接球后，在禁区前巧妙地晃过澳大利亚队后卫，果断地起右脚射门，皮球直飞球门右下角，这也是张睿在该届比赛中打进的第 2 个球。丢球后澳大利亚队发起强攻，但并没有制造太大的威胁。第 35 分钟，孙凌一对一突破成功后将球送入禁区，可惜传球力量太大，皮球越过所有队员到了后点。1 分钟后，徐媛中场传出过顶球，禁区前沿的张睿得球后打门，可惜被澳大利亚队门将扑出。

下半场中国队进一步控制住了局面，商瑞华也对阵容做了调整，让更多年轻球员获得上场机会：先是用娄佳惠换下马自翔，随后又用马君替下韩端，终场前用尤佳换下了张睿。比赛结束后商瑞华也肯定了这场比赛对年轻球员的锻炼："澳大利亚队是支强队，我有意识地让更多年轻球员在领先的情况下上场，一方面可以提高她们的信心，另一方面她们也获得了和强队比赛的宝贵机会。"

技术统计

	中国队	澳大利亚队
射门	11	12
射正	8	4
角球	4	4
犯规	5	12
越位	1	3
黄牌	0	2
红牌	0	0

最终中国队在小组赛中 2 胜 1 平积 7 分、进 6 球失 0 球，以 B 组第一的身份挺进 4 强，她们半决赛的对手是 A 组第二朝鲜队。

中国队出场阵容：

张艳茹/李丹阳、翁新芝、袁帆、刘华娜/张睿（第 83 分钟，尤佳）、毕妍、马自翔（第 77 分钟，娄佳惠）、孙凌/韩端（第 78 分钟，马君）、徐媛

中国队 0 比 1 朝鲜队

5 月 27 日，中国队在半决赛中迎战朝鲜队。朝鲜队在 2008 年奥运会后进行了换代，“亚洲第一前锋”李金淑等多位名将退役，实力也有一定下滑。作为卫冕冠军朝鲜队在小组赛阶段表现平平，并且此役主力中卫郑福心还因停赛缺战，所以中国队也从中看到了爆冷的希望。不过本场比赛中国队依靠着比较消极的打法，把比赛拖到加时赛，却在最后时刻被对手攻进致胜一球。此役中国队的数据全面落后，特别是射门次数，居然出现了 7 比 27 这样的对比。由于亚洲杯前 3 名才能晋级世界杯，所以接下来的三四名决赛，成为中国女足的生死大战。

在最近 10 年的比赛中，中国队和朝鲜队交手 13 次，中国队的成绩是 1 胜 3 平 9 负。本场比赛商瑞华对中场进行了调整，娄佳惠和孙凌分居两边，毕妍和庞丰月担任双后腰。朝鲜队开场后就对中国队大门进行猛攻，中国队门将张艳茹成为比赛中最忙碌的人。第 33 分钟，李丹阳在对手紧逼下回传出现失误，金英爱跟上倒地铲射，张艳茹没有控制住皮球，金英爱在点球点附近再射被补防的袁帆在小禁区前挡出。随后朝鲜队连续大力远射，但都被张艳茹扑出。下半场中国队更加被动，韩端一人在前面根本无法制造出威胁。进入加时赛，第 108 分钟，朝鲜队的允宋美把球传向后门柱，罗忠心起脚射门，小禁区前中国队张娜解围不远，朝鲜队中

路插上的金庆花大力低射破门。

赛后中国队主力中后卫袁帆认为，中国队还是没能走出恐朝阴影："朝鲜队的相对实力确实下降了，但中国队球员心理还没克服对朝鲜队的恐惧，中场不敢上去抢，收得太靠后了，这导致我们后防线的压力很大。那个丢球很冤，她们也不是很好的机会，120分钟的比赛马上就要结束了，那个球对球员心理上的打击很大。"在面对三四名决赛必须赢日本队才能进世界杯的情况下，商瑞华选择了给球员打气："我为队员们在这场比赛中的拼搏精神感到骄傲。年轻队员不错，为中国足球将来锻炼了力量。现在中国队还没死，我们要为名额而努力。"

中国队出场阵容：

张艳茹/刘华娜、翁新芝、袁帆、李丹阳/庞丰月（第 80 分钟，张娜）、毕妍、孙凌、娄佳惠（第 60 分钟，张睿）/韩端、徐媛（第 111 分钟，马君）

技术统计

	中国队	朝鲜队
射门	7	27
射正	0	7
角球	5	11
犯规	14	7
越位	3	1
黄牌	1	1
红牌	0	0

中国队 0 比 2 日本队

5 月 30 日，决定中国队命运的三四名决赛在成都体育中心进行。日本队在上下半场先后利用任意球获得了进球，最终以 2 比 0 战胜中国队，获得季军，中国队位居第四。这样中国队就失去了晋级 2011 年德国女足世界杯的机会，这也是中国女足历史上首次无缘世界杯。

两年前商瑞华带领中国队在亚洲杯半决赛中 3 比 1 战胜过日本队，这也是商瑞华回归女足后打得最漂亮的一场比赛。不过这也是近 5 年来中日女足 7 次交锋中，中国队仅有的一次胜利。本场比赛中国队对首发阵容进行了微调，张娜顶替娄佳惠进入先发。第 18 分钟，日本队的宫间绫罚出任意球，泽穗希头球攻门击中横梁弹出，随后她跟进再射被中国队后卫翁新芝挡出，皮球弹起后近贺由香里乱战中再次将球顶到门前，岩清水梓近距离补射，皮球打到安腾俏的手臂后入网。门线上的刘华娜强烈抗议，但主裁判坚持判罚进球有效。尽管此球有争议，但日本队的进攻却比中国队猛烈得多，前 40 分钟双方的射门比达到 8 比 2，中国队大多时间内只能被动防守。第 61 分钟，日本队再次获得进球，还是宫间绫罚出任意球，泽穗希突然启动甩开贴身防守的袁帆背身头球后蹭破门。

赛后商瑞华在新闻发布会上请辞："这场比赛，全队尽了最大努力，大家的拼劲和技战术水平都达到了最大努力的状态。通过这场比赛，我看到了中国女足未来的希望。没取得出线权，我应该辞职，我 60 多岁了，国家队和足协能信任我，我已经很满足。但没有完成任务，我理所当然应该离开，并且对全国球迷道歉。"发布会结束后，记者们都起立向商瑞华鼓掌致意，这是这位年近古稀的老帅最后一次作为国家队主教练出席新闻发布会。过去的这段时间里，商瑞华率领中国女足进入北京奥运会 8 强，夺得 2008 年亚洲杯亚军，但是这次他成为历史上第一位未能率领中国女足进军世界杯的主教练。

中国队出场阵容：

张艳茹/刘华娜、袁帆、翁新芝、李丹阳/庞丰月、毕妍、张娜（第 68 分钟，马君）、孙凌（第 51 分钟，娄佳惠）/徐媛（第 29 分钟，张

睿）、韩端

技术统计

	中国队	日本队
射门	8	13
射正	1	4
角球	7	3
犯规	17	11
越位	0	4
黄牌	2	0
红牌	0	0

2010年女足亚洲杯各奖项

冠军	澳大利亚队
亚军	朝鲜队
季军	日本队
殿军	中国队
最佳球员	赵润美（朝鲜）
最佳射手	安腾俏（日本3球）
公平竞赛奖	中国队

中国 ZHONGGUO
足球年鉴 2011
ZUQIU NIANJIAN

第16届亚运会
足球比赛

中国队征战第16届亚运会足球比赛综述

中国队征战男子足球比赛综述

在广州举行的第16届亚运会男子足球比赛从2010年11月7日开始，一直到11月25日结束，一共有24支球队参赛，他们是巴林、孟加拉国、中国、朝鲜、中国香港、印度、伊朗、巴基斯坦、日本、韩国、约旦、科威特、吉尔吉斯斯坦、马来西亚、阿曼、巴勒斯坦、卡塔尔、新加坡、泰国、土库曼斯坦、阿联酋、乌兹别克斯坦、越南、马尔代夫。

24支球队被分在6个小组进行单循环较量，其中每个小组的前两名和小组赛4个成绩最好的第3名晋级16强进行单场淘汰赛，并最终决定金牌归属。经过抽签，中国队与日本队、马来西亚队、吉尔吉斯斯坦队同分在A组，代表中国队参赛的是中国国奥队。这次比赛中国国奥队最初的目标是4强，后来改为8强，在出征前又改为力争8强，但最终他们止步于16强。24支球队经过52场激战，日本队、阿联酋队、韩国队和伊朗队跻身4强。11月25日，日本队在决赛中1比0击败阿联酋队，历史上第一次夺得亚运会男足金牌。

中国队0比3日本队

11月8日，东道主中国队在广州市天河体育场迎来小组赛第一个对手日本队，这也是中国代表团在该届亚运会上的首次亮相。从对手的情况来看，日本队是小组中实力最强的对手，不过该队主要是以日本联赛替补球员和大学生球员组成，来自福冈大学的前锋永井谦佑已经是球队中的领袖人物了。而中国队的首发阵容中包括王大雷、宋博轩、赵宏略、杨博宇等中超球员，国家队球员张琳芃出现在中后卫的位置上。

日本队开场后就向中国队球门发起猛攻。第 2 分钟，永井谦佑前场断球成功后把球分到禁区前沿，东庆悟跟进射门将球打偏。第 11 分钟，日本队终于将持续的进攻转化为进球：山村和也中路争高球时力压宋博轩把球顶下，永井谦佑挑传，山崎亮平前插抽射破门。失球后中国队加强进攻，第 43 分钟，中国队制造了上半场最好的得分机会，吕文君送出准确前传，王云龙前插倒地射门，皮球被日本队门将安藤骏介扑住。

下半场日本队对防线进行了调整，用比嘉佑介换下镰田翔雅，中国队则没有换人。中国队延续了上半场结束前不错的势头，但始终无法攻破日本队的球门。第 59 分钟，日本队利用反击再次得分：东庆悟右路传中，中国队门将王大雷下意识将球拍下，永井谦佑头球攻门被挡出，但他却抢在王大雷出击前补射破门。两球落后的中国队彻底崩溃，第 64 分钟，王选宏后场拼抢犯规，日本队获得任意球机会，水沼宏太将球传到门前，宝藤友纪牵制住杨博宇，站在后点的铃木大辅头球破门。

这是中国足球 36 年来在亚运会赛场上首次首战输球，中国足球上一次在亚运会中首战输球还是在 1974 年第一次参加亚运会足球比赛时 0 比 2 负于朝鲜队，而 0 比 3 的比分也是中国队在亚运会中最大的输球比分。

赛后，中国队代理主教练孙卫还是给予了球员巨大的鼓励："今天比赛虽然输了，但场上的队员还是表现出了顽强的斗志，我们今天的失利在于细节的把握上没有做好。我们会认真总结，并且会努力打好后面的比赛。”

中国队出场阵容：

王大雷/赵宏略(第80分钟，买提江)、张琳芃、杨博宇、吴曦/张远(第67分钟，张健)、朴成、吕鹏、王云龙(第63分钟，王选宏)、宋博轩/吕文君

中国队2比1吉尔吉斯斯坦队

11月10日，中国队迎来小组赛第2个对手吉尔吉斯斯坦队。为了取得胜利，中国队在阵容上作出了多个位置的调整，李凯、买提江、王选宏和李建滨等人进入首发阵容，门将位置上张世昌取代了首战后有不当言行被勒令停赛反省的王大雷。

开场后中国队压得比较靠前，担任箭头人物的李凯很是活跃，但没想到先进球的却是吉尔吉斯斯坦队。第4分钟，吉尔吉斯斯坦队获得任意球机会，巴尔托夫大力攻门，皮球碰人墙后改变方向，正好落在禁区左侧的西多连科脚下，西多连科面对张世昌果断低射破门。第17分钟，赵宏略左路斜传，王选宏将球垫到禁区左侧，买提江似传似射，皮球越过对方门将后击中横梁弹出。上半场补时阶段，吴曦右路传中，李凯头球攻门，皮球再次击中横梁。

下半场中国队进行了人员调整，攻势更加猛烈。第83分钟，中国队终于利用反击机会取得进球：买提江左路传中，吕文君后插上头球破门。进球后孙卫就用张远换下了买提江。补时第2分钟，张健头球把球传入禁区，张远扫射，皮球击中立柱弹回，李凯近距离补射又打在了横梁上。补时第4分钟，中国队长传把球吊进吉尔吉斯斯坦队禁区，李凯把球顶到禁区前，吴曦果断劲射，皮球直飞球门死角，中国队完成逆转。吕鹏在比赛结束前背后铲球犯规，主裁判误以为他已经有一张黄牌在身，两黄变一红将他罚下。赛后中国队提出申诉，最终组委会承认裁判出现失误，取消了吕鹏在小组赛最后一轮的停赛。

中国队出场阵容:

张世昌/赵宏略、张琳芃、李建滨、吴曦/宋博轩(第 60 分钟,张健)、朴成、吕鹏、王选宏(第 69 分钟,吕文君)、买提江(第 85 分钟,张远)/李凯

中国队 3 比 0 马来西亚队

11 月 13 日,中国队迎战小组赛最后一个对手马来西亚队。在各小组(6 个小组)前两名和成绩最好的 4 个第 3 名均可出线的规则下,中国队出线已不存在问题,此战战绩只关系到中国队小组排名,从而决定 16 强对阵的对手。有黄牌在身的李凯、买提江等人都未出场,王云龙出任单箭头。

比赛开始后中国队进攻猛烈,但马来西亚队的防守非常严密。平衡在第 25 分钟的时候被打破,在皮球出界以后,马来西亚队贾苏利不满边裁判罚,把球大脚踢开,来自澳大利亚的主裁判威廉斯向他出示了第 2 张黄牌将其罚下。这一判罚让马来西亚球员非常不满,几乎所有球员都围了上去,最后队长拉希姆也被红牌罚下。

在 11 打 9 的情况下,中国队的进攻终于撕破了马来西亚队的防线。第 60 分钟,张健右路突破时被对手侵犯,中国队获得任意球,吴曦将球开出,李建滨头球吊射得分。第 64 分钟,中国队再次获得任意球,赵宏略把球罚向球门方向,张健故意一漏干扰了对方门将,皮球直接钻入球门。第 82 分钟,张健右路得球后突破,对方的萨布拉马尼亚姆在禁区内拉人犯规,裁判不仅判罚点球还向犯规球员出示了第 2 张黄牌,马来西亚队再被罚下一人,随后张琳芃操刀点球命中。

赛后马来西亚队教练抨击了裁判,而孙卫的话也很抢风头。有记者问孙卫:"3 场小组赛您给球队和自己打多少分?此前有报道称您是通过人脉关系当上国奥队主教练的,是这样吗?"孙卫给出的回答是:"国奥队在小组赛中一场比一场打得好,我们正在通

过比赛解决球队存在的问题。亚运村里没有网络,所以我没看到你说的报道。我就是有人脉,这是没有办法的事情!”

中国队出场阵容:

张世昌/赵宏略(第76分钟,任航)、李建滨、张琳芃、周云(第52分钟,宋博轩)/张远、吴曦(第67分钟,吕文君)、吕鹏、王选宏、张健/王云龙

中国队0比3韩国队

11月15日中国队迎来1/8决赛,对手是强大的韩国队。为了能够夺冠,韩国队招入了在欧洲效力的朴周永,另外金正友、具子哲和金甫炅等人都是国家队球员。这场比赛前韩国队高调地喊出了“必胜”的口号,中国队则只能期待出现奇迹,买提江、张健、吴曦等人都出现在首发阵容中,李凯还是一个人顶在最前面。

比赛开始后韩国队就明显占据优势,中国队几乎很难拿到球,孙卫在场边一直高喊着“拿住球,稳住”,但球权依然被对手所控制。第20分钟,韩国队金甫炅左路传中,曹永哲胸部停球后把球传到门前,金正友包抄破门。第29分钟,中国队终于形成一次有威胁的进攻,吴曦把球斜传,王选宏前插后把球踢到中路,买提江头球争顶偏出。

下半场韩国队保持着持续的攻势。第48分钟,李建滨在禁区前防守朴周永时犯规,韩国队获得任意球的机会,朴周永主罚直接得分。第58分钟,韩国队发起快速反击,金甫炅左路传中,跟进的曹永哲轻松包抄破门。看着狼狈的场面,孙卫只能连续换人,张远和吕文君换下张健和李凯,但由于士气低落,中国队多次出现失误,韩国队获得了几次远射和反击的机会。比赛即将结束时,现场超过4万名球迷喊起了“孙卫下课”、“国奥解散”的口号,很多人开始提前退场。补时阶段韩国队还有机会继续扩大领先优势,他们在中国队禁区前获得位置不错的任意球机会,尹比家林射门稍稍

高出。让人感到难堪的是，韩国队全场比赛射门 16 次，中国队只有 6 次，而且没有一次射中球门。

比赛结束后，孙卫依然认为中国队和韩国队的差距不大：“我想我们与对手确实有差距，但这个差距不会像今天的比分这么大。如果某一个环节做得好一些，也许就不会是这个比分了。”谈到自己会不会下课的问题，孙卫表示：“作为一名教练员，执教国奥队是我现在的工作，至于下一步如何安排，我会听从足协领导的安排。”

中国队出场阵容：

张世昌/赵宏略、李建滨、张琳芃、吴曦/买提江、吕鹏、朴成、王选宏、张健(第 60 分钟，张远)/李凯(第 62 分钟，吕文君)

中国队征战女子足球比赛综述

第 16 届亚运会女足比赛从 11 月 14 日开打，一直到 11 月 22 日结束。一共有 7 支球队参加这次比赛，其中中国队与韩国队、越南队、约旦队一同被分在 A 组，日本队、朝鲜队和泰国队被分在 B 组。广州亚运会小组赛采取单循环的方式，积分靠前的两支球队晋级半决赛，两场半决赛的胜者会师决赛。最终日本队在决赛中 1 比 0 战胜朝鲜队，拿走金牌，这是日本女足历史上第一次夺得亚运会冠军，这样日本男女足包揽了广州亚运会足球比赛的冠军。

4 年前的多哈亚运会上，马晓旭、韩端状态正佳，中国女足最终获得季军。广州亚运会上韩端、马晓旭伤病缠身，2010 年 8 月才上任的主教练李霄鹏打出了青春牌，庞丰月、屈珊珊、张越等一批二十出头的年轻人获得了大量的机会。考虑到实际困难，中国足协给女足制定的目标是拿到亚运会的奖牌，但李霄鹏并不满足这个目标：“我们对自己有更高的要求，作为主教练，我希望能得金牌。”遗憾的是，中国女足最终只获得了第 4 名，这是她们第一次没有在亚运会上拿到奖牌。

中国队 10 比 1 约旦队

11 月 14 日，中国女足在广州市大学城中心体育场迎来了自己在亚运会上的第一个对手约旦队，这是中国队继多哈亚运会小组赛后再次对阵约旦队，4 年前中国女足以 12 比 0 的悬殊比分横扫对手，不过当时为中国队建功的韩端、任丽萍、王坤、李洁和马晓旭都已经不在队中。

比赛刚刚开始，中国队就取得进球。第 7 分钟，马君头球攻门，约旦队门将拉姆尼虽然碰到了皮球，但还是让球钻进了球门。第 12 分钟，本场比赛戴上队长袖标的小将屈珊珊在禁区外一记漂亮的远射，帮助中国队扩大比分。仅仅 1 分钟之后，刘华娜在中场策动长传进攻，徐媛得球突入禁区抽射得分。第 17 分钟，徐媛接刘华娜扔出的界外球突破，球被对方破坏，但跟进的屈珊珊在大禁区前沿把球断下，利用一脚抽射梅开二度。第 19 分钟，约旦队的贾布林接长传球后快速插上，中国队的后卫翁新芝和门将张艳茹双双出现低级失误，杰巴拉吊空门得手，进球后的约旦队球员就像取胜一样疯狂庆祝。第 39 分钟，孙凌头球摆渡到门前，李琳胸部停球捅射破门。第 45 分钟，中国队形成连续射门，在徐媛和李琳的射门被对方封堵后，马君推射空门得手。

下半场开场仅 1 分钟，中国队就有所收获，孙凌右路下底传中，李琳中路抢点扫射破门。第 53 分钟，中国队进攻在对方禁区内形成混战，皮球被解围出禁区，右后卫刘华娜快马赶上左脚射门中的。前 60 分钟中国队就已经完成 24 次射门，其中 20 次打在门框范围内。第 84 分钟，替补上场的庞丰月把球吊到门前，徐媛左脚推射得分。第 90 分钟，王一航左路传中，跟进的庞丰月捅射破门，终于为这场进球大战“收尾”。

在一场大胜后，李霄鹏首先提到的却是那个丢球：“对我来说，今天 1 个失球比 10 个进球还宝贵。我赛前提醒队员，无论跟谁比赛注意力都要高度集中，对女孩来说这是很大的问题，1 个失球教育了她们。那个失球是 4 个后卫和守门员精力不集中造成的，对方 16 号是个很危险的队员，之前她有过一次突破，但大家还是没警觉起来，这个丢球会给以后比赛带来很大的好处。”

在 A 组的另一场比赛中，韩国队 6 比 1 大胜越南队，这样中国队依靠净胜球优势排在小组第一。

中国队出场阵容：

张艳茹/周高萍、翁新芝、李丹阳、刘华娜/孙凌、屈珊珊、马君（第 63 分钟，张娜）、古雅莎（第 74 分钟，庞丰月）/李琳（第 54 分钟，王一航）、徐媛

中国队 1 比 0 越南队

11 月 16 日，中国队在广州市大学城中心体育场迎来第 2 场小组赛，对手是越南队。由于在此前进行的 A 组另一场比赛中，韩国队 5 比 0 战胜约旦队，因此中国队只要从越南队身上全取 3 分，就可以提前一轮确保小组出线。

此前中国队与越南队交锋 8 次不仅保持全胜，而且进 30 球仅失 2 球。本场比赛李霄鹏对首发阵容进行了 5 处调整，在门将位置上由张越顶替了张艳茹，锋线上则由马君和王一航搭档。

由于进攻打法过于简单，虽然中国队一直占据着场上的绝对优势，却始终无法破门。第 33 分钟，越南队后卫阮氏娥和门将邓氏娇祯出现配合失误，邓氏娇祯冲出禁区铲球时不小心手球，但主裁判并没有吹她犯规。第 44 分钟，邓氏娇祯扑救时脱手，后卫阮氏娥在门线上将球顶出，随后中国队张娜的射门又被邓氏娇祯神勇扑出。

第 49 分钟，中国队率先做出换人调整，李琳换下张娜，这样马君回撤到了前卫线。第 56 分钟，屈珊珊的低射被挡出，李琳跟进再射，皮球擦左门柱偏出。前 75 分钟中国队的控球率达到了

70%,但无法打破僵局。第87分钟,越南队门将邓氏娇祯在将球放在地上准备开球时又再度拿起皮球,根据规则中国队获得小禁区线前任意球,越南队全体球员都站在了门线上,中国队徐媛将球轻踩,队长屈珊珊迎上劲射,皮球碰越南队人墙后折线撞入网内。最终依靠这粒进球,中国队带着两连胜的成绩和韩国队提前一轮携手出线。

虽然结果不错,但比赛过程显然无法让人满意。赛后李霄鹏沉着脸走进新闻发布厅,他开门见山地说:"今天球队赢了,但是作为教练我输了,我们拿的牌不一样,我是有一副好牌的。我觉得球队表现确实比较急躁,对对手的密集防守准备得不是很充分,我们的队员在久攻不下的情况下犯的低级错误太多了,这是我们需要改善的地方。"

中国队出场阵容:

张越/刘华娜、李丹阳、袁帆、周高萍/庞丰月、屈珊珊、张娜(第49分钟,李琳)、古雅莎/马君、王一航(第67分钟,徐媛)

中国队0比0(点球7比8)韩国队

11月18日,已经提前出线的中国队和韩国队在小组赛最后一轮相遇。本场比赛的意义在于争夺小组头名位置。这是中韩女足历史上的第25次交锋,此前中国队以20胜1平3负占据绝对优势,韩国队最近一次击败中国女足还是在2005年8月,而且韩国队的3场胜局均是在韩国本土取得的。

中国队在本场比赛对首发阵容继续做出调整,前两轮没有亮相的于雅慧和孙莉莎进入首发,锋线上由徐媛和王一航搭档。比赛开始后中国队和韩国队都拼抢得很激烈,但失误也比较多。下半场开始后韩国队首先求变,用金守娟换下了车研喜。在韩国队的奔跑面前,中国队有些体力不支,于雅慧多次出现抽筋的情况,第76分钟她终于因为无法坚持被担架抬下离场。

90 分钟的比赛结束后，两队仍保持着 0 比 0 的比分。由于中韩两队前两轮积分、净胜球和进球数都完全相同，因此根据规则比赛将直接进入点球决战，来决定谁将成为小组头名。

前 3 轮双方均把点球罚进。第 4 轮庞丰月第一次射门被韩国队门将全珉灵扑出，但由于全珉灵提前离开门线，所以需要重罚，但庞丰月又将球射飞，而随后登场的韩国队球员柳智恩也把球打偏。第 5 轮中国队的刘华娜和韩国队的池笑燃都把球罚中。随后点球大战进入单轮决胜时刻，中国队的袁帆和韩国队的李垠美都稳稳地把球命中。第 7 轮中国队的王一航和韩国队的权夏讷也都轻松得分。第 8 轮中国队的周高萍和韩国队的洪庆淑也是全中。第 9 轮屈珊珊的点球被全珉灵扑出，柳英雅则把球罚中帮助韩国队获得了胜利。

这样中国队以 A 组第 2 名的身份晋级，她们将在半决赛对阵 B 组头名日本队，韩国队则将迎战朝鲜队。

中国队出场阵容：

张越/刘华娜、翁新芝、袁帆、于雅慧（第 76 分钟，周高萍）/庞丰月、张娜、孙莉莎（第 52 分钟，屈珊珊）、孙凌（第 59 分钟，古雅莎）/徐媛、王一航

中国队 0 比 1 日本队

11 月 20 日，中国队在越秀山体育场迎来半决赛，对手是日本队。本场比赛是中日两国女足的第 25 次国际 A 级赛事交锋，此前中国女足以 14 胜 5 平 5 负占据明显优势，不过近 5 年两队交锋 8 次，中国队却仅有可怜的 1 胜，其中近 3 战都以 0 比 2 的比分完败，其中就包括 2010 年 5 月女足亚洲杯季军争夺战，当时中国队完败日本队，20 年来首次缺席女足世界杯。

本场比赛李霄鹏又作出 6 处调整，前中后三线都有人员变动。比赛一开始日本队就向中国队大门发起强攻，在顶住对方的强攻

后，中国队也开始寻找破门机会。第 26 分钟，翁新芝长传，可惜王一航在面对冲出大禁区的日本队门将山乡望时吊射偏出。第 39 分钟，庞丰月在冲入禁区时与防守球员接触摔倒，不过韩国籍主裁判洪恩蛾没有任何判罚。第 42 分钟，李琳右路突破后传中，庞丰月劲射破门，可惜裁判认定处于越位位置的古雅莎干扰了对方门将山乡望，判定进球无效。

下半时开始后中国队连续发动进攻。第 48 分钟，古雅莎传中，皮球从山乡望头顶飞过直奔球门远角，可惜庞丰月未能补上一脚，皮球被上尾野边惠解围。第 52 分钟，王一航把球回做，屈珊珊抽射打偏。

90 分钟比赛双方战成 0 比 0。加时赛刚刚开始中国队就有得分机会，第 91 分钟，周高萍罚出前场任意球，马君头球攻门，皮球击中横梁弹出。第 94 分钟，中国队造越位失误，日本队的大野忍形成单刀，但在突入禁区后的射门却偏出左门柱。第 106 分钟，翁新芝后场捅球时脚踝受伤，被担架抬离出场。就在中国队场上少一人的情况下，日本队抓住机会完成破门。第 108 分钟，周高萍禁区内头球解围落点不好，近贺由香里左脚抽射被张越扑出，大野忍近距离补射得手。

在另一场半决赛中朝鲜队 3 比 1 战胜韩国队，这样日本队将和朝鲜队争夺广州亚运会的冠军，中国队将和韩国队争夺第 3 名，这也是中国队连续两届亚运会没有打进决赛。

中国队出场阵容：

张越/李丹阳（第 97 分钟，刘华娜）、翁新芝（第 109 分钟，于雅慧）、袁帆、周高萍/庞丰月、马君、屈珊珊、古雅莎/李琳、王一航（第 59 分钟，徐媛）

中国队 0 比 2 韩国队

11 月 22 日，广州亚运会的季军争夺战在天河体育场进行，交锋双方是中国队和韩国队。这是两队继小组赛后的再次交锋，也是中韩女足继多哈亚运会后又一次为季军展开争夺，4 年前中国队依靠王坤的梅开二度 2 比 0 击败对手。

本场比赛中国队的后防中坚翁新芝因伤缺席，李丹阳补缺与袁帆组成中后卫搭档，刘华娜和张娜则重返首发。韩国队和小组赛末轮对中国队时的首发相比，只有一处调整，用金守娟顶替了车研喜。开场仅 1 分 20 秒，韩国队便利用中国队中后卫防守出现空档取得进球，朴银正中路直塞，朴希英快速插上推射破门。第 5 分钟，韩国队又打出一次漂亮的反击，朴希英反越位成功，只可惜趟球力量稍大，皮球被出击的中国队门将张越没收。第 37 分钟，韩国队的田佳乙右路斜传，池笑燃停球后用右脚踢出弧线球，皮球钻进球门。第 39 分钟，中国队主教练李霄鹏就作出换人调整，用庞丰月换下孙凌。上半场补时第 2 分钟，周高萍左路传中，王一航左脚射门，皮球击中横梁弹出。

下半场相对于韩国队熟练的中前场配合套路，中国队的前场组织依然显得缺乏实效，失误较多。最终中国队 0 比 2 不敌韩国队，在国际 A 级赛事常规时间(90 分钟)内近 5 年来首负对手，第 4 名的成绩是中国女足在亚运会上的最差战绩，而韩国队拿到的季军则是她们在亚运会上的最好成绩。

对于没能拿到奖牌，李霄鹏显得非常遗憾："没有一个教练不渴望争取金牌或者奖牌，我跟我的球队一样，有这样的欲望，但是欲望和实力是两码事，我们的实力还是有欠缺，至少没有发挥到极致，这枚奖牌对我来说不是很重要，但是对姑娘们的利益很重要。"

中国队出场阵容：

张越/刘华娜、李丹阳、袁帆、周高萍/孙凌(第 39 分钟，庞丰月)、屈珊珊(第 57 分钟，李琳)、张娜、徐媛(第 50 分钟，古雅莎)/马君、王一航

U-19亚洲青年足球锦标赛

中国队征战 2010 年 U-19 亚青赛综述

2010 年 10 月 3 日至 17 日，亚洲 U-19 青年足球锦标赛决赛阶段的比赛在中国淄博进行。

该届亚青赛前 4 名将获得 2011 年哥伦比亚世青赛的入场券。为了这届亚青赛，中国国青队此前打了一系列的热身赛来锻炼队伍。8 月份的潍坊杯，中青队表现出色，最终收获冠军。随后在日本举行的“仙台杯”比赛中，虽然负于法国队、巴西队、日本队积分垫底，但中青队还是得到了很好的锻炼。前山东队国脚、38 岁的中青队少帅宿茂臻对这次比赛充满信心，但最终中青队还是止步 8 强，连续第 3 次无缘世青赛。

在这次亚青赛决赛中，朝鲜队 3 比 2 击败澳大利亚队，夺得冠军。最终获得前 4 名的朝鲜队、澳大利亚队、沙特队和韩国队将代表亚洲参加 2011 年哥伦比亚世青赛。澳大利亚队前锋科瑞木以 7 粒进球获得该届亚青赛最佳射手称号，朝鲜队前锋钟日宽则凭借优异表现成为了最有价值球员。

中国队 3 比 1 沙特队

2010 年 10 月 3 日，中国队首战迎来夺冠热门沙特队。沙特 U-19 青年队由于实力强劲，所以外界都为中国队的命运捏了一把汗。

不过中国队拥有了一个非常完美的开局。第 3 分钟，中国队在后场断球后迅速把球前传，谭天澄快速内切入禁区，面对沙特队门将冷静推射远角破门。丢球后沙特队发起猛攻，第 7 分钟，哈坦远射，中国队门将颜骏凌将球扑出。1 分钟后沙特队扳平比分，他们利用强行渗透把球传到中路，马吉拉什冲入禁区后快速扫射，颜骏凌虽倒地扑救碰到了皮球，但球还是弹进了球门下角。开场后双方的攻防转换节奏非常快。第 13 分钟，中国队再次将比分超出，武磊中路横敲谭天澄后插入禁区，谭天澄送出直塞，武磊推射破门。

下半场落后的沙特队越打越急，虽然有一定的攻势，但始终无法撕开中国队的防线。倒是中国队在第 64 分钟再次获得进球，张稀哲罚出角球，沙特队门将盲目出击后在雷腾龙争顶动作干扰下未能控制落点，武磊抓住机会头球攻破空门。随后中国队全线回防，沙特队阵地战虽有渗透却难以形成有威胁的攻势，中国队最终获得了开门红。值得一提的是，当天晚上央视的《新闻联播》节目播放了中国队获胜的消息。

首场大胜让宿茂臻心情大好，赛后他接连说了好几个"高兴"："首先能够取得这场比赛胜利非常高兴。锦标赛第一场比赛都很难打，困难多压力大，我很高兴小伙子们能发挥出自己的特点和水平，这一点非常难得。从这次媒体对青少年足球的关注来看，中国足球在回暖，越来越多的人在关注青少年足球。"

在同组的另一场比赛中，叙利亚队 1 比 0 战胜泰国队，该轮过后中国队以净胜球的优势排名小组第一。

中国队出场阵容：

颜骏凌/买提江、柏佳骏、雷腾龙、王彤/彭欣力（第 89 分钟，李智朗）、金敬道、张稀哲、武磊、胡人天（第 67 分钟，杨一虎）/谭天澄（第 80 分钟，朱建荣）

中国队 2 比 0 叙利亚队

10 月 5 日，中国队迎来了小组赛第 2 个对手叙利亚队。从双方的实力对比来看，中国队还是占据着比较大的优势。本场比赛主教练宿茂臻对首发阵容略作调整，“恒大双子星”杨一虎和李智朗分别替换胡人天和彭欣力出场。

和首场比赛一样，中国队再次拥有了完美开局。第 3 分钟，张稀哲开出角球，金敬道前点头球一蹭，叙利亚队门将扑救不及，中国队 1 比 0 领先。落后的叙利亚队利用边路展开进攻，但效果很一般。

下半场叙利亚队把更多的精力放在了进攻上，而中国队则打起了反击。第 80 分钟，叙利亚队的贞德在进攻中踢倒了已经卡住位置的雷腾龙，裁判果断向他出示第二张黄牌将其罚下场。随后占据人数优势的中国队耐心地寻找破门机会。伤停补时第 4 分钟，李智朗左路突破后射门被对方门将挡出，中路跟进的金敬道补射破门，帮助中国队锁定胜局。

在同组的另一场比赛中，沙特队 1 比 0 战胜泰国队，这样中国队就以两战全胜的战绩提前出线，最后一场他们只要打平泰国队，就肯定将获得小组第一。

中国队出场阵容：

颜骏凌/柏佳骏、买提江、雷腾龙、王彤/金敬道、李智朗、杨一虎（第 74 分钟，彭欣力）、武磊（第 68 分钟，胡人天）、张稀哲/谭天澄（第 88 分钟，朱建荣）

中国队 1 比 1 泰国队

10 月 7 日，轻装上阵的中国队迎来了小组赛的最后一个对手泰国队。按照中国队此前的判断，泰国队是小组中实力最弱的对手，他们前两轮比赛输球后，已经失去了出线机会，所以中国队对阵容进行了大幅度调整，尤其是后防线上进行了全盘轮换，队长金敬道则因为累计黄牌停赛。

本场比赛泰国队明确了密集防守的打法，阵型基本全线回撤到自己的半场，虽然中国队有一定的优势，但在对手铁桶阵面前，中国队的进攻显得没什么办法。在迟迟无法破门的情况下，心态比较急的中国队却首先丢球了。第 36 分钟，郑凯木试图大脚解围被泰国队球员用身体挡下，郑凯木再试图控球时又意外摔倒，泰国队的帕塔纳在禁区左侧得球，面对中国队门将滕尚坤近距离低平球推射破门。进球后泰国队士气大涨，连续对中国队的球门造成威胁。

下半场中国队用武磊换下张稀哲，前场显得更加灵活了一些。第 63 分钟，中国队连续用刘彬彬和买提江换下李智朗和魏仁杰。这一调整在第 76 分钟取得了成效，刘彬彬中场断球后快速前插，踩单车动作过人后将球塞到右路，武磊传中，朱建荣包抄到门前头球得分。第 91 分钟，泰国队的坎旺任意球攻门击中了球门横梁和立柱的夹角，险些绝杀中国队。最终中国队把平局保持到了终场，他们以小组第一的身份和沙特队携手出线，沙特队在小组赛最后一轮比赛中 1 比 0 战胜叙利亚队。

这是中国队在该届比赛中第一次没有赢球，谈到原因时，主教练宿茂臻说："今天我们对人员进行了调整，目的是希望把最好的状态留给淘汰赛。今天我们的传球失误率较高，原因一是他们可能比较长时间没打比赛了，二是他们对比赛节奏还没适应。回顾小组赛 3 场比赛，我们打进 6 球，丢 2 球，这说明我们在防守方面还要加强。"

中国队出场阵容：

腾尚坤/李磊、马冲冲、郑凯木、石柯/李智朗（第 60 分钟，刘彬

彬)、彭欣力、魏仁杰(第 68 分钟,买提江)、张稀哲(第 46 分钟,武磊)、胡人天/朱建荣

中国队 0 比 2 朝鲜队

10 月 11 日,中国队在亚青赛 1/4 决赛中迎来朝鲜队,如果能够战胜对手,中国队就将进入这次比赛的前 4 名,获得 2011 年世青赛资格。中朝青年队近年频繁交手,此前 7 战,中国队对朝鲜队 2 胜 1 平 4 负处于下风,但由于在该届比赛中发挥出色,中国队还是带着巨大的信心参加这场比赛。

开场后双方迅速展开快节奏拼抢,中场接连出现抢断再遭反抢的场景。朝鲜青年队秉承成年队特色,他们速度快,身体也非常硬朗,虽然上半场中国队一直没有丢球,但他们在整体上显得有些被动。

下半场刚刚开始,朝鲜队用前锋李赫哲换下中场李铉松,调整后的朝鲜队在第 51 分钟就有收获,钟日宽左路突破后把球传到中路,朴松哲将球捅到中国队防线身后,钟日宽插入禁区低射得分。就在中国队还在为这个丢球懊恼的时候,1 分钟后朝鲜队利用断球反击扩大比分,朴松哲带球突入禁区小角度劲射,皮球从中国队门将颜骏凌和门柱之间钻进球门。连丢两球后,中国队马上进行了人员调整,用杨一虎和朱建荣换下了李智朗和彭欣力。但人员调整没有帮助中国队挽回败局,第 86 分钟武磊错过一次非常好的得分机会后,最终中国队只能接受输球和失去晋级 2011 年世青赛的机会。

比赛结束以后,中国队主教练宿茂臻动情地说:“1991 年龄段国青队的使命已经结束,但不代表这批球员使命完成,他们会回到俱乐部,为中国足球继续作出贡献。我带这支国青队 1 年零 4 个月的时间,各方面积累了一些经验,这些都是我人生的宝贵财富,

当教练和球员一样，都会经历成功和失败、顺途和坎坷，不管未来在哪里执教，我都会做到努力工作和问心无愧。

中国队出场阵容：

颜骏凌/买提江、马冲冲、雷腾龙、王彤/彭欣力（第 62 分钟，朱建荣）、金敬道、李智朗（第 58 分钟，杨一虎）、武磊、张稀哲/谭天澄（第 65 分钟，刘彬彬）

U－16亚洲少年足球锦标赛

中国队征战 2010 年 U-16 亚少赛综述

足球从娃娃抓起，而在 2010 年的中国足坛，人们却感叹：溃败从娃娃开始。2010 年 10 月在乌兹别克斯坦举行的亚洲少年足球锦标赛中，由张宁挂帅的中国国少队小组赛 3 场比赛仅取得了 1 平 2 负的战绩，并且只取得了 1 个进球。

在出征亚少赛之前，国少队进行了两场热身赛，一场败给北京国安 U-17 队，一场击败了人大附中一支球队。门将徐嘉敏身高 1.91 米，锋线上的沈田锋身高也达到了 1.84 米，此次出征亚少赛的国少队在身体素质上足以令任何一支球队羡慕，但良好的身体条件并没有为他们换来一个良好的结局，中国国少队已经连续 3 届无缘世少赛。

中国队 0 比 2 伊拉克队

2010 年 10 月 25 日，中国国少队迎来了亚洲少年足球锦标赛的首场比赛，对手是伊拉克队，结果中国队以 0 比 2 告负。在赛后的新闻发布会上，中国国少队主教练张宁说："伊拉克队在开场不久的进球，是中国队输掉比赛的关键因素。"

比赛一开始，双方打得并不保守，进攻的兵力都投入不少。第 3 分钟，伊拉克队获得前场右路角球机会，球罚到禁区内，中国队门将徐嘉敏单手将球击出禁区外，伊拉克队球员外围得球直接远射，球被徐嘉敏轻松没收。第 4 分钟，伊拉克队前场左路将球转移到右路，阿里得球突入禁区一脚抽射，皮球直挂球门下角，伊拉克队 1 球领先。第 10 分钟，中国队角球罚到禁区中路，刘奕鸣抢点头球攻门，伊拉克队门将将球扑出底线，中国队错失了一次扳平比分的良机。第 13 分钟，中国队右路再次出现漏洞，伊拉克队后场发动反击，阿里高速带球突然起右脚劲射，球偏出了立柱。落后的中国队还是十分积极地组织进攻，第 14 分钟，中国队前场右路大力将界外球掷到禁区内，前点球员头球摆渡到中路，郑达伦侧身凌空射门，球高出了横梁。第 26 分钟，刘奕鸣一次底线解围失误，居然将球传到弧顶，伊拉克队海德尔跟进劲射，球偏出立柱，中国队逃过一劫。第 37 分钟，伊拉克队将比分扩大，阿里面对 4 名中国队球员的防守果敢突破，胡博文只能在身后踢倒了阿里，裁判果断判罚了点球，阿尔法迪主罚点球命中，伊拉克队 2 比 0 领先。

下半场双方易边再战，中国队加强了前场的拼抢，但中场失势，进攻无法组织起来，而且由于后卫盯人不紧，后腰球员给对方球员太多空间传出威胁球的问题也逐渐暴露出来。第 63 分钟，伊拉克队右路连续配合后形成突破，下底大力传中到禁区中路，中国队防守球员解围再次失误，将球踢给了海德尔，后者得球起右脚射门，徐嘉敏横身将球扑住。第 90 分钟，中国队郑达伦禁区弧顶前控球，突然起右脚搓出一记弧线球，可惜球偏出了立柱。虽然裁判给了 4 分钟的补时时间，但中国队并没有创造出有效进攻，最终只能以 0 比 2 的比分输掉了这场比赛。

中国队出场阵容：

徐嘉敏/杨世元、梁雨、武浩然（第 46 分钟，廖均健）、孙正傲/胡博文（第 67 分钟，李帅）、刘奕鸣、郑达伦、罗添/胡威威、沈田锋

中国队 1 比 1 阿联酋队

2010 年 10 月 27 日，亚洲少年足球锦标赛在乌兹别克继续举

行，中国队迎战小组赛第二个对手阿联酋队。经过 90 分钟的激战，中国队 1 比 1 战平对手，出线形势堪忧。

第 6 分钟，阿联酋队右路形成突破后横敲中路，无人盯防的安巴尔跟进推射，球打在中国队后卫身上弹出边线。第 13 分钟，中国队获得右路角球机会，罗添主罚到禁区后点，沈田锋力压对方后卫头球攻门，可惜球高出了横梁。第 16 分钟，中国队前场打出一次精彩配合，李帅斜塞禁区右路空当，胡博文反插形成单刀后射门，球打在对方门将的小腿上弹到远端。第 28 分钟，郑达伦右路的突破赢得角球机会，罗添主罚到禁区内，沈田锋头球攻门，球打在胡威威身上弹到中路，可惜廖均健调整过多，球被阿联酋队后卫解围。

双方在上半场互有攻势，场面相对均衡，直到第 66 分钟情况才发生变化。中国队孙正傲在一次后场拼抢中犯规，累积两张黄牌被罚出场。人数的劣势让张宁不得不换人，他换上武浩然加强后场的防守，但在第 73 分钟就酿成苦果，阿联酋队右路策动进攻，接连在中国队禁区前沿倒脚，哈米斯将球转移到左路空当，萨拉赫一脚低射破门，场上比分 0 比 1。不过，中国队在丢球后仅仅过了 1 分钟就扳平了比分。第 74 分钟，中国队后场长传到禁区内，阿联酋队中卫马尔万头球解围失误，将球顶给了禁区右侧的郑达伦，后者胸口停球后直接凌空射门，球直挂球门后点，场上比分 1 比 1。随后，双方都有几次攻势，但都未能改变比分，最终只能 1 比 1 握手言和。

中国队出场阵容：

徐嘉敏/杨世元、廖均健、孙正傲、刘奕鸣/胡博文（第 72 分钟，武浩然）、罗添、郑达伦（第 90 分钟，苏顺）、李帅/胡威威、沈田锋（第 87 分钟，梁雨）

中国队 0 比 1 科威特队

2010 年 10 月 29 日，亚少赛小组赛第 3 轮的比赛继续进行，在只有取胜才有可能出线的情况下，中国队最终 0 比 1 不敌科威特队，小组赛 3 战 1 平 2 负排名垫底，失去了晋级 2011 年世少赛的机会。

比赛一开始，中国队全力策动进攻。第 5 分钟，中国队沈田锋右路起球到禁区中路，郑达伦抢点头球攻门，力度和角度都欠奉，对方门将将球轻松没收。第 7 分钟，杨世元右侧传出一记落点极佳的传中球，沈田锋在点球点附近抢到落点，一脚劲射球偏出了立柱，中国队错失首开记录的好机会。第 11 分钟，中国队获得右路角球，李帅主罚到禁区中路，刘奕鸣在对方后卫的干扰下抢点头球高出。开场之后中国队控制了场上的局面，多次形成有威胁的攻门，但三板斧过后，两支球队在进攻方面都打得过于简单，多数是利用长传发动进攻，这也让双方都没有赢得很好的破门机会，上半场双方互交白卷。

下半场双方易边再战。第 50 分钟，罗添前场右路突然起球到禁区后点，李帅头球攻门，球形成抛物线到后门柱，对方门将急忙后退将球控制下来。第 63 分钟，科威特队右路获得角球，球直接旋向球门，中国队门将徐嘉敏快速移动，双手将球从门线上打了出来。第 72 分钟，科威特队获得前场左路任意球，阿尔沙梅里主罚到球门前点，徐嘉敏接球脱手，纳德尔跟进门前捅射破门，中国队再一次出现低级错误，最终以 0 比 1 失利。

中国队出场阵容：

徐嘉敏/杨世元、武浩然、刘奕鸣、廖均健/胡博文、胡威威、郑达伦、罗添/沈田锋、李帅(第 77 分钟，郑丰维)

亚足联室内五人足球锦标赛

中国队征战 2010 年亚足联室内五人足球锦标赛综述

2010 年 5 月 23 日至 30 日，第 12 届亚足联室内五人足球锦标赛在乌兹别克斯坦首都塔什干举行。在此之前进行的分组抽签仪式上，上届冠军伊朗队与科威特队、澳大利亚队、塔吉克斯坦队一同被分在 B 组。而作为东亚冠军，中国队再一次与劲敌日本队同组(D 组)，同处 D 组的还有来自中亚的土库曼斯坦队和西亚劲旅伊拉克队。

中国队 1 比 5 日本队

2010 年亚足联室内五人足球锦标赛于 5 月 23 日在乌兹别克斯坦首都塔什干揭开战幕，中国队首战 1 比 5 负于日本队。

本场比赛被安排在 IT 大学体育中心进行。开场 4 分钟日本队就由上泽贵宪首开记录，随后日本队牢牢掌控了场上的主动权，村上哲哉和高桥健介分别在第 18 分钟和第 20 分钟各入一球，将半场领先优势扩大为 3 比 0。

下半场双方易边再战，中国队依然没能阻挡住日本队的强大攻势。小宫山友佑在第 27 分钟将比分扩大为 4 比 0，上泽贵宪在第 35 分钟攻入了个人在本场比赛的第二粒进球。中国队仅由梁爽在比赛即将结束时利用点球机会扳回一分，最终以 1 比 5 输掉了首场比赛。

中国队 6 比 2 土库曼斯坦队

在首场败给日本队之后，中国队主教练法里纳并没有责怪队员，而是让弟子们尽快忘记前一场比赛的失利，以良好的心态迎接下一场较量。

终于，5 月 24 日，中国队在第二场小组赛中击败了中亚劲旅土库曼斯坦队，赢得了该届亚锦赛的首场胜利。张习、梁爽等球员纷纷为中国队建功，最终这场比赛的结果定格为 6 比 2，而这场胜局也保住了中国队小组出线的梦想。

由于同组对手日本队在当天的比赛中以 10 比 1 的悬殊比分击败伊拉克队，在取得两连胜之后提前一轮出线，所以中国队将与伊拉克队争夺第二个小组出线名额，而中伊两队也正好将在小组赛的最后一轮碰面。

中国队 7 比 6 伊拉克队

5 月 25 日，2010 年亚足联室内五人足球锦标赛 D 组最后一轮，中国队迎战伊拉克队。继上轮战胜土库曼斯坦队后，中国队的出线形势已经掌握在自己手中，只要他们在本场比赛中战胜对手即可挺进八强。

开场第 3 分钟，张习就为中国队首开记录。第 7 分钟，张炯再下一城，帮助中国队取得了 2 比 0 的领先优势。此后双方在中场加强了拼抢，2 比 0 的比分维持到上半场比赛结束。

下半场开场仅 2 分钟，张习梅开二度，中国队将领先优势扩大为 3 比 0。此后，伊拉克队由阿尔萨贝提在第 23 分钟扳回一球，但是中国队的李欣和张习马上还以颜色，进一步扩大比分优势，中国队 5 比 1 领先伊拉克队。第 32 分钟，伊拉克队抓住中国队的失误再次扳回一球。但随后2分钟，胡杰梅开二度，中国队7比2遥遥领先。然而好景不长，大比分领先的中国队球员有些“得意忘形”，伊拉克队此后抓住机会连扳4球，差一点将比分追平。场边的中国队主教练法里纳急得不停地向队员大叫，好在中国队成功保住了胜局，最终以7比6击败伊拉克队，以D组第二名的身份顺利入围该届五人制亚锦赛八强。

在当天进行的另外一场比赛中，日本队仅以1比0小胜土库曼斯坦队，三战全胜顺利晋级八强。不过这场比赛也成为了该届亚锦赛进球最少的一场比赛。

比赛结束后，中国队主教练法里纳严重警告了自己的队员，要求他们必须在今后的比赛中精力集中。他说：“我们今天踢得非常不错，但在最后3分钟里却表现欠佳，球员在大比分领先的情况下表现得有些飘飘然，过于放松。赛后我在更衣室里面告诫他们，这种情况在今后一定不能再出现。”对于进入八强后将面对的对手泰国队，法里纳表示：“我们希望能够赢得这场比赛，继续自己的亚锦赛之旅。”

中国队9比2泰国队

5月27日，2010年亚足联室内五人足球锦标赛1/4决赛，中国队迎来泰国队的挑战。

开场仅2分钟，张习就为中国队先拔头筹，不过6分钟后泰国队就将比分扳为1比1平。在第9分钟到第17分钟这8分钟时间内，中国队接连由张习、王玮和张肖连下三城，上半场结束时，中国队以4比1领先。

下半时开场后不久，泰国队追回一球，以2比4落后。不过两分钟后，梁爽就帮助中国队将领先优势重新扩大到3球。随后，张习、李新和王玮在3分钟内接连进球，中国队以8比2领先。终场前梁爽为中国队攻入了第 9 球，锁定胜局。最终中国队以 9 比 2 的大比分战胜泰国队挺进四强。

9 比 2 大胜泰国队的结果让中国队主教练法里纳欣喜不已的同时也吃惊不小，他在赛后高兴地说道：“赛前我一直认为，决定本场比赛胜负的关键时刻将是比赛的最后阶段，没想到中国队踢得非常出色，在下半场开场不久就用出色和快速的防守反击锁定了胜局，这样一个结果真的让我吃惊不小，对于中国队来讲，这也是球队发展中的一个喜人成绩。”

晋级半决赛的中国队将在次日迎战东道主乌兹别克斯坦队，该队也是亚洲五人足坛的一支劲旅，因此半决赛对于中国队来讲也极其富有挑战性。

中国队 3 比 4 乌兹别克斯坦队

2010 年亚足联室内五人足球锦标赛半决赛于 5 月 28 日在乌兹别克斯坦首都塔什干继续进行，中国队迎战东道主乌兹别克斯坦队。本场比赛吸引了将近 3 千名观众到现场为东道主乌兹别克斯坦队加油，中国队在不占据天时地利人和的情况下也表现得较为出色，不卑不亢，打出了应有的气势。

比赛开始仅两分钟，乌兹别克斯坦队的尤纳索夫就为主队先拔头筹。中国队也不甘示弱，两分钟之后就由李欣将比分扳成了 1 比 1 平。第 8 分钟，又是李欣的进球为中国队反超了比分。第 19 分钟，李欣成功上演帽子戏法，将比分扩大为 3 比 1。在距离上半场比赛结束前几秒钟萨墨戈夫为乌兹别克斯坦队追回一球。这粒入球也成为了本场比赛的转折点，让乌兹别克斯坦人看到了下半场扳平比分的希望。

果不然，下半场第 4 分钟，艾利巴耶夫就为东道主扳平了比分。两队在随后的比赛中都表现得相当谨慎，不敢再犯任何错误。

东道主乌兹别克斯坦队的运气也终于在下半场第 13 分钟姗姗来迟，萨墨戈夫的梅开二度帮助主队成功反超比分，也把全场的气氛推向了高潮。最终，中国队没有扳平比分，以 3 比 4 败在了东道主乌兹别克斯坦队脚下，无缘决赛。

赛后中国队主教练法里纳表示："我认为这场比赛 40 分钟的比分应该是 3 比 3 平，但最终比分就是最终结果。"尽管止步于半决赛，但是法里纳对于弟子们的表现还是非常满意，他说："中国队和东道主乌兹别克斯坦队在今天的比赛中都表现得非常出色，在亚洲看到这么多球迷喜爱和关心五人足球，我感受到了亚洲五人足球的希望。"

中国队 1 比 6 日本队

5 月 30 日，2010 年亚足联室内五人足球锦标赛三四名决赛打响，对阵双方是中国队与日本队。日本队曾在小组赛中 5 比 1 战胜过中国队，因此无论是从实力还是从心理上而言，日本队都占据上风。

比赛开始后，日本队再次显现出技高一筹的个人技术和整体战术。高桥健介在上半场第 4 分钟和第 15 分钟梅开二度，村上哲哉在第 16 分钟将日本队的领先优势扩大为 3 比 0。

易边再战，胡杰在第 21 分钟为中国队扳回一球，不过小曾户允哉在第 24 分钟将场上比分改写为 4 比 1。然而，日本队的攻势并没有因此停止，第 27 分钟和第 37 分钟，松宫充义和滝田学再入两球。最终，中国队以 1 比 6 再次败给了日本队，屈居殿军。

比赛结束后，中国队主教练法里纳说："中国队在这次五人制亚锦赛的目标就是晋级八强，我们完成了这一目标，而且比这一目标走得更远，能够入围亚洲前四，这对中国队而言是值得高兴的一件事。另外我要感谢手下的这些球员，他们在整届赛事中表现得非常出色。”

在冠军争夺战中，尽管东道主乌兹别克斯坦队获得了全场几千名球迷的支持，但面对亚洲霸主伊朗队他们还是无法抵挡，最终，伊朗队以 8 比 3 击败东道主，蝉联冠军。

中国 ZHONGGUO

2011

足球年鉴

ZUQIU NIANJIAN

亚洲冠军联赛

中国俱乐部征战 2010 年亚洲冠军联赛综述

2009 年 12 月 7 日，2010 年亚洲冠军联赛分组抽签仪式在马来西亚首都吉隆坡的亚足联总部进行，所有 32 支球队先按照地域分入东亚和西亚两个大区。西亚区的 16 支队伍分列 A 至 D 组，东亚区的 16 支队伍则处于 E 至 H 组。每个小组 4 支球队，采取主客场制，最终排名前二的球队取得晋级权。每个大区 16 支球队产生最后的 4 强，然后再次抽签，决定 8 强对阵。与 2009 年不同的是，如果来自同一会员协会的两支球队入围 8 强赛，那么抽签新规定将确保这两支球队不会在 8 强赛同室操戈。也就是说，在半决赛之前，将不会出现同国德比。16 进 8 的比赛所在的东西亚区并不跨区进行，而且只打一个回合，获得各小组第一的球队拥有主场之利，随后两大区的出线球队再捉对厮杀，决出冠军。

中国俱乐部小组赛抽签结果是：2009 赛季中超亚军长春亚泰队与日本 J 联赛冠军鹿岛鹿角队、韩国 K 联赛冠军全北现代队、印尼佩西普拉队同处 F 组；首次亮相亚冠的河南建业队与日本大阪钢巴队、韩国水原三星队、新加坡军团队同处 G 组；山东鲁能队与亚冠卫冕冠军韩国浦项制铁队、澳大利亚阿德莱德队、日本广岛三箭队同处 H 组；北京国安队与韩国城南一和队、澳大利亚墨尔本胜利队、日本川崎前锋队同处 E 组。

2010 年亚洲冠军联赛分组情况

A 组	阿赫利(沙特)、加拉法(卡塔尔)、阿尔贾济拉(阿联酋)、埃斯特格拉尔(伊朗)
B 组	佐巴罕(伊朗)、伊蒂哈德(沙特)、本尤德科(乌兹别克斯坦)、瓦赫达(阿联酋)
C 组	阿尔艾因(阿联酋)、塞帕汉(伊朗)、沙巴布(沙特)、棉农(乌兹别克斯坦)
D 组	萨德(卡塔尔)、阿赫利(阿联酋)、梅斯(伊朗)、希拉尔(沙特)
E 组	城南一和(韩国)、墨尔本胜利(澳大利亚)、北京国安(中国)、川崎前锋(日本)
F 组	鹿岛鹿角(日本)、全北现代(韩国)、佩西普拉(印尼)、长春亚泰(中国)
G 组	河南建业(中国)、大阪钢巴(日本)、水原三星(韩国)、新加坡军团(新加坡)
H 组	阿德莱德(澳大利亚)、山东鲁能(中国)、广岛三箭(日本)、浦项制铁(韩国)

长春亚泰亚冠征程综述

2009 年获得中超亚军的长春亚泰队在 2010 赛季到来之前更换了主教练，请来北京教头沈祥福，俱乐部也提出了亚冠小组出线和中超争夺冠军的目标。不过随着比赛的进行，亚泰队虽然在亚冠赛场上缔造了 9 比 0 狂胜印尼佩西普拉队的中国俱乐部单场进球最多的纪录，但却在面对日韩球队时明显处于下风，在小组赛 4 轮过后，他们不得不接受出局的现实。

鹿岛鹿角 1 比 0 长春亚泰

2010 年 2 月 23 日，亚冠联赛早于中超联赛率先开战，长春亚泰队在亚冠首战中客场 0 比 1 不敌日本鹿岛鹿角队。沈祥福带领球队的第一课就遭遇“开门黑”，让尚未在亚冠联赛失利过的亚泰队金身告破；2008 年，高洪波虽然没有带领亚泰队在亚冠中小组出线，但却保持了不败的成绩。

沈祥福执教亚泰队后，对球队的阵容做出微调，昔日爱将安琦首发出场，而在前场则安排了从重庆引进的外援金尼、杜震宇和高健的组合，另外一位韩国新援李世仁也披挂上阵，不过亚泰队开场不久就陷入了被动的局面。第 15 分钟，鹿岛鹿角队在中场大范围的转移后，新井场徹在禁区左侧直接一脚吊门，皮球越过了站位靠前的安琦后打在了横梁上。由于宗磊尚未痊愈，减肥成功的安琦击败米田贺夺得首发出场的机会，但他除了站位靠前外，还有两次出击失误让人担忧。亚泰队所丢一球出现在第 42 分钟，鹿岛鹿角队右侧开出任意球，中田浩二后排插上抢在卡巴雷罗身前抢点甩头攻门得手。新外援金尼在上半场比赛的表现并不令人满意，没有一脚射门的他在中场休息时就被换下，而另一位新外援李世仁在防守中虽然中规中矩，但在其他方面和前亚泰队外援梅尔坎还有一定差距。下半场张文钊和刘卫东出场后改变了亚泰队被动的局面，他俩的表现明显好于杜震宇和王栋两位核心。亚泰队全场最具威胁的一次射门出现在第 57 分钟，张文钊反击中连过两人后在禁区外一脚射门被对方门将扑出。

最终，长春亚泰队以 0 比 1 饮恨，亚冠不败的金身被打破，沈祥福也没有走出带队不胜日本球队的怪圈：2000 年和 2002 年，沈祥福率领国青队和国奥队均不敌日本队，并且 1 球未进。此役，长春亚泰队全场有 6 脚射门，虽然仅比鹿岛鹿角队少 1 次，但却未创造出破门良机。

长春亚泰队出场阵容：

安琦/王万鹏、卡巴雷罗、李世仁、张笑非/王栋、姜鹏翔、闫峰、杜震宇（第 46 分钟，刘卫东）/金尼（第 46 分钟，张文钊）、高健

长春亚泰9比0佩西普拉

2010年3月9日的长春还处于冬季,寒风凛冽的天气让印尼球员变得缩手缩脚,而亚泰队则进球如潮,9比0击败印尼冠军佩西普拉队,沈祥福以一场大胜完成了他在长春球迷面前的首次亮相。9比0的比分刷新了亚冠联赛自2003年创办以来中国球队的最大净胜球和进球纪录,同时高健和金尼两名队员均上演帽子戏法,这也是中国球队8年亚冠征战史上的首次。

“没有想到,真的没有想到比分会这么大。”赛后,沈祥福也对比赛结果感到十分意外,同时他也感谢队员们在场上的拼搏精神,没有因为大比分领先就停止发动进攻。亚泰队在比赛中几乎平均每3分钟就有一次射门,全场29次射门有15次射中门框范围内。

第23分钟,金尼在禁区前沿直塞球被防守球员碰了一下变向,高健转身护球后起脚打门,皮球绕过门将直飞球门上角,长春亚泰队1比0领先。第33分钟,金尼前场在紧逼之下将球传给边路插上的王栋,后者完成传中后又是金尼停住后做给位置更好的高健,面对防守球员高健两次调整后打远角得分,2比0。第43分钟,亚泰队打出反击,王栋在中场两人夹击下带球冲出重围,金尼在禁区内倚住防守球员后接到队友的传球,大力抽射球门上角成功,场上比分变成了3比0。

下半场双方易边再战。第51分钟,亚泰队的攻势在对方禁区形成一片混乱,高健侧勾将球打向门前后点,无人防守的金尼轻松将球打进,场上比分扩大为4比0。第57分钟,长春亚泰队前场左侧开出任意球,前点的高健摆脱防守后头球冲顶得分,5比0。第58分钟,长春亚泰队王栋中场塞出直线球,高健反越位后直扑禁区,面对弃门出击的门将将球横传,快速跟进的金尼轻松推空门得手,场上比分变成6比0。第65分钟,亚泰队前场右路将球传到禁区,刘卫东故意一漏,金尼跟进大力射门被出击的门将用身体挡出，反应神速的刘卫东跟进补射成功，7 比 0。第 84 分钟，亚泰队张文钊前场右边路受到侵犯，任意球开出后由刘卫东完成传中，后点的王博凌空抽射，由于射门的力量太大，皮球被对方门将挡了一下后仍然滚进了球网，8 比 0。第 89 分钟，张文钊又在前场右侧底线处强突时受到侵犯，王栋开出任意球，刘卫东先是头球攻门，随后又连续两脚补射将球打进，场上比分定格为 9 比 0。

本场比赛除了进球队员之外，王栋堪称首席功臣，他参与了全部 9 粒进球，其中有 3 粒进球是他直接助攻造成的。

长春亚泰队出场阵容：

米田贺/王万鹏、卡巴雷罗、李世仁（第 46 分钟，王博）/姜鹏翔、王栋、曹添堡（第 59 分钟，刘卫东）、闫峰、张笑非/金尼、高健（第 59 分钟，张文钊）

长春亚泰 1 比 2 全北现代

2010 年的长春亚泰队在中超和亚冠联赛中留下了许多不良记录，其中最令球迷难以容忍的就是常常被对手逆转取胜，而这一切就是从 3 月 24 日和韩国全北现代队的这场亚冠比赛开始的：亚泰队在杜震宇先进一球的情况下被对手在最后 15 分钟里连扳两球，最终以 1 比 2 失利，小组出线的愿望也基本上破灭。

比赛刚开始仅 4 分钟亚泰队就收获了一次破门良机，高健左路传中制造角球，王栋将球开到罚球点处，队长卡巴雷罗头球甩远角，全北现代队门将权纯泰在移动中十分勉强地在球门线上将球挡出。第 13 分钟，全北现代队中卫孙昇准在禁区前沿正面防守高健时故意手球，王栋与闫峰配合后射门，皮球越过人墙直奔球门，不过由于力量有所欠缺，被准备充分的对方门将权纯泰没收。第 28 分钟，金尼前场左侧底线处拿球，在两名后卫的逼抢下将球回做，曹添堡突然打出一脚漂亮的弧线球，皮球飞向远侧死角时被对方门将托了一下后拿住。1 分钟后，全北现代队也获得一次远射的机会，李东国的射门直接飞出了底线。

亚泰队在上半场占据一定优势，而这样的优势直到第63分钟才转化为进球，杜震宇拿球后突然横带，面对冯潇霆的封堵趟开空当抢在第二名后卫上抢前大力低射，皮球重重打在远门柱内侧弹入网窝，长春亚泰队1比0领先。领先后的亚泰队却遭遇了对手顽强的反击，第75分钟，全北现代队罚出左侧角球，亚泰队门将米田贺出击后没有打到皮球，后卫将球挡出后，全北现代队替补出场的崔兑旭将球打进空门，场上比分变成了1比1。第86分钟，全北现代队球员在右边路强行突破，连过两人后带球切入到底线传中，李东国停球后大力射门成功，全北现代队将比分反超为2比1。最终，长春亚泰队被对手逆转，在主场1比2不敌2009赛季韩国K联赛冠军全北现代队。

在本场比赛后半阶段，“沈祥福下课”的怒吼声响彻体育场上空，这是沈祥福第一次在长春听到下课声。

长春亚泰队出场阵容：

米田贺/王万鹏、卡巴雷罗、李世仁/吕建军、曹添堡（第61分钟，刘卫东）、闫峰、王栋、张笑非/金尼、高健（第46分钟，杜震宇）

全北现代1比0长春亚泰

2010年3月30日，亚冠联赛F组第4轮的比赛正式打响，全场被动的长春亚泰队客场0比1负于韩国全北现代队，提前失去了该赛季亚冠联赛小组出线权。

开场仅1分钟，长春亚泰队杜震宇接到王栋的传球后突然直传禁区，外援金尼球到人到，不过他拨球过掉守门员时摔倒在地，来自伊朗的主裁判不但没有判罚点球，还向对判罚表示不满的张笑非出示了一张黄牌。在这之后亚泰队就开始处于被动，第13分钟，上一场打进亚泰队一球的崔兑旭右边路拿球突然内切，皮球传到禁区后李东国头球攻门偏出远门柱。两分钟后全北现代队断球之后打出快速反击，皮球交到左路后，徐订晋在禁区内过人后大力打门，皮球滑门而过。第25分钟，全北现代队任意球罚出后，冯潇霆甩头攻门，皮球被卡巴雷罗和米田贺在球门线附近合力解围。

第54分钟，全北现代队终于收获进球，李东国接到队友传球后回带横拨打出弧线球，皮球绕过亚泰队门将米田贺飞进网窝，场上比分变成了1比0。比分落后的亚泰队并没有组织起有效的进攻，基本是依靠球员的个人能力。第66分钟，张文钊在前场拿球时遭到3人包夹，他倒地后亚泰队获得任意球机会，王栋的直接射门稍稍高出。第86分钟，张文钊在右边路创造角球机会，王栋罚出的球被前点防守球员挡出，里卡多将球再度传中到后点，卡巴雷罗头球偏出，亚泰队错失扳平机会。全场比赛，全北现代队的射门达到20次，其中有9次射在门框范围内，这两项数据都比亚泰队高出一倍，这也注定了亚泰队只会收获一场败局。最终，长春亚泰队客场0比1不敌全北现代队，成为中超四强中第一支出局的球队。

长春亚泰队出场阵容：

米田贺/王万鹏、卡巴雷罗、李世仁/张笑非、闫峰（第60分钟，张文钊）、姜鹏翔、杜震宇（第57分钟，高健）、王栋、曹添堡（第69分钟，里卡多）/金尼

长春亚泰0比1鹿岛鹿角

2010年4月14日，亚冠联赛F组第5轮的比赛展开，长春亚泰队仍未用一场胜利来安慰球迷，主场0比1不敌日本鹿岛鹿角队，结束了该赛季亚冠联赛的最后一个主场比赛。

主队糟糕的成绩让上座率变得惨淡，本场比赛大约只有3000名球迷到现场助威，这在亚泰队升入中超之后还是主场球迷最少的一次。由于球队已经提前出局，沈祥福在本场比赛派上了大量替补，久疏战阵的张宝峰和刘晓东都出现在首发阵容中，王博、吕

建军和刘卫东这样的替补球员也获得了首发出场的机会，而金尼和杜震宇则干脆没有进入大名单。

和亚泰队相比，鹿岛鹿角队明显更重视本场比赛，力争小组第一的他们派上了内田笃人、中田浩二和小笠原满男等主力球员，但最先获得破门良机的却是亚泰队。第 26 分钟，里卡多接曹添堡传球后在禁区外远射，对方门将扑出后，刘卫东在后卫逼抢下跟进补射却将球推高，亚泰队错失上半场最好的破门良机。卡巴雷罗在上半场前半阶段表现十分突出，但却在第 36 分钟出现失误，他接队友回传球时出现失误，并且在禁区外没有采用犯规战术，兴吕慎三打进单刀球。

中场休息时沈祥福派上了王栋，下半场亚泰队的进攻略有起色。第 89 分钟，王栋在禁区外突然起左脚远射，皮球在门前反弹后击中远门框弹出，亚泰队错失扳平比分良机。最终长春亚泰队主场 0 比 1 小负鹿岛鹿角队，沈祥福率队和日韩两支冠军球队的 4 次交锋都以失利而告终。

长春亚泰队出场阵容：

米田贺/卡巴雷罗（第 75 分钟，李世仁）、张宝峰、王博/曹添堡、刘卫东、张笑非、闫峰（第 46 分钟，王栋）、吕建军（第 78 分钟，张文钊）、刘晓东/里卡多

佩西普拉 2 比 0 长春亚泰

2010 年 4 月 28 日，亚冠联赛 F 组最后一轮的比赛展开，长春亚泰队客场挑战印尼佩西普拉队。

开场仅 1 分钟，长春亚泰队就在中场配合后打出身后球，快速前插的吕建军在禁区内争抢时被吹冲撞对方门将，主裁判对其进行了口头警告。第 11 分钟，亚泰队的曹添堡在中场打出身后球，刘卫东高速前插，在禁区内拿球遭到对方防守球员侵犯后挡地，主裁判判罚点球，不过曹添堡主罚的点球被对方门将挡了一下后压

在了身下，长春亚泰队错过了率先破门的绝佳机会。第 26 分钟，佩西普拉队左路打出漂亮的套边配合，队长维克多面对弃门出击的宗磊低射近角得分。上半场比赛结束，长春亚泰队暂时以 0 比 1 落后。

第 47 分钟，亚泰队前场配合后将球交给张文钊，张文钊在禁区前沿不慌不忙地拿球，在队友扯动后他突然变向带球直扑禁区，对方后卫伊万伸脚将他绊倒在地，主裁判再次判罚点球，不过刘晓东罚出的点球再次被对方门将神勇扑出，亚泰队再次错失得分机会。第 65 分钟，佩西普拉队后场右边防守中将球挡出，中场的队友一脚长传交到前场左侧，路易斯拿球加速直扑禁区，用速度甩开盯防的后卫后就是似传似射的一脚，后点包抄的帕耶夫将球送入网窝，佩西普拉队 2 比 0 锁定胜局。长春亚泰队最终以 6 战 1 胜 5 负的战绩结束了 2010 赛季的亚冠征程。

长春亚泰队出场阵容：

宗磊/艾志波、张宝峰、吕建军/张文钊、闫峰、张天晗、刘晓东（第 72 分钟，文成华）/刘卫东、里卡多（第 69 分钟，杨海波）、曹添堡

北京国安亚冠征程综述

2010 赛季亚冠联赛，北京、长春、河南和山东的表现集体疲软，不过，2009 赛季中超冠军北京国安队却成为了 4 年来首支突围小组赛的中超球队。可惜，他们在亚冠 1/8 决赛一场定胜负的情况下客场不敌韩国水原三星队，亚冠梦就此止步。

北京国安 1 比 0 墨尔本胜利

2010 年 2 月 23 日，亚冠联赛 E 组首轮北京国安队主场对阵澳大利亚墨尔本胜利队的比赛在北京工人体育场打响，这也是国安队 2010 年的首场正式比赛。最终依靠乔尔·格里菲斯下半场

开始阶段的入球，国安队主场1比0获胜，取得了该赛季亚冠联赛开门红。

北京国安队虽然贵为2009赛季中超冠军，但仍购买了徐亮和奥托等内外援来补充实力，目的就是希望在亚冠和中超联赛双线作战中取得好成绩。本场比赛国安队新引进的奥托、罗斯、徐亮与吴昊等人均先发出场，后腰位置由小将祝一帆同马季奇搭档。开场后双方迅速展开快节奏对峙，国安队在控球与主动冲击上稍占上风，徐亮的任意球也给对方施加了一定压力。墨尔本队的进攻是老英式打法，以长传居多。第34分钟，徐亮左侧任意球被墨尔本队门将兰格拉克打出禁区，祝一帆远射被防守球员挡出底线，国安队右侧角球传入禁区，乔尔·格里菲斯头球攻门皮球已越过对方门将，但被对方后卫在门线上顶出，奥托禁区中路再射又被门线前的后卫挡出，国安队在右翼又将球低传入禁区，祝一帆攻门再遭封堵。第38分钟，祝一帆中路上抢将球趟入禁区，奥托攻门被封堵后皮球弹回，祝一帆低射稍稍打偏。

国安队的进攻终于在第51分钟收到效果，在右翼连续传递后祝一帆将球传入禁区，乔尔·格里菲斯在双人包夹下轻巧卸球，随即小角度快速捅射将皮球从门将两腿间送入球门，国安队1比0领先。第53分钟，徐亮任意球攻门也颇有威胁，但被兰格拉克侧身将球扑出。随后国安队依旧围着对手进攻，而墨尔本队球员情绪有些急躁，连续出现传球失误，防守中也出现了对人不对球的凶悍犯规。比赛最后时刻，墨尔本队持续压上策动冲击，国安队一时全面处于守势，被对手接连在禁区内引发混战。第85分钟，墨尔本队右翼传中至前点，莫尔加在国安队后卫罗斯的干扰下头球顶偏。第88分钟，墨尔本队右翼冲击渗透入国安队禁区，并形成了3打1的人数优势，不过其传中时配合失误。国安队随后也连做调整，王晓龙与王长庆相继出场。随着终场前黄博文任意球攻门被对方人墙挡出，裁判吹响终场哨，北京国安队最终1比0取得开门红。

北京国安队出场阵容：

杨智/周挺、吴昊、徐云龙、罗斯/马季奇、祝一帆（第 63 分钟，黄博文）、徐亮（第 88 分钟，王长庆）、乔尔·格里菲斯（第 85 分钟，王晓龙）、闫相闯/奥托

川崎前锋 1 比 3 北京国安

2010 年 3 月 9 日，北京国安队在客场打响亚冠联赛小组赛第 2 轮的比赛，对手是日本川崎前锋队。在比赛开始前，川崎突然下起了大雪，这给双方的比赛带来了不小的困难。不过，北京国安队仍凭借乔尔·格里菲斯和王长庆的进球以 3 比 1 击败对手，迎来两连胜的同时也送给对手两连败。

本场比赛国脚杨昊因大腿拉伤未随国安队出征，黄博文与马季奇搭档双后腰。川崎前锋队已连续两年获得日本 J 联赛亚军，不过国脚中村宪刚与前场核心儒尼奥尔的因伤缺阵明显对球队实力造成了影响，不过稻本润一领衔的中场仍不可小视。第 21 分钟，国安队化解对方角球攻势展开反击，闫相闯中场快速拼抢得球后在左路突进传中，川崎前锋队追防球员将球挡出底线。第 37 分钟，徐亮左侧滑铲形成妙传，乔尔·格里菲斯带球突入禁区，面对对方弃门出击的门将川岛永嗣冷静推射破门，国安队 1 比 0 领先。不过，川崎前锋队迅速展开反扑，并于第 39 分钟追平比分，田坂祐介左侧角球传至前点，菊地光将近距离攻门得分。上半场双方战成 1 比 1 平。

第 65 分钟，国安队闫相闯右侧传中，中路接应的乔尔·格里菲斯顺势直塞，奥托带球突入禁区右翼后转身回敲，跟进到位的王长庆迎球推射将皮球送入球门下角，国安队 2 比 1 再度将比分超出。第 86 分钟，国安队门将杨智大脚开出球门球，黄博文头球争顶形成摆渡，王长庆快步前插将川崎前锋队防线甩在身后，就在高

速带球过程中，王长庆看到对方门将站位靠前，于是准确送出精妙吊射破门，国安队3比1领先。此后川崎前锋队虽连续换将，但已无法动摇国安队的胜局，最终北京国安队客场3比1奏凯。

北京国安队出场阵容：

杨智/周挺、张永海、徐云龙、罗斯/马季奇、黄博文、徐亮（第46分钟，王长庆）、乔尔·格里菲斯、闫相闯（第88分钟，路姜）/奥托（第80分钟，朗征）

城南一和3比1北京国安

2010年3月23日，亚冠联赛E组第3轮，北京国安队客场挑战韩国城南一和队。尽管上半场罗斯为国安队先拔头筹，但下半场城南一和队大举反扑，并在比赛最后时刻连进3球，最终国安队以1比3告负。

小组赛前两轮北京国安队与城南一和队均取得连胜，此战胜负结果将直接决定小组出线主动权、甚至小组头名的归属。闫相闯因累积黄牌停赛，在上轮击败川崎前锋队一战中立下首功的奇兵王长庆升格担任先发。开场后双方迅速展开快节奏对峙，第3分钟徐亮就因滑铲犯规领到黄牌。随着比赛的深入，城南一和队连续在边路策动攻势并赢得任意球机会，逐渐占据场面主动，不过率先破门的却是北京国安队。第17分钟，国安队反击中黄博文赢得中路任意球，徐亮斜传对方禁区右侧，朗征奋力争顶将球回做至中路，罗斯迎上落点大力抽射破门，国安队1比0领先。城南一和队丢球后发起数次有效进攻。第78分钟，因王长庆体能明显下降，国安队主教练洪元硕用路姜将其换下，但国安队刚刚作出调整城南一和队就取得入球，莫里纳禁区弧附近假射吸引防守后顺势分球，替补出场的宋浩英在禁区左侧已是无人盯防，他面对杨智冷静低射破门，将比分追为1比1。被扳平后的北京国安队斗志全无，在第87分钟又被对手反超比分，宋浩英左侧快速突入传中，皮球穿越杨智与徐云龙后落至门前，拉德西齐轻松包抄将球送入球门。补时第3分钟国安队再遭打击，城南一和队反击，杨智冲出禁区将对方进攻球员扫倒，被红牌罚下，已用完换人名额的国安队只能由黄博文客串门将。莫里纳任意球攻门被国安队人墙挡至禁区右侧，城南一和队赵载哲小角度大力抽射攻破球门上角，将最终比分定格为3比1。

北京国安队出场阵容：

杨智/周挺、朗征、徐云龙、罗斯/黄博文、马季奇、徐亮（第52分钟，杜文辉）、乔尔·格里菲斯、王长庆（第78分钟，路姜）/奥托（第90分钟，吴昊）

北京国安0比1城南一和

2010年3月31日，亚冠联赛E组第4轮，北京国安队坐镇北京工人体育场以0比1不敌韩国城南一和队。本场比赛过后城南一和队取得4连胜提前出线，北京国安队2胜2负积6分继续排名小组次席。

本场比赛除事关出线权与小组排名，也与“抗韩”情结有关，上轮（第3轮）中超四强对韩国球队全败后，本轮在北京国安队之前亮相的长春亚泰队、山东鲁能队和河南建业队又对韩国球队遭遇全败，但国安队最终也没能为中国球队挽回颜面，中超四强和韩国球队的交锋遭遇8场全败的战绩。

国安队此战对阵容做了很大调整，杨智因红牌停赛，张思鹏出任主力门将，王长庆则顶替累积黄牌停赛的徐亮担任左前卫，锋线由杜文辉替换奥托，后防核心徐云龙没有先发出场。开场后国安队以控球控制节奏为主，此前已3连胜的城南一和队同样没有求快的思路，但双方拼抢对抗很是激烈。第4分钟，周挺后场左路争高球时对莫利纳犯规，城南一和队任意球远射力道不大，张思鹏将球没收。两队在随后的比赛中踢得格外沉闷，这种拉锯战终于在第 73 分钟发生变化。城南一和队左侧冲击中宋浩英斜传国安队防线身后，虽然准备接球的拉德西齐明显越位，但国安队后卫张永海在禁区前倒地拦截时故意手球犯规，被裁判红牌罚下。城南一和队就是利用这个禁区前偏左位置的任意球机会，由外援莫利纳主罚打进全场惟一进球。落后的国安队面对对方的严密防守，迟迟未能再形成有效冲击。第 89 分钟，王晓龙在城南一和队禁区右侧强突，因失去重心倒地，裁判没有理会。补时第 3 分钟，奥托在反击中被城南一和队萨沙踢倒，后者领到第 2 张黄牌也被罚下，国安队获得禁区前偏右位置的任意球机会，王晓龙攻门打高。最终全场 13 次射门只有 4 次射正的北京国安队以 0 比 1 落败。

北京国安队出场阵容：

张思鹏/周挺、张永海、朗征、罗斯（第 86 分钟，王晓龙）/马季奇、黄博文、王长庆（第 68 分钟，奥托）、乔尔・格里菲斯、闫相闯（第 78 分钟，徐云龙）/杜文辉

墨尔本胜利 0 比 0 北京国安

2010 年 4 月 14 日，亚冠联赛第 5 比赛日，北京国安队客场挑战澳大利亚墨尔本胜利队。尽管比赛中国安队曾多次获得机会，但因前锋把握能力欠佳多次错失必进之球，最终他们在客场 0 比 0 战平墨尔本胜利队，最后一轮国安队只要主场打平日本川崎前锋队即可确保出线。

本小组 4 轮过后，除城南一和队 4 战全胜提前锁定出线权外，北京国安队 2 胜 2 负占据小组次席依然掌握争夺出线资格的主动权。一开场国安队即在连续传递配合后形成威胁冲击，罗斯右路直线挑传，闫相闯快速切入禁区，沿底线前推进后低平球传中，墨尔本胜利队博格补防中将球破坏出底线。第 4 分钟，国安队再次形成威胁攻势，朗征后场任意球前传直接穿透了对方防线，乔尔・格里菲斯插上攻门被弃门出击的对方门将兰格拉克挡出，很快国

安队又在角球机会中形成攻门，乔尔·格里菲斯头球顶高。与对手相对比，国安队明显更突出于脚下控制，比赛前一刻钟的控球比率达到了75%。第38分钟，国安队中场断球后形成2打2反击，乔尔·格里菲斯将球塞至禁区左侧，奥托攻门被追防球员挡出，黄博文禁区弧内凌空再射打偏。半场结束前国安队又有角球机会，不过未能形成攻门。上半场国安队共获得了7个角球，但无一建树。

下半场，国安队依旧连续发动进攻。第80分钟，国安队左侧快速冲击中杜文辉反越位切入禁区，其低平球传中引发混乱，墨尔本胜利队两名球员在门前倒地解围。北京国安队全场比赛射门18次而对手只有8次，最终国安队不得不和对手互交白卷。

北京国安队出场阵容：

杨智/周挺、朗征、徐云龙、罗斯/马季奇、黄博文、徐亮（第73分钟，王长庆）、乔尔·格里菲斯、闫相闯（第80分钟，王晓龙）/奥托（第60分钟，杜文辉）

北京国安2比0川崎前锋

2010年4月28日，北京国安队在工人体育场迎来了亚冠小组赛的末轮生死战。最终依靠乔尔·格里菲斯和奥托在上下半场各入一球，北京国安队2比0击败日本川崎前锋队，在E组中以小组第二的成绩晋级16强。这样，根据亚冠赛制，北京国安队将在1/8淘汰赛中客场与韩国水原三星队一场定胜负争夺晋级8强的资格。

E组前5轮过后，城南一和队已提前出线并锁定小组头名，北京国安队和川崎前锋队分别积7分和6分，即此战国安队打平就可获得出线权。徐亮顶替停赛的马季奇与黄博文搭档后腰，攻击线由乔尔·格里菲斯与奥托领衔。开场后双方迅速展开快节奏对峙。第3分钟，川崎前锋队于右侧形成冲击，谷口博之空当处切入后小角度低射,皮球滑门而出。第 7 分钟,川崎前锋队外围低射再度打偏。第 19 分钟,客队右翼角球再度冲击,中村宪冈下底传中,井川佑辅将球顶至左侧门前,伊藤宏树近距离攻门打高;慢镜头重放显示,在与井川佑辅争顶时,国安队乔尔·格里菲斯有明显的手球动作,但裁判没有判罚,国安队躲过一劫。对方的连续进攻并没有打乱国安队的进攻部署,第 26 分钟,国安队化解对手边路任意球后展开快速反击,闫相闯左侧前插后转身摆脱,一脚精准斜传将球输送至川崎前锋队禁区右侧,乔尔·格里菲斯小角度低射将皮球送入球门下角,国安队 1 比 0 领先,而这一比分也维持到上半场比赛结束。

下半场刚过 2 分钟,国安队徐云龙在中场拼抢中倒地断球,川崎前锋队后卫试图卡位拦截黄博文时又出现失误,黄博文准确将球塞至对手防线身后,奥托前插过掉对方门将川岛永嗣后小角度推射空门得分,国安队 2 比 0 领先。随后徐亮在第 51 分钟主罚任意球击中川崎前锋队门柱。本场比赛虽然客队的射门次数多达 20 次,但却始终无法破门,反倒是北京国安队利用两次反击机会取得进球。

北京国安队出场阵容:

杨智/周挺、张永海、徐云龙、罗斯/徐亮、黄博文(第 53 分钟,杨昊)、王珂、乔尔·格里菲斯(第 76 分钟,王长庆)、闫相闯/奥托(第 69 分钟,杜文辉)

水原三星 2 比 0 北京国安

2010 年 5 月 11 日,亚冠联赛 1/8 单场淘汰赛展开,北京国安队客场对阵韩国水原三星队,结果以 0 比 2 完败给对手,无缘 8 强。

作为中超惟一打入亚冠淘汰赛的球队,北京国安队面对的是客场单场生死战的严峻考验。2010 赛季水原三星队在国内联赛中表现不佳，虽然当时排名垫底，但在主教练车范根明确了“放弃联赛力争亚冠夺冠”的目标后，他们还是击败了北京国安队。

主场作战的水原三星队开场后展开积极前压，北京国安队则给出稳固防守的思路。第7分钟，水原三星队形成首次攻势，朴泰民左路突然长传至球场另一侧空当，莫塔凌空抽射打高。担任水原三星队中卫的李玮锋接连有策动长传攻势和控制高球落点的表现。第15分钟，李玮锋后场长传找到莫塔，后者将球过渡到左侧，金大仪攻门被朗征用身体挡下。第27分钟，水原三星队在前场左侧形成连续传递，金大仪内切攻门被罗斯挡出底线，就是利用这次角球机会，水原三星队取得进球：宋钟国快速弧线球传入禁区，李玮锋和郭熙柱前点抢位争顶牵制了国安队防线，莫塔在中路空当处头球破门，水原三星队1比0领先。

易边后北京国安队持续前压，水原三星队则转入防守反击。第61分钟，国安队错过机会——黄博文将球直塞入对方禁区右翼，杜文辉前插中倒地控球摆脱了李玮锋的防守，起身调整再过掉赵元熙，只是其攻球门远角时打偏。第84分钟，水原三星队利用反击扩大比分：廉基勋左侧斜传禁区后点，莫塔小角度倒地攻门得分，这也是他在该届亚冠赛事中的第9粒进球。

全场比赛北京国安队的控球率只有47%，并且9次射门只有2次射正；主队则有17次攻门，不仅打进2球，而且还8次射正。北京国安队的这场失利让中超球队在2010赛季亚冠和韩国球队的9次交锋中取得了全败的成绩，说明了中国球队的实力和近邻还有较大差距。

北京国安队出场阵容：

杨智/周挺、朗征、徐云龙、罗斯/马季奇、黄博文、王长庆（第56分钟，徐亮）、乔尔·格里菲斯、闫相闯（第77分钟，王珂）/奥托（第56分钟，杜文辉）

山东鲁能亚冠征程综述

2009 年山东鲁能队以中超联赛第 4 名的成绩勉强获得 2010 年亚冠联赛入场券,球队为了能够在 2010 年有新面貌,请来了克罗地亚名帅伊万科维奇。周海滨经历了短暂的留洋后又重新回到球队当中,这让鲁能队的中场实力提高了一个档次。在引援方面,鲁能俱乐部的最大手笔就是引进了 2009 年的中超新人王邓卓翔,这位国脚的加盟也让球队在赛季初就露出冠军相,不过,他们在亚冠联赛中依旧没有起色,倒在了小组赛中。虽然山东鲁能队最终获得了 2010 赛季中超联赛冠军,但也暴露出中国球队还不具备两线作战的实力。

广岛三箭 0 比 1 山东鲁能

2010 年 2 月 24 日,山东鲁能队在该赛季亚冠联赛的第 2 个比赛日亮相,客场挑战日本广岛三箭队。由于 2009 赛季日本 J 联赛季军大阪钢巴队获得了天皇杯冠军,所以排名第 4 的广岛三箭队获得了 2010 赛季亚冠的参赛资格。虽然是第一次参加亚冠的球队,比赛经验不够丰富,但是 2010 年广岛三箭队在内援上引进了国脚山崎雅人、山岸智等实力派球员。除此之外,广岛三箭队在日本 J 联赛中保持着非常惊人的主场胜率。

本场比赛,山东鲁能队排出了一个相对稳妥的首发阵容,除了新签约的外援卡洛斯和回归的周海滨之外,其余球员都是 2009 赛季的主力,显然鲁能队新帅伊万科维奇还是希望以稳为主。开场后,山东鲁能队便反客为主。第 2 分钟,王永珀在右侧禁区前机警地断下广岛队后卫的传球后将球转移至左路,韩鹏跟上起脚打门,球稍稍偏出立柱。3 分钟后,鲁能队再次获得机会,右路吕征将球传至禁区,前插的崔鹏拿球突入禁区起脚打门,皮球被广岛队后卫干扰一下飞出底线。客场作战的山东鲁能队渐渐占据场上的优势。第36分钟，鲁能队获得禁区外直接任意球，王永珀起脚打门，球高出横梁。

比赛的僵局在第76分钟被打破，山东鲁能队刚刚上场的邓卓翔开出右侧角球，埋伏在后点的韩鹏力压对方后卫高高跃起头球攻门，对方门将扑救不及，皮球飞入网窝，1比0。韩鹏的这粒进球最终帮助山东鲁能队在客场全取三分。

山东鲁能队出场阵容：

李雷雷/苑维玮、卡洛斯、刘金东、矫喆/周海滨（第59分钟，马龙）、安塔尔、崔鹏、王永珀（第75分钟，邓卓翔）、吕征（第70分钟，高迪）/韩鹏

山东鲁能0比2阿德莱德

2010年3月10日，亚冠联赛H组第2轮，山东鲁能队主场迎战澳大利亚阿德莱德队。客场击败广岛三箭队让球迷对山东鲁能队抱有很大希望，不过鲁能队的第一个主场比赛表现得格外糟糕，最终0比2不敌阿德莱德队，为小组赛出局埋下了伏笔。山东鲁能队对阿德莱德队并不陌生，2007年亚冠联赛小组赛上，山东鲁能队曾在客场1比0小胜阿德莱德队，但此后主场却被对手2比2逼平。

开局阶段双方均势对峙，拼抢格外激烈。第8分钟，山东鲁能队首次攻门即形成威胁，在右路连续冲击中，卡洛斯转身摆脱后快速低平球传中，无人盯防的韩鹏在禁区右侧小角度劲射，阿德莱德队门将加莱科维奇双拳将球封出。面对鲁能队此后的连续冲击，阿德莱德队还是坚持控球，中后场频繁传递中寻找着向前的机会。第14分钟，阿德莱德队左翼突然直传，莱基摆脱矫喆后切入禁区，在其突至近门柱时李雷雷出击侧扑将球拦下。第27分钟，鲁能队左侧快发界外球策动攻势，王永珀中路带球连续变向试图过人，但

被对手将球断下，阿德莱德队就势在右路直塞策动反击，潘特里斯将鲁能队防线甩在身后，切入禁区后传中，范·迪亚克跟进头球攻门，皮球击中立柱内侧后撞入网内，阿德莱德队 1 比 0 领先。山东鲁能队此后虽然发起多次反击，但效果并不明显，阿德莱德队后防线多人身高达到 1.9 米，韩鹏头球优势很难体现。

易边后阿德莱德队继续采取积极拼抢、快速反击的策略，山东鲁能队也加强拼抢力求加快节奏，双方接连有球员倒地。第 54 分钟，吕征右路强突赢得任意球，王永珀将球传入禁区，安塔尔头球顶偏。此后鲁能队连续形成角球、任意球机会，也在运动战中数次向对手禁区传球，但落点均被对手控制。第 68 分钟，阿德莱德队左侧传中形成威胁，多德得球后转身传中，鲁能队禁区内防守瞬间停滞，弗洛雷斯近距离攻门被李雷雷封出底线，阿德莱德队右侧角球传至禁区前，鲁能队禁区内防守又出现巨大空当，莱基做出头球冲顶的舒展动作，皮球击中横梁下沿后落地反弹，裁判判定皮球落地时已越过球门线，比分扩大为 2 比 0。全场补时第 2 分钟，鲁能队错过全场最佳得分机会，韩鹏禁区左翼前插得球后快速传中，李金羽近距离攻门被对方门将封出。最终山东鲁能队主场 0 比 2 落败。

山东鲁能队出场阵容：

李雷雷/苑维玮、卡洛斯、刘金东、矫喆/崔鹏、安塔尔、周海滨（第 63 分钟，本森）、王永珀、吕征（第 75 分钟，李金羽）/韩鹏

浦项制铁 1 比 0 山东鲁能

2010 年 3 月 24 日，亚冠联赛 H 组第 3 轮展开角逐，山东鲁能队客场 0 比 1 不敌韩国浦项制铁队，3 战仅积 3 分，小组出线前景堪忧。

山东鲁能队和浦项制铁队的直接对话将对小组出线局势产生重要影响。浦项制铁队是该项赛事的卫冕冠军，此番主场迎战山

东鲁能队志在必得。比赛开场仅5分钟，卢炳俊斜向传球造成鲁能队球员犯规，浦项制铁队获得前场任意球的机会，卢炳俊操刀主罚，皮球击中横梁下沿破门，浦项制铁队1比0领先。第15分钟，山东鲁能队获得前场任意球机会，王永珀操刀主罚被对方门将直接得到。第22分钟，山东鲁能队解围失误，卢炳俊禁区外打门被李雷雷扑出。

山东鲁能队最好的进球机会出现在第84分钟，韩鹏头球后蹭，对方防守球员将插上的本森夹倒在地，当值主裁果断判罚点球，但邓卓翔却将球踢到了球门的立柱上，鲁能队丧失了追平比分的最好机会。全场比赛山东鲁能队的控球率只有42%，射门9次射正3次，在各项数据上都处于下风，最终只能咽下失利的苦果。

山东鲁能队出场阵容：

李雷雷/郑铮、卡洛斯、刘金东、苑维玮/周海滨（第69分钟，吕征）、王永珀（第79分钟，邓卓翔）、安塔尔（第46分钟，夏宁宁）、崔鹏/韩鹏、本森

山东鲁能1比2浦项制铁

2010年3月30日，亚冠联赛H组第4轮的比赛点燃烽火，山东鲁能队主场迎战韩国浦项制铁队。虽然李金羽打进一球，但山东鲁能队仍以1比2败北，已经3连败的他们只存在理论上的出线希望。

在小组赛首轮客场击败广岛三箭队后，山东鲁能队接连负于阿德莱德队和浦项制铁队，此次主场再战浦项制铁队，已被舆论定义为“生死战”。鲁能高层一度下达了必杀令，希望能够刺激球员在本场比赛中取得胜利，但山东鲁能队虽然在中超首轮中展现出不俗的状态，却在本场比赛中疲态尽显。

上半场双方球员在对抗中身体接触很是激烈，在进攻中均给对方防线带来了一定麻烦，频繁出现球员倒地的场景，0比0的比

分维持到半场结束。

第 51 分钟，浦项制铁队利用反击打破僵局——卢炳俊右翼传中至禁区前点，阿莱桑德罗倚住刘金东后转身攻门，山东鲁能队门将杨程虽用腿将球挡出，但小禁区线前的金在成轻松补射破门，比分变为 1 比 0。山东鲁能队随即换将，用吕征换下了夏宁宁。场面上山东鲁能队积极压上，浦项制铁队则全线回防。第 74 分钟，浦项制铁队前场右侧界外球攻势被本森断下，山东鲁能队迅速展开反击，安塔尔将球传至右侧空当，吕征内切后传中，皮球碰防守球员弹至禁区中路，李金羽及时包抄至点球点前冷静推射破门，比分变为 1 比 1，兴奋的李金羽又做出了弯弓射日的庆祝动作。第 85 分钟，浦项制铁队右侧下底传中本已失去威胁性，但安塔尔拿球不稳又被莫塔反断，后者低平球回敲中路，金泰洙大力低射皮球从杨程身下穿过，尽管刘金东在门线上奋力拦截，但仍未能阻止皮球入网，浦项制铁队 2 比 1 获胜。

山东鲁能队出场阵容：

杨程/郑铮（第 78 分钟，王亮）、卡洛斯、刘金东、苑维玮/周海滨、夏宁宁（第 55 分钟，吕征）、安塔尔、王永珀（第 65 分钟，李金羽）/韩鹏、本森

山东鲁能 2 比 3 广岛三箭

2010 年 4 月 13 日，亚冠联赛 H 组第 5 轮，山东鲁能队坐镇主场迎战日本广岛三箭队，结果却以 2 比 3 遭到对手逆转，亚冠 3 个主场比赛竟然遭遇 3 连败。

小组赛前 4 轮过后，山东鲁能队与广岛三箭队均是 1 胜 3 负积 3 分，而前 4 轮同积 9 分的阿德莱德队与浦项制铁队在稍早些时候进行的比赛中已握手言和，双双提前锁定了小组出线资格。

开场后广岛三箭队率先摆出积极冲击姿态。第 4 分钟，广岛三箭队右侧突破低传至山东鲁能队禁区，山崎雅人中路争抢引发

混乱，后点佐藤寿人在无人盯防处近距离推射被杨程奋力封出。不过率先破门的却是山东鲁能队，上半场补时阶段，鲁能队前场右侧界外球传入禁区，本森底线前回做，周海滨禁区弧内大力攻门被防守球员挡下，韩鹏禁区中路迎球再射破门，山东鲁能队1比0领先。

下半场成为了两队的进球表演。第73分钟，王永珀回传力道过轻被对手断下，佐藤寿人中路斜塞禁区，顺势前插的森崎浩司面对杨程倒地低射破门，将场上比分追为1比1。第79分钟，广岛三箭队左侧传中被山东鲁能队防线挡下，山崎雅人禁区左侧横敲，李忠成禁区线上迎球抽射破门。山东鲁能队在第84分钟将比分扳平，周海滨左侧任意球吊入禁区，安塔尔争顶未能顶到，在皮球弹地过程中，本森与李金羽均有近距离攻门欲望，虽未能碰到皮球但也干扰了对方门将，结果皮球直接反弹入球门，比分变为2比2。但补时阶段，广岛三箭队石川大德禁区右侧低平球回敲，李忠成禁区中路推射破门，将比分定格为3比2。

山东鲁能队出场阵容：

杨程/苑维玮、卡洛斯、拉德诺维奇、刘金东/安塔尔、崔鹏（第59分钟，夏宁宁）、周海滨、吕征（第77分钟，李金羽）/韩鹏（第72分钟，王永珀）、本森

阿德莱德0比1山东鲁能

2010年4月27日，亚冠联赛H组进行了最后一轮争夺，山东鲁能队客场挑战澳大利亚阿德莱德队。尽管场面上处于被动，但山东鲁能队最终凭借李微的偷袭得手以1比0取胜，赢得了这场荣誉之战。

在经历4连败之后，山东鲁能队已提前失去小组出线可能，此次远赴澳洲客场，他们在阵容上也作出调整，王永珀、崔鹏、吕征与卡洛斯等人均未随队出征，李微、王亮、高迪、马龙等人成为先发。

阿德莱德队尽管已获得小组出线权，但此战事关小组头名归属，他们主力尽出。开场后阿德莱德队展开积极冲击，不到 2 分钟即形成首次攻门，弗洛雷斯在禁区内接队友头球摆渡，背身调整后转身扫射打偏。第 25 分钟，山东鲁能队形成威胁攻势，苑维玮左侧将球渗透入中路，安塔尔在禁区弧内冷静扣球摆脱，随即将球塞向禁区中路空当，李微射门力道不大角度也过正，阿德莱德队门将加莱科维奇将球没收。

本场比赛主队共有 16 次射门，而只有 7 次射门的山东鲁能队却在第 53 分钟收获了全场惟一进球：王亮后场断下对手直塞并迅速前传，周海滨与韩鹏经过简练传递后将球分向前场右侧空当，李微快速突入禁区后冷静扣球摆脱，随即小角度精准斜射将球送入对方球门后角。全场比赛山东鲁能队的控球率只有 32%，却在如此被动的情况下收获了 3 分。

山东鲁能队出场阵容：

杨程/苑维玮、王亮、刘金东、郑铮/李微（第 64 分钟，夏宁宁）、安塔尔、周海滨、马龙（第 66 分钟，本森）/韩鹏、高迪（第 87 分钟，马兴煜）

河南建业亚冠征程综述

2010 年河南建业队第一次参加亚冠联赛，他们无论是临场表现还是大赛经验等方面都略显稚嫩，最终他们没有取得一场比赛的胜利，只积 3 分在小组垫底。

河南建业 0 比 0 新加坡军团

2010 年 2 月 24 日，亚冠联赛 G 组首轮，河南建业队主场迎战新加坡军团队。在亚冠联赛的处子秀中，河南建业队几乎全场围攻对手球门，却只取得了 0 比 0 的结局。

本场比赛河南建业队在阵容方面和2009赛季相比有一定变化，从天津泰达队转来的内援谭望嵩和塞尔维亚外援巴哈利卡分别出任右后卫和中卫，塞内加尔外援阿玛多出现在锋线上，后腰位置上安排了韩国外援宋泰林。第6分钟，河南建业队徐洋接队友传球后带球突入左侧禁区起脚打门，皮球擦门而出。第12分钟，建业队新援阿玛多禁区右侧45度起球，内托禁区头球争抢顶偏。第21分钟，建业队再次形成威胁，徐洋将球传入禁区，对方后卫禁区内解围失误，阿玛多的射门以及内托的补射均被对方门将神勇挡出。上半场，河南建业队向对手展开围攻，并多次获得破门良机，但却得势不得分。

下半场河南建业队继续发动猛攻。第47分钟，张璐接队友直塞后在几乎形成单刀的情况下左脚推射，皮球击中对方门柱弹出。在全场比赛补时的最后4分钟里，新加坡军团队放弃进攻，全队收缩，而河南建业队仍未放弃，继续向对手施压，并再次觅得破门良机，可惜肖智接徐洋传中头球攻门再次击中门梁。全场比赛，河南建业队虽然占据了绝对优势，但却交出了一张0比0的答卷，没能在主场击败小组实力最弱的对手。

河南建业队出场阵容：

曾诚/李昭楠、赵鹏、巴哈利卡、谭望嵩（第7分钟，肖智）/徐洋、陆峰、宋泰林、张璐/内托、阿玛多（第85分钟，苏镜宇）

大阪钢巴1比1河南建业

2010年3月10日，在亚冠联赛G组第2轮的比赛中，河南建业队客场挑战日本劲旅大阪钢巴队。虽然建业队收获了第一粒亚冠进球，却依然没有收获一场胜利，双方最终1比1战平。

比赛开始后，强大的大阪钢巴队就发动了一次精彩的进攻，右后卫加地亮下底传中，韩国外援曹宰榛禁区内半转身凌空抽射，皮球直飞球门右下角，幸亏建业队门将曾诚用同样精彩的扑救化解了对手第一波攻势。第 5 分钟，内托从右路组织反击，阿玛多门前抢点被对方门将扑出，小将张璐跟近补射破门，河南建业队 1 比 0 取得了非常完美的开局。失球后，大阪钢巴队并不着急，而是在试图控制中场的同时通过小范围配合层层推进。第 33 分钟，大阪钢巴队的进攻终于找到了突破口，外援卢卡斯的突破迫使建业队后防球员犯规，主裁判果断判定点球，卢卡斯亲自操刀打向球门右下角，虽然曾诚判断正确，但仍然无法阻止对方的进球。随后的比赛，双方陷入胶着状态。

易边再战，双方仍然在中场展开激烈争夺，大阪钢巴队利用整体的技术优势控制着比赛的节奏。第 53 分钟，大阪钢巴队险些将比分扩大，曹宰榛禁区弧顶接球后转身突然左脚吊射，皮球击中横梁，接着建业队解围没有踢远，卢卡斯禁区外抽射偏出。第 67 分钟，建业队禁区内再次出现险情，大阪钢巴队传中球造成曾诚出击扑球脱手，桥本英郎禁区左侧射门，幸好建业队后卫在门线上将球解围。在大阪钢巴队强大的攻势下，建业队承受着巨大的压力，只能通过积极的拼抢来阻止对方的进攻，并没有形成有效的射门。80 分钟过后，建业队全线回收。第 82 分钟，大阪钢巴队替补上场的安田理大左路拿球突入禁区造成建业队慌乱，卢卡斯将球回做给桥本英郎，后者射门偏出。第 85 分钟，建业队球员在禁区弧顶手球，远藤保仁罚出的任意球被人墙挡了一下后被曾诚得到。最后阶段，大阪钢巴队仍然在向河南建业队施压，先是卡洛斯禁区前的射门被曾诚稳稳拿住，随后大阪钢巴队禁区前沿通过简练的二过一配合至禁区内，桥本英郎插上一脚射门被曾诚挡出，接着神勇的曾诚再次挡出对方的补射。最终河南建业队客场 1 比 1 逼平大阪钢巴队。

河南建业队出场阵容：

曾诚/李昭楠、赵鹏、巴哈利卡、谭望嵩（第 75 分钟，王寿挺）/徐洋（第 88 分钟，苏镜宇）、陆峰、宋泰林、张璐/内托、阿玛多（第

57 分钟，肖智）

河南建业 0 比 2 水原三星

2010 年 3 月 23 日，亚冠联赛 G 组第 3 轮，河南建业队主场迎战韩国水原三星队，前中国国家队队长李玮锋又一次对中国球队上演反戈一击。

比赛开始后，双方就开始一波又一波的对攻战。第 2 分钟，水原三星队前场将球转到右侧，李玮锋将球传到建业队禁区，防守球员头球解围后水原三星队射门被张璐挡出底线。第 41 分钟，建业队打出反击，内托左路接球内切后大力抽射将球打高。

第 47 分钟，水原三星队右路快速反击，刚过半场的李玮锋被张璐绊倒，裁判判罚任意球，儒尼尼奥将球吊入禁区，中锋莫塔远距离头球攻门，皮球划出一道弧线后越过门将曾诚入网，水原三星队 1 比 0 领先。第 58 分钟，水原三星队再次从右路发动进攻，李玮锋在一对一的情况下扣球摆脱，起左脚将球传到后点，无人防守的莫塔顶出反弹球破网，水原三星队 2 比 0 领先。比赛的最后阶段，建业队压上狂攻，不过依靠长传这种简单的打法效果不佳。伤停补时第 2 分钟，建业队再次创造出机会，谭望嵩杀入对方禁区内转身传中，后插上的阿玛多高高跃起头球攻门，皮球稍稍偏出。错过了这次机会后，河南建业队也失去了攻破对手球门的机会，最终主场 0 比 2 告负。

河南建业队出场阵容：

曾诚/苏镜宇（第 62 分钟，阿玛多）、赵鹏、巴哈利卡、谭望嵩/徐洋、陆峰、宋泰林、张璐/内托、肖智

水原三星 2 比 0 河南建业

2010 年 3 月 31 日，亚冠联赛 G 组赛第 4 轮，河南建业队在客场挑战韩国水原三星队的比赛中以 0 比 2 败下阵来。本轮过后仅

积 2 分的建业队出线前景可以用命悬一线来形容，他们必须在余下的两场比赛中全部取胜，而且还在大阪钢巴队全输的情况下才有出线的可能。

开场后，双方在中场展开你来我往的激烈争夺，水原三星队中场控制力稍强。第 11 分钟，河南建业队城门便宣告失守，水原三星队在连续对建业队球门形成围攻后，球过渡至左路，徐东炫拿球后闪开角度射门，皮球被建业队后卫挡了一下后变线滑至门前，开场后极其活跃的何塞门前捡漏轻松破门。虽然建业队主教练唐尧东对本场比赛首发阵容中的后卫线与中场作了细微调整，以求取奇效，但从开场近 15 分钟的情况来看，效果并不明显，中场缺乏有效组织。相反，水原三星队在快速取得领先后，显得很有经验，不急于进攻，以控球为主。落后的河南建业队并没有取得什么优势，在上半场也没有形成有威胁的进攻，相反在第 43 分钟，水原三星队差点利用角球机会扩大战果，李玮锋禁区后点抢点侧身甩头攻门，球擦着立柱稍稍偏出。

下半场开始后，球权相互交替，场面激烈有余但相对平淡。河南建业队拼抢依然积极，阵型较上半场有所前压。第 53 分钟，建业队左边路连续形成配合，徐洋禁区处传球，可惜中路球员跟进稍慢，被对手破坏。补时阶段，下半场替补出场的金大仪在无人防守的情况在点球点处推射再下一城。全场比赛河南建业队只有 5 次射门，而水原三星队的射门次数却高达 23 次。

河南建业队出场阵容：

曾诚/李昭楠、赵鹏、巴哈利卡、姚冰/徐洋（第 65 分钟，肖智）、陆峰、宋泰林、王寿挺（第 28 分钟，张璐）/内托（第 77 分钟，谭望嵩）、阿玛多

新加坡军团 2 比 1 河南建业

2010 年 4 月 13 日，亚冠联赛 G 组第 5 轮，河南建业队客场挑

战新加坡军团队。新加坡军团队在下半场利用两个定位球的机会破门，虽然小将于乐一度帮助建业队扳平比分，但建业队最终仍以1比2输掉了比赛。本场比赛之后，河南建业队在5场比赛中仅得2分，在小组中排名垫底。

上半场双方互有攻势，但都没有取得进球。河南建业队主教练唐尧东在中场休息时作出调整，换上肖智，希望能够加快进攻节奏。第64分钟，新加坡军团队获得一个前场任意球，皮球罚到建业队禁区，后卫的头球和门将曾诚的双拳出击都没有将球解围出禁区，新加坡军团队本内特在小禁区角上一脚抽射打破僵局。不过，仅过了4分钟，河南建业队就扳平了比分，内托接队友界外球后摆脱对方后卫的干扰完成传中，小禁区内于乐倒地铲射得分，建业队将比分扳成了1比1。但好景不长，第75分钟，建业队后卫处理球太拖沓被对手逼得角球，拉蒂夫开出角球后古纳万抢到落点头球攻门得分，新加坡军团队2比1领先。失球后建业队立即打出一次高质量的进攻，肖智带球直扑对方禁区，在没有射门角度的情况下回做给跟进的内托，不过内托的射门被补防的后卫在球门线上挡出。比赛的最后10分钟，建业队的狂攻制造出了一些机会，内托的头球、徐洋的远射都被表现出色的对方门将拒之门外。虽然全场比赛河南建业队有18次射门远远多于对手，但最终却输掉了比赛。

河南建业队出场阵容：

曾诚/李昭楠、巴哈利卡、张璐、乔巍/陆峰、宋泰林、苏镜宇（第55分钟，徐洋）、于乐（第82分钟，谭望嵩）/内托、阿玛多（第46分钟，肖智）

河南建业1比1大阪钢巴

2010年4月27日，亚冠联赛G组第6轮收官赛事展开，已提前失去小组出线可能的河南建业队主场对阵已经出线的日本大阪钢巴队，双方都派上了多名替补，最终战成1比1平，河南建业队在亚冠联赛的首演也给我们留下了一胜难求的印象。

开场后大阪钢巴队迅速展开积极前压，并在比赛刚过3分钟即形成威胁攻势，其左路内切突入建业队禁区，星原健太小角度攻门被曾诚倒地封出底线。第5分钟，大阪钢巴队佐佐木勇人中路大力远射打出高水准，曾诚飞身侧扑令皮球稍稍变线击中横梁。第38分钟，河南建业队后场断球后迅速前传策动反击，于乐头球摆向禁区中路，前插到位的赵鹏攻门未打上力量，大阪钢巴队门将藤谷阳介将球没收。建业队刚刚错过良机，大阪钢巴队在1分钟后即收获入球，宇佐美贵史在建业队禁区前摆脱王寿挺，随即一脚弧线球入球门死角，大阪钢巴队1比0领先。

易边后河南建业队用宋泰林换下王寿挺。在现场球迷高声助威下，建业队展开连续冲击。第52分钟，徐洋禁区内精彩突破，快速带球中连过对方3名防守球员，只是在禁区左侧小角度攻门时被藤谷阳介扑出底线。大阪钢巴队随后也采取快速冲击，同建业队展开对攻，场上攻防节奏很是快捷。伤停补时阶段，河南建业队终于扳平比分，宋泰林禁区左侧空当处得球，面对对方门将小角度吊射，皮球飞入球门。全场比赛结束前大阪钢巴队也有机会，其前场右侧任意球传入建业队禁区，佐佐木勇人冲顶击中立柱弹回，赵鹏抢在对手补射前将球破坏。最终双方1比1战平，河南建业队结束了他们的首次亚冠之旅。

河南建业队出场阵容：

曾诚/姚冰（第77分钟，苏镜宇）、赵鹏、乔巍、巴哈利卡/徐洋、何滨、王寿挺（第46分钟，宋泰林）、张璐/于乐、阿玛多（第56分钟，内托）

中国 ZHONGGUO

足球年鉴 2011

ZUQIU NIANJIAN

中国足球超级联赛

2010年中超联赛综述

2010年,广州医药和成都谢菲联两家涉及打假球的俱乐部降入中甲联赛,因此2009年中超联赛积分垫底的两支球队杭州绿城队和重庆力帆队得以留在这个舞台,南昌八一队和辽宁宏运队也作为升班马在中超亮相。根据中国足协下发的2010赛季中超联赛规程规定,联赛最后两名降入中甲。此前多次积分垫底却又十分戏剧性地留在中超舞台的重庆力帆队在2010赛季结束后降级,而和他们一起降级的是长沙金德队。在争冠的竞争中,洋帅们占据了主导优势,伊万科维奇率领山东鲁能队提前两轮夺冠,阿里·汉执教的天津泰达队和布拉泽维奇带领的上海申花队分居二、三位。在最佳射手的争夺中依旧是洋枪唱主角,上海申花队前锋里亚斯科斯凭借20粒进球获得最佳射手称号,这也让金靴奖连续三年被外援包揽。2009赛季中超联赛冠亚军北京国安队和长春亚泰队在2010赛季成绩急剧下降,两队最终都没有打进前四,失去了参加2011年亚冠联赛的资格。

2010年的转会市场上演的主题是“乾坤大挪移”,徐亮、谭望嵩、汪嵩、吴昊、邓卓翔、荣昊、曲波、赵旭日、李彦等知名球员都更换了俱乐部,而上海申花俱乐部也经历了一次大换血,杜威、郜林、孙吉和毛剑卿都被抛售,不过,申花队在前克罗地亚国家队主教练布拉泽维奇的率领下很好地度过了换血危机,以冯仁亮为首的一批年轻球员在这一年用良好的发挥帮助上海申花队一直处于争冠行列。

第一阶段:深圳换新颜　卡隆很给力

2010 年是世界杯年,为了给大赛让路,中超联赛也被“切割”成几个部分,4 月 25 日中超联赛前 5 轮战罢,在这个阶段给人们印象最深的就是前意甲豪门国际米兰队前锋卡隆的表现很给力,5 轮过后打进 4 球的他占据了射手榜第一位,而在积分榜方面最大的变化就是 2009 赛季的中超亚军长春亚泰队状态低迷,1 胜 1 平 3 负的他们跌入了降级区。深圳红钻队在新任主教练高歌奇的率领下成为了这一阶段表现最突出的球队,往年在降级区徘徊的他们在前 5 轮中居然 3 胜 1 平 1 负拿到了 10 分。

2010 年中超联赛的揭幕战在北京进行,交战双方是卫冕冠军北京国安队对阵升班马南昌八一队,最终北京国安队以 2 比 0 击败对手,取得开门红。不过 2010 年中超联赛最先开球的比赛却是 3 月 27 日 14 时 30 分长春亚泰队主场迎战辽宁宏运队,比北京国安队同南昌八一队的比赛提前了 5 个小时。前中国国奥队主教练沈祥福离开广州队后来到长春亚泰队担任主教练,他率领球队在首战中和辽宁宏运队 0 比 0 战平。上半场第 10 分钟,长春亚泰队里卡多将球回做,杜震宇迎球劲射,皮球重重地砸在远门柱上弹出。第 66 分钟,辽宁宏运队外援迪亚拉防守长春亚泰队外援里卡多时动作过大,被主裁判出示黄牌,这也是该赛季的第一张黄牌。2010 年中超联赛第一粒进球出现在 3 月 27 日 20 时 10 分,在山东鲁能队主场 4 比 2 击败杭州绿城队的比赛进行到第 39 分钟时,王永珀利用任意球直接破门。2010 年中超联赛的第一张红牌出现在深圳红钻队主场 0 比 0 战平江苏舜天队的比赛中,深圳红钻队外援路易斯在第 54 分钟因飞铲对手吃到第二张黄牌,被罚出场。第 1 轮其他几场比赛的结果为:长沙金德队主场 2 比 0 战胜上海申花队、河南建业队主场 2 比 0 战胜重庆力帆队、陕西中建队主场1比1战平大连实德队、青岛中能队主场1比1战平天津泰达队。联赛首轮16支球队8场比赛，一共得了33张黄牌，平均每队的黄牌数超过两张，而进球方面则没有那么高效，一共打进15球，其中中国的本土射手打进8个。根据官方统计，首轮联赛一共有16万球迷到现场观战，平均每场比赛的观众人数超过2万人，陕西中建队主场的观众人数最多，为49000人。

2010年4月3日至4日，中超联赛展开了第2轮的角逐。在该轮最引人瞩目的无疑是北京国安队主场同深圳红钻队的比赛。第11分钟，深圳红钻队赫莱布利用任意球攻破了杨智的十指关。第54分钟，北京国安队瑞恩·格里菲斯接闫相闯的传中狮子甩头扳平比分。第62分钟，深圳红钻队赫莱布门前包抄再入一球。最终北京国安队回天乏术，在主场爆冷1比2负于深圳红钻队。该轮其他几场比赛的结果为：大连实德队主场0比0战平河南建业队、天津泰达队主场1比1战平山东鲁能队、江苏舜天队主场1比2负于长春亚泰队、重庆力帆队主场1比1战平青岛中能队、辽宁宏运队主场2比1战胜陕西中建队、南昌八一队主场1比2负于上海申花队、杭州绿城队主场1比1战平长沙金德队。

4月9日至11日，中超联赛第3轮全面展开。该轮的焦点战是2009年中超冠亚军北京国安队客场同长春亚泰队的对决，最终客队凭借瑞恩·格里菲斯在上半场第31分钟的入球，以1比0击败对手，迎来了新赛季首场客场胜利。该轮其他几场比赛的赛果为：长沙金德队主场0比0战平天津泰达队、陕西中建队主场1比1战平江苏舜天队、深圳红钻队主场1比0战胜南昌八一队、青岛中能队主场1比1战平大连实德队、上海申花队主场2比1战胜杭州绿城队、山东鲁能队主场3比0战胜重庆力帆队、河南建业队主场0比2负于辽宁宏运队。

4月17日至18日，中超联赛第4轮比赛打响。天津泰达队主教练的阿里·汉、杭州绿城队主教练吴金贵和长春亚泰队主教练沈祥福都听到了下课声。该轮比较有意义的一场比赛是此前三连败的南昌八一队主场3比2击败杭州绿城队，取得中超首胜，南昌八一队门将程晓鹏在这场比赛中主罚点球梅开二度。该轮其他几场比赛的结果为：大连实德队主场2比2战平山东鲁能队、江苏舜天队主场0比0战平河南建业队、深圳红钻队主场2比1战胜长春亚泰队、辽宁宏运队主场3比3战平青岛中能队、天津泰达队主场0比2负于上海申花队、重庆力帆队主场2比0战胜长沙金德队、北京国安队主场1比0战胜陕西中建队。

4月22日至25日，中超联赛第5轮开战。杭州绿城队主场同天津泰达队0比0互交白卷，两队在前5轮联赛过后还未偿胜绩，而也许谁也想不到，开局如此糟糕的两支球队居然能在赛季结束后获得2011年亚冠联赛入场券。该轮另外一场焦点战是陕西中建队主场3比2击败深圳红钻队，主队外援卡隆打进2球，在5轮过后他以4粒进球占据射手榜首位，可在随后的25轮比赛中他只打进3球，整个赛季仅仅交出7粒进球，不过他在第一阶段的表现还是相当给力。该轮其他几场比赛的结果为：青岛中能队主场1比1战平江苏舜天队、长沙金德队主场2比3负于大连实德队、山东鲁能队主场2比0战胜辽宁宏运队、长春亚泰队主场1比2负于南昌八一队、河南建业队主场1比1战平北京国安队、上海申花队主场1比2负于重庆力帆队。前5轮过后，山东鲁能队占据积分榜头名位置，北京国安队和深圳红钻队分列二、三位。

第二阶段：卫冕冠军7轮不胜　杭州上海突然发力

前5轮比赛结束后中超联赛进入第二阶段，这一阶段给人印象最深的就是卫冕冠军北京国安队成绩直线下降，仅仅取得了3平3负的成绩。而杭州绿城队和上海申花队则开始崛起。特别是杭州绿城队，取得了5胜1负的良好战绩，帅位飘摇的吴金贵也赢得了当地球迷的信赖，赛季初斥巨资引进了杜威等多名内援的杭州队，经过5轮的磨合开始向积分榜前列发起冲击。

5月1日至3日，中超联赛第6轮比赛全面打响。在重庆力帆队主场迎战杭州绿城队的比赛中，客队凭借外援拉米雷斯的进球客场全取三分，取得了该赛季的首场胜利，而杭州绿城队也就此开始在第二阶段强势反弹。另外一场比赛，陕西中建队客场0比2不敌长春亚泰队后，主教练朱广沪在5月8日下课，他也成为该赛季中超第一位下课的主教练。该轮其他几场比赛的结果为：北京国安队主场1比1战平青岛中能队、南昌八一队主场2比2战平天津泰达队、大连实德队主场0比2负于上海申花队、江苏舜天队主场3比3战平山东鲁能队、深圳红钻队主场1比1战平河南建业队、辽宁宏运队主场0比1负于长沙金德队。

5月7日至9日，中超联赛第7轮开战。青岛中能队主场迎战深圳红钻队。第22分钟，深圳红钻队黄隆头槌破门。此后青岛中能队刘健利用定位球两度建功。下半时开场不久，主队外援罗迪奇破门扩大比分。补时阶段，深圳红钻队外援赫莱布任意球直接破门打进压哨球。最终青岛中能队3比2战胜深圳红钻队，终结了此前的6连平，并保持了中超主场对深圳队不败的纪录，而在第一阶段表现出色的深圳红钻队则开始了不胜之旅，他们在第二阶段的比赛中仅仅取得了2平4负的成绩，排名也直线下滑。天津泰达队在该轮依旧不胜，他们在主场被重庆力帆队1比1逼平，成为中超前7轮惟一一支没有胜绩的球队。原大连实德队主教练科萨诺维奇迎来了带领陕西中建队的首场比赛，不过他们在主场0比3不敌南昌八一队。该轮另外几场比赛的结果为：长沙金德队主场0比0战平江苏舜天队、山东鲁能队主场1比0战胜北京国安队、上海申花队主场2比2战平辽宁宏运队、杭州绿城队主场1比0战胜大连实德队、河南建业队主场3比2战胜长春亚泰队。

5月15日至16日，中超联赛第8轮比赛拉开战幕。大连实德队主场迎战天津泰达队。此前7轮比赛仅取得6平1负战绩的天津泰达队在先失一球的情况下，依靠下半场王新欣和伊姆耶拉耶的进球，以2比1逆转击败大连实德队，取得了赛季首胜，主教练阿里·汉的下课声也从该轮开始戛然而止，大连实德队则遭遇3连败。该轮其他几场比赛的结果为：南昌八一队主场2比5负于重庆力帆队、北京国安队主场0比0战平长沙金德队、江苏舜天队主场1比1战平上海申花队、辽宁宏运队主场1比0战胜杭州绿城队、陕西中建队主场1比1战平河南建业队、深圳红钻队主场0比1负于山东鲁能队、大连实德队主场1比2负于天津泰达队、长春亚泰队主场2比0战胜青岛中能队。

5月22日至23日，中超联赛第9轮比赛打响。上海申花坐镇虹口体育场迎接卫冕冠军北京国安队的挑战，经过90分钟的鏖战，上海申花队先输后赢以3比2力克北京国安队，捍卫了虹口主场对北京国安队16年不败的荣誉。该场比赛的5个进球中有4个是外援贡献，格里菲斯兄弟为北京国安队破门，戴琳、恩朗和里亚斯科斯为上海申花队各入一球。由于另一场比赛，山东鲁能队主场与长春亚泰队2比2战平，因此凭借这场比赛的胜利，上海申花队重返积分榜首位。该轮另外几场比赛的结果为：青岛中能队主场0比1负于陕西中建队、长沙金德队主场0比0战平深圳红钻队、重庆力帆队主场1比3负于大连实德队、河南建业队主场1比0战胜南昌八一队、杭州绿城队主场2比1战胜江苏舜天队、天津泰达队主场2比1战胜辽宁宏运队。

5月26日，中超联赛第10轮的比赛全面打响，中超16强迎来了该赛季第一次一周双赛的考验。在一场引人瞩目的焦点大战中，北京国安队主场0比2不敌杭州绿城队，拉米雷斯包办了客队的两粒进球。该轮另外几场比赛的结果为：长春亚泰队主场3比0战胜长沙金德队、上海申花队主场1比0战胜深圳红钻队、河南建业队主场2比2战平青岛中能队、辽宁宏运队主场1比0战胜重庆力帆队、江苏舜天队主场1比0战胜天津泰达队、南昌八一队主场1比1战平大连实德队、陕西中建队主场1比0战胜山东鲁能队。

5月29日至30日,中超联赛展开了第11轮的角逐。上海申花队坐镇主场迎战长春亚泰队,最终凭借里亚斯科斯在第86分钟的绝杀,上海申花队以1比0力克长春亚泰队,以主场三连胜的成绩结束了第二阶段的比赛,并以5分的优势继续领跑积分榜。上海申花队无疑是第二阶段表现最好的球队,他们取得了4胜2平的不败战绩,两名外援前锋里亚斯科斯和恩朗更是神勇,恩朗打进4球,而他的搭档里亚斯科斯则以7粒进球领跑射手榜。另一场比赛,天津泰达队主场0比0与北京国安队互交白卷,卫冕冠军北京国安队遭遇7轮不胜。该轮其他几场比赛的结果为:山东鲁能队主场2比2战平河南建业队、重庆力帆队主场2比3负于江苏舜天队、上海申花队主场1比0战胜长春亚泰队、杭州绿城队主场2比1战胜深圳红钻队、大连实德队主场0比2负于辽宁宏运队、长沙金德队主场1比1战平陕西中建队、青岛中能队主场0比2负于南昌八一队。为了给2010年南非世界杯让路,这一轮比赛结束后,中超联赛进入间歇期,各队休战近50天。

第三阶段:山东预定冠军　保级形势扑朔迷离

随着2010年南非世界杯落下大幕,中超联赛重新开战,南非特产呜呜祖拉开始在北京的工体、长春的经开等体育场迅速蹿红。另外,参加了南非世界杯的新西兰国脚维切里奇和基伦正式加盟深圳红钻队。

中超各队在休战期都进行了人员调整,尤其在外援方面,亚当·格里菲斯加盟杭州绿城队、阿加利加盟江苏舜天队,长春亚泰队的外援金尼更是重新回到了老东家重庆力帆队。南昌八一衡源足球俱乐部也在间歇期办理了更名手续，正式更名为南昌衡源足球俱乐部。中超第三阶段比赛从第 12 轮到第 25 轮，山东鲁能队在这一阶段开始发力，而北京国安队老帅洪元硕下课成为这一阶段让人印象最深的事件。

7 月 14 日，中超联赛第 12 轮赛事全面开战，8 场比赛共打进 20 球。其中长春亚泰队主场和杭州绿城队的比赛就贡献了 7 粒进球，主队在开场第 5 分钟就率先取得进球，里卡多接王栋开出的任意球头球破门，而在这之后杭州绿城队开始了进球表演，长春亚泰队主教练沈祥福昔日爱将拉米雷斯为杭州绿城队上演帽子戏法，长春亚泰队最终主场 3 比 4 告负。联赛间歇期大连实德队与长沙金德队皆更换了主教练，前韩国国奥队主教练朴成华挂帅大连，前南斯拉夫贝尔格莱德游击队主教练耶西奇执教长沙，不过这两位主帅都没有取得开门红，大连实德队客场 0 比 0 战平江苏舜天队，而长沙金德队则在客场 0 比 2 不敌河南建业队。该轮其他几场比赛的结果为：深圳红钻队主场 1 比 2 负于天津泰达队、陕西中建队主场 2 比 1 战胜上海申花队、南昌衡源队主场 0 比 0 战平辽宁宏运队、北京国安队主场 1 比 0 战胜重庆力帆队、青岛中能队主场 1 比 3 负于山东鲁能队。

7 月 17 日，中超联赛展开第 13 轮的争夺。2010 赛季初投入资金最多的两支球队杭州绿城队和陕西中建队该轮相遇，杭州绿城队最终凭借帕拉西奥斯和杜威上半场的头球得分，主场 2 比 0 战胜陕西中建队，创造了球队中超史上的第一个 5 连胜，他们也成为 2010 赛季中超联赛取得连胜纪录最长的球队。该轮其他几场比赛的结果为：大连实德队主场 3 比 0 战胜北京国安队、辽宁宏运队主场 2 比 1 战胜江苏舜天队、山东鲁能队主场 1 比 0 战胜南昌衡源队、天津泰达队主场 1 比 2 负于长春亚泰队、重庆力帆队主场 0 比 2 负于深圳红钻队、上海申花队主场 3 比 3 战平河南建业队、长沙金德队主场 0 比 2 负于青岛中能队。

7月24日至25日，中超联赛展开了第14轮的角逐。在长春亚泰队主场同重庆力帆队比赛之前，重庆力帆足球俱乐部解雇了球队主教练李树斌，这也让他错过了这场与老东家长春亚泰队的复仇之战。在这场比赛中，刘晓东在上半场为长春亚泰队首开记录，下半场重庆力帆队由黄希扬和吴鹏连入两球完成逆转，重庆力帆队结束了5连败的同时也让长春亚泰队又一次遭遇被逆转，而亚泰队在2010赛季共5次被逆转，这也让他们的主教练沈祥福自嘲球队为“被逆转王”。该轮其他几场比赛的结果为：陕西中建队主场0比0战平天津泰达队、山东鲁能队主场4比1战胜长沙金德队、南昌衡源队主场0比1负于江苏舜天队、河南建业队主场1比0战胜杭州绿城队、青岛中能队主场0比2负于上海申花队、深圳红钻队主场0比0战平大连实德队、北京国安队主场3比0战胜辽宁宏运队。

7月28日，中超联赛进行了第15轮的全部8场比赛。上海申花队在虹口体育场迎战山东鲁能队，这场榜首争夺战异常激烈。第66分钟，姜坤为上海申花队首开记录。第76分钟，韩鹏头球破门将比分扳平。第82分钟，李微禁区内怒射为山东鲁能队再下一城。最终山东鲁能队客场2比1逆转击败上海申花队，以14战29分的成绩重新回到积分榜首位，并获得了半程冠军的称号，而上海申花队则以15战27分暂列积分榜第二。该轮另外几场比赛的结果为：江苏舜天队主场0比1负于北京国安队、辽宁宏运队主场1比2负于深圳红钻队、大连实德队主场2比1战胜长春亚泰队、重庆力帆队主场2比2战平陕西中建队、天津泰达队主场2比1战胜河南建业队、杭州绿城队主场1比2负于青岛中能队、长沙金德队主场2比1战胜南昌衡源队。

7月31日至8月1日，中超联赛展开第16轮的争夺。大连实德队坐镇主场迎接陕西中建队的挑战，曾经缔造大连神话的科萨诺维奇，此次以客队主教练的身份携孙继海、赵旭日等昔日大连队悍将挑战老东家。下半场开场 10 分钟内陕西中建队由曲波和于海连进两球，不过，大连实德队凭借安贞焕和马丁两名外援的进球最终将比分定格在 2 比 2 平。比赛进行到第 74 分钟时，陕西中建队主教练科萨诺维奇因对裁判员的判罚不满，冲出指挥区域指责裁判员遭红牌驱逐，他也被中国足协处以禁止进入 2010 年中超联赛替补席 3 场的处罚。该轮另外几场比赛的结果为：江苏舜天队主场 0 比 0 战平深圳红钻队、辽宁宏运队主场 5 比 1 战胜长春亚泰队、南昌衡源队主场 0 比 1 负于北京国安队、天津泰达队主场 2 比 1 战胜青岛中能队、上海申花队主场 2 比 1 战胜长沙金德队、杭州绿城队主场 2 比 1 战胜山东鲁能队、重庆力帆队主场 1 比 0 战胜河南建业队。

8 月 7 日至 8 日，中超联赛进行了第 17 轮的角逐。最引人关注的一场比赛是山东鲁能队主场迎战天津泰达队，最终，主队凭借韩鹏在第 85 分钟的头球破门，以 1 比 0 击败天津泰达队。而此前的领头羊上海申花队意外地在主场 1 比 3 不敌升班马南昌衡源队，这样在积分榜上，少赛一场的山东鲁能队积分达到 32 分，反超上海申花队 2 分，跃居榜首。从该轮开始，山东鲁能队就再没有让出领头羊的宝座。该轮另外几场比赛的结果为：长沙金德队主场 1 比 1 战平杭州绿城队、河南建业队主场 0 比 1 负于大连实德队、陕西中建队主场 1 比 0 战胜辽宁宏运队、长春亚泰队主场 1 比 0 战胜江苏舜天队、深圳红钻队主场 1 比 1 战平北京国安队、青岛中能队主场 2 比 1 战胜重庆力帆队。

8 月 14 日，中超联赛第 18 轮展开全面争夺。重庆力帆队坐镇主场迎战领头羊山东鲁能队，经过 90 分钟的激战，山东鲁能队客场 2 比 1 击败重庆力帆队，从长春亚泰队回归重庆力帆队的外援金尼为主队首开记录，而邓卓翔为山东鲁能队扳平比分后，莱昂又用一脚漂亮的勺子点球为鲁能队拿下了这场比赛。另一场比赛，上海申花队客场 1 比 1 战平杭州绿城队，里亚斯科斯和亚当·

格里菲斯为两队各进一球。该轮过后，山东鲁能队以38分领跑积分榜，而排在第2位的上海申花队只有31分，7分的差距也让山东鲁能队成为夺冠大热门。该轮其他几场比赛的结果为：江苏舜天队主场1比0战胜陕西中建队、辽宁宏运队主场1比1战平河南建业队、大连实德队主场3比2战胜青岛中能队、北京国安队主场2比1战胜长春亚泰队、南昌衡源队主场0比1负于深圳红钻队、天津泰达队主场3比2战胜长沙金德队。

8月18日，中超联赛第19轮的比赛全面展开。河南建业队坐镇郑州航海体育场迎接江苏舜天队的挑战。第10分钟，河南建业队内托主罚的点球被江苏舜天队门将关震扑出。下半场开场之后，江苏舜天队阿加利在6分钟之内连下两城，帮助客队以2比0的比分获胜。河南球迷赛后集体涌向河南建业俱乐部，要求俱乐部管理人员出面解释，清退不合格的俱乐部管理人员。同时球迷还和防暴警察发生冲突，导致10人受伤。中国足协事后定性骚乱事件属治安问题，没有对河南建业俱乐部进行处罚。该轮另外几场比赛的结果为：陕西中建队主场0比0战平北京国安队、长春亚泰队主场2比1战胜深圳红钻队、杭州绿城队主场1比1战平南昌衡源队、上海申花队主场1比0战胜天津泰达队、长沙金德队主场2比2战平重庆力帆队、山东鲁能队主场2比1战胜大连实德队、青岛中能队主场0比0战平辽宁宏运队。

8月22日，中超联赛第20轮的比赛全面打响。北京国安队坐镇主场迎接河南建业队的挑战，小将张稀哲为国安队打进2球，河南建业队凭借徐洋和内托的进球将比分定格在2比2。这场比赛的最后一分钟出现了戏剧性的一幕，主裁判张雷在比赛没有补满时间的情况下吹响了终场结束哨声，但当大家都以为比赛结束的时候，张雷发现自己的错误，竟又将球员召回场地继续比赛，踢了1分钟后张雷吹响了比赛正式结束的哨声。该轮另外几场比赛的结果为：深圳红钻队主场1比3负于陕西中建队、辽宁宏运队主场4比1战胜山东鲁能队、大连实德队主场0比1负于长沙金德队、南昌衡源队主场2比0战胜长春亚泰队、重庆力帆队主场0比1负于上海申花队、天津泰达队主场0比0战平杭州绿城队、江苏舜天队主场4比0战胜青岛中能队。

8月27日至29日,中超联赛第21轮的比赛打响,全部8场比赛只打进10球。陕西中建队主场1比0击败长春亚泰队,2009年中超亚军长春亚泰队在2010赛季开始后多数时间在积分榜中下游徘徊,而他们也第一次开始为保级而苦战,虽然该轮过后沈祥福再度遭遇信任危机,但曾两次主动提出辞职的他却一直率队坚持到了最后。这场比赛的惟一进球来自陕西中建队的老将忻峰,此役也是他第169次出现在中超赛场上,从而超越北京国安队的徐云龙成为中超出战次数最多的球员。该轮另外几场比赛的结果为:山东鲁能队主场3比0战胜江苏舜天队、天津泰达队主场1比0战胜南昌衡源队、青岛中能队主场0比0战平北京国安队、长沙金德队主场1比0战胜辽宁宏运队、杭州绿城队主场0比0战平重庆力帆队、上海申花队主场1比1战平大连实德队、河南建业队主场1比0战胜深圳红钻队。

9月10日至12日,中超联赛第22轮开战。该轮最引人关注的比赛无疑是卫冕冠军北京国安队主场迎战领头羊山东鲁能队。第19分钟,韩鹏利用徐云龙的失误单刀为山东鲁能队首开记录。第22分钟,徐亮利用点球为北京国安队扳平比分。上半场结束前,莱昂帮助山东鲁能队再次取得领先。下半场凯塔的乌龙球让北京国安队将比分扳为2比2平,比赛结束前吕征的绝杀让北京国安队主场2比3饮恨,他们的积分也被山东鲁能队拉大到15分。该轮另外几场比赛的结果为:深圳红钻队主场3比4负于青岛中能队、大连实德队主场2比1战胜杭州绿城队、南昌衡源队主场1比1战平陕西中建队、辽宁宏运队主场1比0战胜上海申花队、长春亚泰队主场0比0战平河南建业队、江苏舜天队主场0比

0战平长沙金德队、重庆力帆队主场1比2负于天津泰达队。

9月18日至19日，中超联赛第23轮的比赛打响。长沙金德队主场1比0击败卫冕冠军北京国安队，主队的张成林在第83分钟打进了全场比赛的惟一进球。这场比赛结束后，北京国安足球俱乐部宣布解雇老帅洪元硕，领队吕军、助理教练赵旭东以及守门员教练李立新也遭到被清洗的命运，魏克兴临时接过球队教鞭。非常巧合的是，2009赛季洪元硕接替李章洙也恰恰是在第23轮之后，而一年之后，在距离联赛结束同样还有7轮的时候，北京国安足球俱乐部再次做出换帅的决定。该轮另外几场比赛的结果为：重庆力帆队主场3比2战胜南昌衡源队、天津泰达队主场3比4负于大连实德队、山东鲁能队主场3比2战胜深圳红钻队、上海申花队主场1比0战胜江苏舜天队、河南建业队主场1比0战胜陕西中建队、青岛中能队主场0比1负于长春亚泰队、杭州绿城队主场2比1战胜辽宁宏运队。

9月25日，中超联赛展开了第24轮的角逐。在中国足球职业联赛历史上第34场京沪大战中，北京国安队主场4比1大胜上海申花队，乔尔·格里菲斯、徐亮、马丁内斯和杜文辉各入一球，而上海申花队仅由冯仁亮打入挽回颜面的一球。北京国安队在换帅后取得了开门红，同时也结束了6轮不胜的尴尬。另一场焦点战，山东鲁能队客场1比1战平长春亚泰队。这样，在联赛还剩6轮的情况下，山东鲁能队已经领先上海申花队10分，夺冠基本没有悬念。该轮其他几场比赛的结果为：江苏舜天队主场1比1战平杭州绿城队、大连实德队主场2比2战平重庆力帆队、辽宁宏运队主场1比3负于天津泰达队、南昌衡源队主场1比1战平河南建业队、陕西中建队主场1比0战胜青岛中能队、深圳红钻队主场2比0战胜长沙金德队。

9月29日，中超联赛第25轮赛事全面展开。大连实德队主场对阵南昌衡源队。大连队在第17分钟赢得点球，安贞焕操刀命中。第 56 分钟，安贞焕门前抢射再下一城。第 79 分钟，陈志钊主罚点球命中为南昌队扳回一球，最终大连实德队主场 2 比 1 获胜。南昌衡源队已是 5 轮不胜，积 24 分排名垫底，在联赛还剩 5 轮的情况下，保级形势扑朔迷离。该轮另外几场比赛的结果为：重庆力帆队主场 1 比 1 战平辽宁宏运队、深圳红钻队主场 0 比 4 负于上海申花队、天津泰达队主场 2 比 1 战胜江苏舜天队、杭州绿城队主场 1 比 2 负于北京国安队、长沙金德队主场 2 比 2 战平长春亚泰队、山东鲁能队主场 1 比 0 战胜陕西中建队、青岛中能队主场 1 比 0 战胜河南建业队。

第四阶段：山东提前两轮夺冠　保级悬念拖到最后

10 月 16 日至 17 日，中超联赛休战了半个多月后重燃战火，各支球队也开始为最后 5 轮的比赛而拼杀。在第 26 轮中，长春亚泰队主场 3 比 1 击败上海申花队，为保级成功注入了重要砝码。第 13 分钟，上海申花队吴曦在小禁区线上低射破门。第 35 分钟，长春亚泰队张文钊补射建功。第 45 分钟，长春亚泰队外援克劳迪内打入一球将比分反超。第 58 分钟，王栋左路突破传中，张文钊在后点接球后射门梅开二度。另一场比赛，山东鲁能队只要在客场击败河南建业队就将提前 4 轮夺冠，不过令人遗憾的是他们以 1 比 1 的比分和对手握手言和。从该轮开始，保级军团的拼杀格外激烈，排名垫底的南昌衡源队主场 2 比 0 击败青岛中能队后上升到第 13 位，可以说一场比赛的胜负足以让深陷保级区的球队名次蹿升好几位。该轮另外几场比赛的结果为：辽宁宏运队主场 1 比 1 战平大连实德队、江苏舜天队主场 3 比 0 战胜重庆力帆队、陕西中建队主场 5 比 0 战胜长沙金德队、深圳红钻队主场 0 比 1 负于杭州绿城队、北京国安队主场 1 比 1 战平天津泰达队。

10 月 23 日至 24 日，中超联赛第 27 轮的比赛打响。山东鲁能队主场1比1和深陷降级区的同省球队青岛中能队战平，如果上海申花队在稍后的比赛中无法取胜，山东鲁能队就将提前3轮夺冠。上海申花队该轮主场迎战陕西中建队，毛剑卿和曲波的进球曾帮助陕西中建队两度领先，但上海申花队凭借宋博轩和于涛的两记重炮破门顽强地将比分追平，比赛最后阶段，里亚斯科斯千里走单骑完成绝杀，最终上海申花队主场3比2击败陕西中建队。这样在联赛还剩3轮的情况下，上海申花队落后山东鲁能队9分，依然保留着理论上夺冠的希望。该轮比赛前积分垫底的重庆力帆队主场2比1力克北京国安队，排名上升到第12位。而赛季初战绩颇佳的深圳红钻队在客场0比1负于天津泰达队后，沦落至积分榜垫底的位置。该轮过后，排在积分榜第10位的长春亚泰队和深圳红钻队只有6分的差距，保级军团依旧庞大。该轮另外几场比赛的结果为：长沙金德队主场1比2负于河南建业队、辽宁宏运队主场1比0战胜南昌衡源队、大连实德队主场1比0战胜江苏舜天队、杭州绿城队主场1比1战平长春亚泰队。

10月27日，中超联赛第28轮终于揭晓了冠军谜底，山东鲁能队客场1比1战平为保级而战的南昌衡源队，提前两轮获得中超冠军，这是他们第4次问鼎中国足球顶级联赛冠军，也是首次在客场加冕。由于重庆力帆队在客场1比3输给了此前排名垫底的深圳红钻队，这让他们又回到了积分榜垫底的位置，不过重庆力帆队和跃升到积分榜第12位的深圳红钻队只有2分的差距。长春亚泰队主场1比1战平天津泰达队后宣告保级成功。这样在联赛还剩两轮的情况下：重庆力帆队、长沙金德队、青岛中能队、深圳红钻队和南昌衡源队这5支球队中将有两支降级。该轮其他几场比赛的结果为：陕西中建队主场0比2负于杭州绿城队、江苏舜天队主场1比0战胜辽宁宏运队、北京国安队主场2比1战胜大连实德队、青岛中能队主场2比2战平长沙金德队、河南建业队主场2比1战胜上海申花队。

10月31日，中超联赛第29轮的比赛全面开打，该轮过后积分榜垫底的球队再次发生了变化。长沙金德队客场挑战山东鲁能队，吕征和莱昂的进球帮助山东鲁能队2比0轻取对手，而此前积分垫底重庆力帆队则在主场1比1和长春亚泰队打平，这样长沙金德队和重庆力帆队同积29分，但由于净胜球的原因长沙金德队排名垫底。在客场0比0打平上海申花队的青岛中能队也仅以1分的优势排在倒数第3位。南昌衡源队客场2比0击败江苏舜天队、深圳红钻队客场0比0战平大连实德队，这样南昌衡源队、深圳红钻队和处于降级区的两支球队只有2分的差距。该轮其他几场比赛的结果为：辽宁宏运队主场2比2战平北京国安队、天津泰达队主场3比1战胜陕西中建队、杭州绿城队主场2比0战胜河南建业队。该轮过后，山东鲁能队、上海申花队和天津泰达队都提前一轮获得了2011赛季亚冠联赛入场券，而杭州绿城队、大连实德队和北京国安队将在最后一轮中为亚冠资格拼杀。

11月6日，中超联赛迎来了最后一轮的比赛。在山东鲁能队主场和上海申花队的焦点战中，以山东鲁能队5比2大胜而告终，上海申花队也被客场1比0击败河南建业队的天津泰达队赶超，最终获得季军。上海申花队的里亚斯科斯凭借该轮的一粒进球以20粒进球夺得了中超金靴。在亚冠资格战中，杭州绿城队客场1比0击败青岛中能队，获得了最后一张亚冠入场券。另外有机会晋级亚冠的大连实德队客场2比3不敌长春亚泰队，北京国安队主场1比0击败江苏舜天队。在保级区的混战中，积分垫底的长沙金德队客场0比0战平南昌衡源队，重庆力帆队客场2比2战平陕西中建队，这样长沙金德队、重庆力帆队和青岛中能队都同积30分，最终根据三队相互之间的交锋记录进行排名，重庆力帆队和长沙金德队降入中甲。而此前也曾在积分榜垫底的深圳红钻队在主场和辽宁宏运队打出了4比4的高比分，保级成功。

2010年中超联赛完全积分榜

名次	队名	场次	胜	平	负	进球	失球	净胜球	积分
1	山东鲁能	30	18	9	3	59	34	25	63
2	天津泰达	30	13	11	6	37	29	8	50
3	上海申花	30	14	6	10	44	41	3	48
4	杭州绿城	30	13	9	8	38	30	8	48
5	北京国安	30	12	10	8	35	29	6	46
6	大连实德	30	10	12	8	40	37	3	42
7	辽宁宏运	30	10	10	10	39	36	3	40
8	河南建业	30	9	13	8	31	31	0	40
9	长春亚泰	30	10	8	12	40	41	—1	38
10	陕西中建	30	9	10	11	33	36	—3	37
11	江苏舜天	30	8	11	11	27	27	0	35
12	南昌衡源	30	8	8	14	33	35	—2	32
13	深圳红钻	30	8	8	14	34	41	—7	32
14	青岛中能	30	6	12	12	31	44	—13	30
15	重庆力帆	30	7	9	14	36	48	—12	30
16	长沙金德	30	6	12	12	24	42	—18	30

2010年中超联赛射手榜(前10名)

名次	球员	球队	进球数
1	里亚斯科斯	上海申花	20
2	韩鹏	山东鲁能	17
3	拉米雷斯	杭州绿城	14
4	杨旭	辽宁宏运	11
4	内托	河南建业	11
6	何塞	重庆力帆	10
6	安贞焕	大连实德	10
8	陈志钊	南昌八一	9
8	乔尔·格里菲斯	北京国安	9
8	詹姆斯	大连实德	9

2010年中超联赛各奖项

金靴	里亚斯科斯(上海申花)
金球	里亚斯科斯(上海申花)
金哨	孙葆洁
最佳教练	伊万科维奇(山东鲁能)
最佳新人	郑铮(山东鲁能)
公平竞赛奖	南昌衡源、江苏舜天、天津泰达
最佳人气赛区	北京赛区、西安赛区

中国 ZHONGGUO

足球年鉴 2011

ZUQIU NIANJIAN

中国足球甲级联赛

2010年中甲联赛综述

在2009赛季中超联赛中，杭州绿城队和重庆力帆队位列积分榜最后两位，理应降入到2010赛季中甲联赛，但是随着反赌风暴的深入进行，成都谢菲联俱乐部和广州医药俱乐部被查出前几年参与踢假球，因此这两家俱乐部被中国足协纪律委员会处以降入2010赛季中甲联赛的处罚。这样，杭州绿城队和重庆力帆队得以继续征战2010赛季中超联赛。

按照中国足协最初的设想，2009年中甲联赛结束后，13支球队中的最后一名降入乙级联赛，乙级联赛前两名升入甲级，这样可以配备14支球队参赛。但是事与愿违，2009年中国足球乙级联赛冠亚军湖南湘涛队和湖北绿茵队升入中甲后，2010赛季中甲联赛的参赛球队依然是13支，原因是青岛海利丰俱乐部也被查出此前参与踢假球，他们被中国足协处以最严厉的处罚——取消联赛注册资格。

从2010赛季中甲联赛13支球队所在地理位置的分配来看，北方球队有沈阳东进队、延边队、北京理工队等4支，西部球队只有成都建工地产队1支，中东部球队有上海东亚队、南京有有队、安徽九方队等4支，南方球队有广州广汽队、湖北东方国旅队、湖南湘涛队等4支。

自从广州医药队被勒令降级后，俱乐部一时之间也六神无主，因为占有最大股份的广州医药集团退出了足坛。为了重振广州足球雄风，2010年3月1日，恒大集团以1亿元人民币买断广州足球俱乐部全部股权，同时，广州足球发展中心还与广汽集团签署了为期 1 年、金额为 2500 万冠名广州队的协议。为了给球队优化配置，广州恒大俱乐部董事长许家印特地请来韩国铁帅李章洙执教该队，其带队目标是重返中超。为了实现目标，李章洙又重新整合教练班子，李春满和金龙甲入主球队分别负责防守和体能训练，王维满负责守门员训练。在球员方面，广州队不仅保留了 2009 赛季大部分主力，还不惜重金从中超球队挖来了郜林和孙祥。广州队也因此堪称"中甲皇马"。

而成都谢菲联俱乐部降入中甲后，并未大手笔投入。在稳定军心和保留了 2009 赛季球队框架后，王宝山继续执教球队，其带队目标同样是重返中超。在人员方面，该俱乐部也进行了调整，老门将符宾升格为守门员教练，老将姚夏和邹侑根依然留守球队征战 2010 赛季，不过他们二人还增加了新任务，前者兼职领队，后者兼职助理教练辅佐王宝山。尽管孙继海、汪嵩、刘成、季铭义等主力球员离队，但肖战波、惠家康、雷永驰和宋振瑜的鼎力加盟又让王宝山的手上多了几副好牌。而在外援方面，哈里森、布兰登、约翰森等的加盟也让球队冲超的信心胸有成竹。

上海东亚队继 2009 赛季冲超失败后，准备在 2010 赛季卷土重来，为此徐根宝特地请来得意门生范志毅执掌球队。与 2009 赛季起用全华班不同，上海东亚队在 2010 赛季还首次引进了三名外援，分别是克罗地亚的贝基多夫、海地的劳尔和马其顿的卡尔切夫。这一次，徐根宝依然雄心勃勃誓要冲超。

除了上述三支球队明确冲超目标外，剩余中甲球队里只有沈阳东进队、广东日之泉队和上海中邦队在口头上提过冲超目标，大部分球队的想法非常实际，首先立足于站稳中甲，在有机会的情况下再尝试冲超。

此外，2009 赛季结束后，经济不济的北京宏登俱乐部宣布不再继续投入资金参加 2010 年中甲联赛，于是 2009 赛季中乙联赛季军得主北京八喜俱乐部出资将其收购，如愿实现参加中甲联赛的目标。不过，由于原北京宏登队外援维多维奇因劳资纠纷上告国际足联并胜诉，因此北京八喜队被中国足协处以扣除联赛积分6分的处罚。这样，在2010赛季中甲联赛还未开打之时，北京八喜队就以负6分的成绩垫底。

第一阶段：升班马力压群雄　北京八喜扭负为正

2010年4月3日，2010赛季中国足球甲级联赛在沈阳奥体中心五里河体育场举行了开幕式。在揭幕战中，志在冲超的沈阳东进队0比1不敌升班马湖南湘涛队。沈阳东进队是2009赛季中甲联赛季军，在赛季结束后进行了较大调整，原辽足队员于明取代段鑫成为球队新任主教练，俱乐部投资人王进基也在2010赛季前喊出了冲超的口号。湖南队虽是升班马，但也在不断招兵买马，球队的教练组由辽宁队十连冠时期的老帅李应发及其弟子赵发庆执掌。湖南队的中场核心吕刚在第24分钟利用任意球机会，打入了全场比赛惟一进球。与湖南湘涛队客场获胜不同，另一支升班马湖北东方国旅队作客合肥挑战安徽九方队就没那么幸运。下半场主队罗德里格利用湖北东方国旅队后卫解围失误，打进了全场比赛惟一进球。2009赛季冲超老冤家上海东亚队和广东日之泉队在2010赛季首轮再次遭遇，带着为新帅范志毅迎开门红的决心，上海东亚队主场依靠武磊与朱峥嵘在下半场的进球，以2比0完胜广东日之泉队。2009赛季中超联赛第7名成都建工地产队足以让所有中甲对手震撼，他们主场与南京有有队的比赛注定是一场强弱鲜明的对话。成都建工地产队的高翔分别在上下半场各进一球，第67分钟张远锦上添花，最终主队以3比0击败南京有有队。主队不差钱，客队很差钱。在这个靠钱买人，以人员论实力的职业联赛环境中，广州广汽队主场与北京理工队的比赛从一开始就注定了不对等。正如铁帅李章洙赛前嘴上说的那样，要的就是进攻和赢球，从中超委身中甲的郜林也不折不扣地执行这一最高指示，他用两个进球证明了自己的实力。上半场 3 比 0 的战果已宣告北京理工队只能望球心叹，直到全场比赛临近结束时，北京理工队由叶龙扳回一球，广州广汽队最终 3 比 1 取胜。北京八喜队主场迎战延边队，主队在上半场先失一球的情况下，在下半场由张爽和姚亮连扳两球，最终以 2 比 1 逆转击败延边队。

4 月 10 日至 11 日，中甲联赛第 2 轮全面打响。广州广汽队客场被首轮轮空的上海中邦队 3 比 3 逼平。湖北东方国旅队主场与上海东亚队的比赛是一场强强对话，最终两队 0 比 0 互交白卷后各取一分。升班马湖南湘涛队没有延续首轮奇迹，他们主场 0 比 1 不敌成都建工地产队。北京八喜队客场 1 比 0 击败广东日之泉队，爆出该轮一个不大不小的冷门。两连胜的北京八喜队，摆脱了因扣掉 6 分而负分的尴尬；相比之下，2009 赛季冲超热门广东日之泉队却开局不利，他们在前两轮比赛中一分未得。在南京有有队主场与安徽九方队比赛之前，主队并不被看好，但 90 分钟过后，冲超热门安徽九方队却郁闷而归。这场比赛惟一的进球出现在第 31 分钟，南京有有队及兴华开出角球，外援谢里奥在混战中将球打进。北京理工队主场与沈阳东进队进行了该轮最后一场比赛，但双方却交上了一张白卷。中甲冲超搏杀，从第 2 轮比赛开始，就隐约看到了竞争的残酷性与悬念的跌宕起伏。

4 月 16 日至 18 日，中甲联赛第 3 轮开战。前两轮取得两连胜的成都建工地产队主场迎战学生军北京理工队。主队在下半场先失一球的情况下，由布兰登和李钢连进两球，最终以 2 比 1 击败对手，获得三连胜。冲超大热门上海东亚队主场迎战南京有有队。主队在全场占尽优势的情况下未能取得进球，最终 0 比 0 与南京有有队握手言和。沈阳东进队主场 0 比 0 战平上海中邦队，三战一球未进、一场不胜让沈阳东进队陷入尴尬境地。湖南湘涛队主场依靠王琛的进球，以1比0小胜安徽九方队。客场作战的湖北东方国旅队凭借两名外援罗德里格斯和埃伟顿的进球，以2比1战胜北京八喜队，取得了赛季首胜。上轮轮空的延边队迎来了他们的首个主场比赛，对手是广东东日之泉队，经过90分钟的争夺，主队依靠上半场朴成罚进的点球，以1比0小胜广东东日之泉队，在取得联赛首胜的同时也送给对手三连败。

4月22日，中甲联赛展开第4轮的争夺，这也是2010赛季开始后首次一周双赛。豪华之师广州广汽队主场面对此前一球未进的沈阳东进队，以2比3爆冷不敌对手。三连胜的成都建工地产队在该轮锋线集体哑火，客场0比1败于上海中邦队脚下。广州、成都两大豪门遭遇赛季首败。湖南湘涛队主场2比1拿下上海东亚队，延续黑马本色。安徽九方队客场2比1力克北京理工队。湖北东方国旅队主场凭借罗德里格斯在上半场的进球，以1比0战胜延边队，取得了主场首胜。南京有有队主场1比3负于北京八喜队。

4月25日，中甲联赛第5轮全面打响。成都建工地产队主场和广州广汽队的强强碰撞最终以两队0比0互交白卷而告终。在其他场次中，湖南湘涛队客场1比0击败北京八喜队获得三连胜，延边队主场4比1大胜南京有有队，广东日之泉队主场5比1大胜湖北东方国旅队迎来赛季首胜，上海东亚队客场2比1击败北京理工队，安徽九方队主场2比1战胜此前保持不败的上海中邦队。该轮结束后，升班马湖南湘涛队荣登积分榜榜首，成为最大的黑马，成都建工地产队稳坐次席，而豪门广州广汽队却排名第七。

第二阶段：广州一触即发登顶　成都湖南东亚紧追

5月1日至2日，中甲联赛第6轮开打。黑马湖南湘涛队主场1比0险胜延边队继续领跑积分榜。第17分钟，马里奥接队友长传冲顶为主队带来胜利。广州广汽队主场1比0绝杀安徽九方队，就此告别三轮不胜。第81分钟，主队冯俊彦在禁区内接比奇头球摆渡，倒地推射将皮球送入网窝。该轮其他几场比赛全部以平局告终：南京有有队主场2比2逼平广东日之泉队，京城德比北京理工队主场0比0战平北京八喜队遭遇六轮不胜，上海德比中邦队主场与东亚队0比0握手言和，沈阳东进队主场与成都建工地产队0比0平分秋色。

5月7日至8日，中甲联赛展开第7轮的较量。广州广汽队客场3比1力克上海东亚队，跃居积分榜第二位。第8分钟，主队彭绍雄禁区外发力远射，皮球折射入网。3分钟后，上海东亚队打出巧妙配合，王佳玉中路包抄破门。第27分钟，郜林一脚重炮轰门破网。第77分钟，广州广汽队利用一次反击机会锦上添花。湖南湘涛队客场1比1战平广东日之泉队，继续领跑积分榜。第8分钟，客队外援耐托一脚补射，皮球穿过人群应声入网。第13分钟，广东日之泉队外援思华在大禁区线附近半转身射门扳平比分。北京八喜队客场依靠王华强在下半场的倒钩破门，以1比0力克上海中邦队，取得了该赛季第三个客场比赛的胜利。值得一提的是，在已经进行的4场客场比赛中，北京八喜队3胜1平拿到了10分，堪称“客场龙”。该轮其他场次的结果为：延边队主场3比2战胜北京理工队，沈阳东进队主场0比0与安徽九方队平淡收场，湖北东方国旅队主场1比0战胜南京有有队保持主场不败。

5月14日至16日，中甲联赛第8轮开战。广州广汽队主场3比1战胜北京八喜队后迎来三连胜。第19分钟，吴坪枫为主队赢得点球，郜林主罚命中。上半场补时阶段，李建华进球再下一城。下半场北京八喜队的张爽和广州广汽队的郜林各入一球。成都建工地产队主场4比0大胜安徽九方队后跃居积分榜次席。第5分钟，成都队外援布兰登打门被扑出后跟进的高翔抽射破门。第24分钟，约翰森任意球建功扩大比分。上半场临近结束时，布兰登左路跟进小角度捡漏破门。下半场，布兰登射门打在防守球员身上，高翔补射梅开二度。该轮其他几场比赛的结果为：北京理工队主场2比2战平广东日之泉队，延边队2比1击败上海中邦队后获得赛季客场首胜，领头羊湖南湘涛队主场0比0战平同是升班马的湖北东方国旅队。

5月22日至23日，中甲联赛第9轮可谓是冷门迭爆。上海东亚队客场凭借吕文君上半场的两个进球和比赛最后时刻武磊的锦上添花，出人意料地以3比0力克成都建工地产队，获得了该赛季的第二场客场胜利。领头羊湖南湘涛队客场1比2负于南京有有队，不过仍以17分继续领跑积分榜。第50分钟，主队崔光浩主罚任意球至前点，刘栩楠头球攻门入网。7分钟后，主队外援谢里奥高高跃起头球攻门再下一城。第61分钟，湖南湘涛队由外援布朗打进挽回颜面的一球。广东日之泉队在主场再次赢了一个大比分，5比1狂扫上海中邦队。升班马湖北东方国旅队也在主场1比0小胜北京理工队，而广州广汽队客场被享有“魔鬼”主场之称的延边队0比0逼平。

5月29日，中甲联赛第10轮风云再起。广州广汽队坐镇主场2比1力克同省兄弟广东日之泉队。第44分钟，广州广汽队前锋部林踢进一个争议球，广东日之泉队将帅颇为不服，主教练曹阳也被红牌罚下。第62分钟，主队杨一虎主罚任意球至小禁区线附近，比奇跃起头球攻门，皮球应声入网。第77分钟，广东日之泉队刚刚上场的刘禹辰左路传中，叶伟超包抄至门前头槌破门扳回一球。凭借此胜，李章洙率弟子们以9战积18分的成绩冲上了积分榜首席。成都建工地产队作客京城挑战北京八喜队。第12分钟，成都队率先打破僵局，张远左侧突破传球，约翰森高高跃起将球顶入球门。第23分钟，约翰森梅开二度。1分钟后，北京八喜队张爽一脚搓射建功，场上比分变成1比2。第60分钟，约翰森左路大禁区急停，传中时皮球打在北京八喜队防守球员刘峻鹏的腿上折射入网。最终凭借约翰森的帽子戏法,成都建工地产队客场3比1取胜。范志毅率领的上海东亚队客场挑战安徽九方队。第79分钟,上海东亚队武磊利用点球机会打进了全场比赛惟一进球。至此,上海东亚队迎来了客场两连胜,冲超形势多云转晴。该轮其他场次的比分为:沈阳东进队主场1比1战平延边队,北京理工队主场2比2战平南京有有队,湖北东方国旅队客场与上海中邦队1比1握手言和。

第10轮联赛结束后,中甲联赛因世界杯的举行而进入休战期。广州广汽队后来居上登上积分榜榜首,成都建工地产队稳坐次席,而第一阶段的领头羊湖南湘涛队滑落至第三,北京理工队依旧排名垫底。

第三阶段:广州成都甩开第二集团　南京被灌10球创纪录

7月17日,休战一个半月之久的中甲联赛重燃战火。在休战期内引进了郑智、穆里奇等实力球员的广州广汽队客场1比1战平湖北东方国旅队,暂时失去了领头羊的位置。第57分钟,广州广汽队胡兆军开出角球,比奇在混战中头球将球送进网窝。但进球的喜悦持续不到10分钟,湖北东方国旅队就还以颜色。第66分钟,湖北队替补登场的陈浩在大禁区线上拔脚怒射,皮球打在右门柱上折射入网。成都建工地产队客场挑战延边队。第37分钟,成都队外援约翰森补射破门。第44分钟,王存以一记刁钻的任意球攻破了延边队大门。最终成都建工地产队2比0终结了延边队主场不败的纪录,同时也使自己荣登积分榜榜首。湖南湘涛队在主场2比0击败北京理工队。第18分钟,湖南湘涛队外援布朗主罚点球命中。第62分钟,王琛为湖南湘涛队攻进了该场比赛的第二粒进球。该轮其他场次的结果为:广东日之泉队主场3比3战平沈阳东进队,北京八喜队主场3比0击败安徽九方队,南京有有队主场1比2不敌上海中邦队。

7月20日至21日,中甲联赛第12轮开战。广州广汽队主场10比0狂胜南京有有队,不仅创下了广州足球职业联赛史上单场赢球最多的纪录,还创造了中国男足职业联赛单场净胜球的最高纪录。赛前,南京有有队只报名12人参赛成了最大花絮,这12人中除了11人首发外只剩下一名替补守门员。比赛中,穆里奇一人独中四元,郑智也迎来中甲首球。此外,部林梅开二度,比奇、冯俊彦、石鸿俊各入一球。成都建工地产队主场3比0痛击广东日之泉队后继续霸占榜首。第6分钟,成都建工地产队就由外援约翰森打进一球。第41分钟,高翔破门扩大比分。第78分钟,外援哈里森锁定胜局。湖北东方国旅队客场2比0击败沈阳东进队。上半场双方均无建树,下半场李行和陈浩先后为湖北队建功。值得注意的是,在该赛季先前进行的主场比赛中,沈阳东进队4平2负,还未尝胜绩。该轮其他场次的比分为:安徽九方队主场2比1拿下延边队,上海中邦队主场1比1战平湖南湘涛队,上海东亚队主场与北京八喜队0比0握手言和。

7月24日至25日,中甲联赛第13轮激情上演。升班马湖北东方国旅队坐镇主场迎战强敌成都建工地产队。第10分钟,成都建工地产队外援约翰森挑射破门。第22分钟,李建滨在禁区内放倒了湖北队球员,郑斌主罚点球将比分扳平。最终双方1比1握手言和,成都建工地产队错失登顶机会。另一支升班马湖南湘涛队在主场迎战另一支强敌广州广汽队,毫无疑问这场比赛是该轮的重头戏。上半场比赛双方0比0战平。第83分钟,广州广汽队部林底线传中,穆里奇头球打入全场比赛惟一进球。此役获胜后,广州广汽队重新登上积分榜榜首。上轮爆出欠薪丑闻的南京有有队此役回到主场面对沈阳东进队,此役南京有有队报满了18名队员,球队的两名外籍球员谢里奥和斯坦季奇均首发出场。第57分钟,沈阳东进队由替补出场的张浩攻入一球,南京有有队最终以一球告负。该轮其他场次比分为：延边队 1 比 0 小胜客场作战的上海东亚队，北京理工队主场 1 比 0 战胜上海中邦队取得赛季首胜，广东日之泉队 0 比 1 不敌远道而来的安徽九方队。

7 月 31 日至 8 月 1 日，中甲联赛进入第 14 轮的角逐。广州广汽队客场 3 比 0 大胜学生军北京理工队。开场仅 38 秒，广州广汽队右路传中，北京理工队后卫头球解围不远，郑智在禁区弧顶左脚凌空射门，皮球直挂球门死角。第 55 分钟，客队比奇头球破门扩大领先优势。第 88 分钟，比奇梅开两度，锁定最后的胜利。上海东亚队客场挑战广东日之泉队。上半场，主队叶伟超率先头球破门，但下半时客队突然发力，凭借外援席尔瓦和小将武磊的进球，上海东亚队客场 2 比 1 逆转击败对手，取得了南非世界杯后的首场胜利。黑马湖南湘涛队在主场迎战沈阳东进队。两队激战 90 分钟，眼看比赛就要以 0 比 0 收场，结果湖南湘涛队的李欣在补时阶段攻入致胜一球，帮助主队 1 比 0 险胜沈阳东进队全取三分。该轮其他几场比赛的结果为：延边队主场 1 比 0 小胜北京八喜队，湖北东方国旅队主场 1 比 0 力克安徽九方队，成都建工地产队客场 4 比 0 狂扫南京有有队。

8 月 7 日，中甲联赛第 15 轮全面打响。上海东亚队主场迎战湖北东方国旅队。该场比赛对两支球队的重要性不言而喻，谁战胜对手谁将在冲超道路上占据主动，因此这是一场名副其实的 6 分战役。经过 90 分钟的激战，主场作战的上海东亚队依靠朱峥嵘在第 82 分钟的进球以 1 比 0 取胜，使自己的排名上升到第四位，重新又看到了冲超曙光。成都建工地产队主场 3 比 0 大胜湖南湘涛队，继续紧追广州广汽队。第 51 分钟，成都队由堤亚哥头球破门，1 比 0。第 62 分钟，堤亚哥单刀破门将比分扩大为 2 比 0。第 85 分钟，布兰登利用点球将比分最终锁定为 3 比 0。广州广汽队凭借郜林和郑智的出色表现在主场 3 比 1 击败上海中邦队取得四连胜。前 15 分钟，比奇和郜林的精彩入球为广州队赢得两球的领先优势。第30分钟,黄洁禁区外精彩远射追回一球。第78分钟,郜林点球不中。第81分钟,郑智头球破门,锁定胜局。此役过后,广州广汽队继续排名中甲积分榜榜首。另外几场比赛里,沈阳东进队主场与北京理工队2比2战平,北京八喜队主场1比0力克广东日之泉队,安徽九方队4比0大胜客场作战的南京有有队。该轮结束后,广州广汽队和成都建工地产队的领先优势进一步扩大,逐渐甩开了第二集团。

第四阶段:广州成都轮流抢榜首　保级形势不够明朗

8月14日至15日,中甲联赛第16轮展开争夺。安徽九方队主场迎来湖南湘涛队的挑战。湖南湘涛队的布朗和王琛在上半时前20分钟分别建功。第63分钟,安徽九方队由马晓磊扳回一球。最终湖南湘涛队2比1战胜安徽九方队稳居三甲。经历了欠薪风波的南京有有队主场迎战上海东亚队。上海东亚队武磊梅开二度,南京有有队则由章艮和陶飞先后建功,最终南京有有队主场2比2战平上海东亚队,止住五连败的颓势。由于广州广汽队轮空,这让成都建工地产队有机会重返积分榜榜首,而他们的对手又是仅积8分的学生军北京理工队。最终凭借李钢、约翰森、隋东路和王存在上半场打进的4球,客场作战的成都建工地产队4比0大胜北京理工队,如愿重返榜首。该轮其他几场比赛的结果为:湖北东方国旅队主场0比0战平北京八喜队,上海中邦队主场与沈阳东进队1比1握手言和,延边队主场1比1被广东日之泉队逼平。

8月21日,中甲联赛第17轮比赛全面打响。上轮轮空的广州广汽队客场2比0完胜沈阳东进队。第37分钟,郜林飞身冲顶头球破门。第58分钟,郜林在与队友配合后再次建功,为客队锁定胜局。领头羊成都建工地产队主场迎战上海中邦队。上半场,成都队就由范培培和哈里森各进一球。下半场约翰森和堤亚哥先后进球，帮助成都建工地产队4比0大胜上海中邦队，继续稳居积分榜榜首。排名第四的上海东亚队在主场2比1险胜湖南湘涛队后冲进前三甲。第40分钟，上海东亚队张琳芃任意球直接破门。下半场开场两分钟，湖南湘涛队外援布朗垫射扳平比分。伤停补时阶段，上海东亚队武磊主罚点球建功。在该轮另外三场比赛中，延边队主场1比0力克湖北东方国旅队，北京理工队主场0比1不敌安徽九方队，北京八喜队2比1战胜客场作战的南京有有队。

8月24日至25日，中甲联赛第18轮开战。广州广汽队主场迎战成都建工地产队的天王山战役，最终以2比2的平局收场。广州广汽队在领先两球的情况下，被对手连追两球，从而失去了夺回榜首的良机，而郑智染红，更是令比赛增添了一份无奈。成都建工地产队在该轮过后，仍然力压广州广汽队占据榜首。上海东亚队在上海滩遭遇滑铁卢，他们被副班长北京理工队1比1逼平，失去了追赶蓉穗两强的有利时机。第11分钟，上海东亚队抓住北京理工队门将孙程底线扑球脱手的低级失误，由姜至鹏得球后趟过张森的防守传至禁区中路，马丁接球后甩头吊门成功。第88分钟，康斯贝接后场直传后将球传至中路，阿尔法轻松将球打进，北京理工队在最后阶段将比分扳平。升班马湖南湘涛队主场1比0击败北京八喜队。全场比赛惟一的进球出现在第28分钟，湖南湘涛队在前场通过短传打穿对方的防线，王琛快速闯入禁区，对方门将国威出击将王琛扑倒在地，主裁判果断判罚点球还出示黄牌警告国威，贝阿塔主罚将皮球打入球门左下角。该轮其他场次的比分为：湖北东方国旅队主场3比0大胜广东日之泉队，南京有有队主场1比0小胜延边队，上海中邦队被客场作战的安徽九方队1比1逼平。

8月28日至29日，中甲联赛第19轮展开争夺。领头羊成都建工地产队主场1比1战平沈阳东进队，失去了榜首位置。沈阳东进队先由外援伦巴攻入一粒乌龙球，随后又由小将张浩救主。

安徽九方队主场同广州广汽队经过90分钟的鏖战，以广州广汽队4比0大获全胜而告终，广州队的冲超之路已经非常平坦，比奇、吴坪枫、穆里奇和冯俊彦分别为广州队建功。在另外几场比赛中，上海东亚队主场4比1大胜上海中邦队，副班长北京理工队客场1比0绝杀同城兄弟北京八喜队，延边队主场凭借卢杜拉的梅开二度2比0击败湖南湘涛队，广东日之泉队主场4比2战胜南京有有队，赢得保级大战。

9月4日至5日，中甲联赛迎来第20轮的较量。北京理工队主场1比3负于延边队，保级之路更加艰险。第58分钟，卢杜拉接队友头球摆渡，门前垫射破门，延边队1球领先。第65分钟，延边队前场反击，许波右路不停球直接起右脚打门将比分改写为2比0。第77分钟，卢杜拉再入一球。北京理工队只是在第66分钟由卢斌利用点球攻入一球。广州广汽队主场迎战上海东亚队。第27分钟，王佳玉单刀破门为客队首开记录。第46分钟，广州广汽队李建华貌似传中的球直挂球门上角扳平比分。最终，广州广汽队与上海东亚队1比1握手言和。湖南湘涛队主场被广东日之泉队1比1逼平。上半场叶伟超抽射破门，为广东日之泉队先拔头筹。下半场湖南湘涛队展开猛攻，替补上场的埃德米尔森打入扳平比分的一球。该轮其他场次的比分为：安徽九方队主场1比1战平沈阳东进队，北京八喜队主场2比1击败上海中邦队，南京有有队在主场被湖北东方国旅队以6比2的比分屠杀。随着第20轮比赛的结束，广州广汽队暂时以1分的优势再次回到积分榜榜首，而成都建工地产队紧随其后。保级方面，北京理工队积12分排名垫底，而他们也只比位列第十的广东日之泉队少3分。由此可见，中甲的保级形势还不够明朗。

第五阶段:广州捧杯成都冲超　南京有有降级

9 月 11 日至 12 日,中甲联赛第 21 轮激情上演。该轮 6 场比赛全部分出了胜负,最大的赢家毫无疑问是广东日之泉队,他们在主场与北京理工队的保级大战中以 2 比 1 取胜,使自己离安全上岸只有一步之遥。其他场次中,延边队主场 1 比 0 战胜保级球队上海中邦队,安徽九方队主场 0 比 4 不敌成都建工地产队,湖北东方国旅队主场 3 比 1 战胜湖南湘涛队,沈阳东进队主场 3 比 1 完胜上海东亚队,后者冲超基本化为泡影,北京八喜队主场 1 比 2 负于广州广汽队。

9 月 18 日至 19 日,中甲联赛第 22 轮开战。广州广汽队主场 2 比 1 战胜延边队,成都建工地产队客场 1 比 0 小胜上海东亚队,这样广州广汽队和成都建工地产队已是一骑绝尘,谁也无法阻挡他们冲超的脚步,下一轮谁能率先冲超即将水落石出。中间部队在争夺第 3 名的比拼中,可谓你追我赶。相比之下,保级 4 支苦旅却仍然在苦苦挣扎。尤其是学生军北京理工队在主场 0 比 2 负于湖北东方国旅队之后,更加朝不保夕。上海中邦队主场 1 比 0 小胜广东日之泉队,为自己悬崖自救赢得了生机。南京有有队客场与湖南湘涛队互交白卷后,保级形势仍然凶多吉少。

9 月 24 日至 25 日,中甲联赛展开了第 23 轮的角逐。由于湖南湘涛队轮空,其他 12 支球队悉数登场。引人注意的是,广州广汽队客场 3 比 2 逆转击败广东日之泉队、成都建工地产队主场 3 比 1 战胜北京八喜队,而在另一场比赛中,湖北东方国旅队主场 1 比 1 战平上海中邦队,这样广州广汽队和成都建工地产队提前三轮冲超成功。该轮其他几场比赛的比分为:延边队主场 2 比 0 击败沈阳东进队,上海东亚队主场 1 比 0 险胜安徽九方队,南京有有队主场 0 比 2 不敌北京理工队,学生军将垫底的位子丢给了南京有有队。

10月16日至17日，中甲联赛第24轮风云再起。广州广汽队主场2比1小胜湖北东方国旅队，继续领跑积分榜。排名次席的成都建工地产队主场3比2战胜延边队。穗蓉两强双双拿到了三分，谁能夺走中甲冠军尚无定论。而北京理工队主场2比0爆冷击败湖南湘涛队，让最后时刻的保级争夺战更加激烈无比。该轮其他几场比赛的结果为：安徽九方队主场1比3不敌北京八喜队，沈阳东进队主场1比1战平广东日之泉队，上海中邦队主场1比0战胜南京有有队后提前两轮保级。

10月23日至25日，中甲联赛第25轮激情开战。2010赛季的另外一个悬念在该轮总算水落石出。广州广汽队客场5比0大胜南京有有队，这样在中甲赛场上坚持了8年的不倒翁南京有有队提前降级。与此同时，成都建工地产队也在客场3比0战胜广东日之泉队全取三分，所以谁能夺得中甲联赛冠军还得最后一轮才能水落石出。该轮其他场次的结果为：湖北东方国旅队主场0比1不敌沈阳东进队，这也是主队该赛季首次主场失利，延边队主场2比0战胜安徽九方队，湖南湘涛队主场2比0击败上海中邦队，北京八喜队主场与上海东亚队0比0互交白卷。

10月30日，中甲联赛最后一轮同时开球。由于此前冲超和降级的名额早已确定，因此成都建工地产队和广州广汽队的冠军争夺成了该轮惟一的悬念。实力占优的广州广汽队依靠郜林上半场的帽子戏法以3比1战胜湖南湘涛队，夺得冠军。成都建工地产队主场5比2击败湖北东方国旅队，获得亚军。上海东亚队主场0比0战平延边队，延边队收获季军，上海东亚队最终排名第四。其他几场比赛中，安徽九方队主场0比3不敌广东日之泉队，沈阳东进队主场3比1击败南京有有队，上海中邦队主场3比1战胜北京理工队。

至此，2010赛季中甲联赛完美落幕，各个悬念也都一一揭晓。

广州广汽队和成都建工地产队分别以 57 分和 56 分的佳绩冲超成功，南京有有队降入乙级。此外，广州广汽队前锋郜林以 20 个进球荣获中甲联赛最佳射手称号。

2010 年中甲联赛完全积分榜

名次	队名	场次	胜	平	负	进球	失球	净胜球	积分
1	广州广汽	24	17	6	1	61	21	40	57
2	成都建工地产	24	17	5	2	56	15	41	56
3	延边	24	12	4	8	30	21	9	40
4	上海东亚	24	9	10	5	25	18	7	37
5	湖北东方国旅	24	10	7	7	30	24	6	37
6	湖南湘涛	24	10	5	9	21	24	－3	35
7	沈阳东进	24	6	12	6	23	23	0	30
8	北京八喜	24	10	4	10	24	24	0	28
9	安徽九方	24	7	3	14	17	36	－19	24
10	上海中邦	24	5	8	11	22	37	－15	23
11	广东日之泉	24	5	7	12	34	39	－5	22
12	北京理工	24	4	6	14	22	40	－18	18
13	南京有有	24	3	5	16	19	62	－43	14

2010 年中甲联赛射手榜（前 10 名）

名次	球员	球队	进球数
1	郜林	广州广汽	20
2	叶伟超	广东日之泉	14
3	穆里奇	广州广汽	13
4	约翰森	成都建工地产	12
4	思华	广东日之泉	12
6	卢杜拉	延边	11
7	比奇	广州广汽	10
7	武磊	上海东亚	10
9	布朗	湖南湘涛	7
9	安德森	沈阳东进	7
9	卢斌	北京理工	7

中国 ZHONGGUO
足球年鉴 2011
ZUQIU NIANJIAN

全国足球乙级联赛

2010 年全国足球乙级联赛综述

2010 年全国足球乙级联赛一共有 10 支球队参加，根据地理位置划分，北区球队有 6 支、南区球队有 4 支。为了使南北两区参赛球队数目一致，北区的一支球队需要通过抽签的方式参加南区预赛。2010 年 4 月 6 日上午，抽签仪式在中国足协办公大楼举行，最终天津松江队被抽到了南区。这样，北区预赛由大连毅腾队、京铁火车头队、大连阿尔滨队、盘锦盟尊队和辽宁东北虎队 5 支球队参加；南区预赛则由湖北康天队、贵州智诚队、天津松江队、四川美联蜀队和温州葆隆队 5 支球队参加。

与以往不同的是，2010 年中乙联赛在赛制方面进行了重大改革，由于参赛球队太少，以往每个赛季实行的主客场双循环赛制被主客场四循环赛制取代，也就是说每两支球队之间一个赛季要碰面 4 次，分别打两个主场和两个客场。

预赛结束后，南北大区的前三名共 6 支球队晋级总决赛。与往年相比，中国足协取消了大学生联赛前两名参加总决赛的资格。决赛阶段采用两回合淘汰制，预赛阶段两个赛区的冠军球队直接进入半决赛，而获得预赛北区第二名的球队与获得南区第三名的球队进行“四进二”两回合淘汰赛，胜者与南区第一名进行“二进一”两个回合淘汰赛，获得预赛南区第二名的球队与获得北区第三名的球队进行“四进二”两回合淘汰赛，胜者与北区第二名进行“二进一”两回合淘汰赛。“二进一”两回合淘汰赛的负队进行三四名一个回合决赛，胜队进行一个回合的冠亚军决赛，同时，获得总决赛前两名的球队将获得 2011 年中甲联赛候补资格，经审核达到中甲俱乐部相关标准，可报名参加 2011 年中甲联赛。

南区预赛

5 月 9 日，全国足球乙级联赛开幕式在武汉举行，志在冲甲的湖北康天队坐镇主场迎战天津松江队。上半场双方均无建树，下半场一开始，天津松江队率先作出换人调整，吴磊换下王鹏。第 56 分钟，连琛率先为天津松江队打破僵局。补时阶段，吴磊利用单刀将比分扩大为 2 比 0。最终天津松江队 2 比 0 击败湖北康天队，喜迎开门红。同样立志冲甲的贵州智诚队客场挑战温州葆隆队，最终两队以 2 比 2 握手言和。第 15 分钟，贵州智诚队利用快速反击先下一城。3 分钟后，温州队获得点球良机，戚航一蹴而就扳平比分。第 70 分钟，贵州队也获得点球机会，冯恺主罚破门。第 85 分钟，温州葆隆队顽强地将比分扳成 2 比 2 平。

5 月 15 日 15 点，南区预赛第 2 轮打响。首轮轮空的四川美联蜀队坐镇新主场都江堰体育中心迎战湖北康天队。比赛伊始，康天队身高近 2 米的中锋杨昌鹏给川足制造了不小的威胁。在顶住了对方的高空轰炸后，有些被动的川足在第 40 分钟打破僵局，卢迪左路突破传中，陈少钦头球破门。下半场刚开始 2 分钟，陈少钦主罚直接任意球击中横梁，何腾飞头球补射得手。第 87 分钟，湖北康天队虽然由成都籍前锋郝爽扳回一球，但还是以 1 比 2 告负。继续坐镇主场的温州葆隆队 1 比 1 战平天津松江队。第 67 分钟，天津松江队前中超球员荣宇接队友传中包抄射门率先打破僵局。第 75 分钟，温州队王琦门前抢点扳平比分。

5 月 22 日 15 点，南区预赛第 3 轮开战。首次在主场亮相的天津松江队与贵州智诚队 1 比 1 战平。上半场补时阶段，天津松江队获得点球机会，荣宇主罚破门。第 73 分钟，贵州智诚队右路打出精妙配合，冯恺助攻邹迪得分。连续坐镇第三个主场的温州葆隆队终于吃下第一场败仗，他们以 0 比 1 不敌四川美联蜀队。第 70 分钟，何腾飞为四川队攻进致胜一球。

5 月 29 日 15 点，南区预赛第 4 轮展开争夺。湖北康天队主场迎战温州葆隆队。由于此前双方都没有品尝过胜利的滋味，所以比赛从一开始便显得格外激烈。第 22 分钟，闵劲为湖北康天队首开记录。第 44 分钟，温州葆隆队队长吕毅远射得手。第 71 分钟，温州葆隆队球员在湖北康天队禁区内被放倒，主裁判果断判罚点球，可惜温州队将点球打飞。第 81 分钟，温州葆隆队开出定位球落至湖北康天队小禁区附近，张轩赫将球打进。湖北康天队球员认为此球明显有手球嫌疑，守门员王宇和裁判理论未果后，脱下手套离开球场。比赛一度中断，在教练的劝说下，王宇回到赛场，比赛继续进行。接下来的比赛，双方均有机会却都没有把握住，最终温州葆隆队以 2 比 1 取胜，取得了该赛季的第一场胜利。首次回到主场作战的贵州智诚队 1 比 1 战平四川美联蜀队。第 28 分钟，陈少钦为客队先拔头筹。第 77 分钟，贵州智诚队获得点球机会，杜少斌轻松将球罚进。此役结束后，开局三连平让贵州智诚队的涨分速度过于缓慢。而四川美联蜀队以两分的优势力压天津松江队，暂时排名南区榜首。

6 月 5 日 15 点，南区预赛进行第 5 轮角逐。主场作战的四川美联蜀队迎战天津松江队。第 48 分钟，天津松江队朱海威率先打破僵局。第 64 分钟，吴磊为客队再下一城。最终天津松江队以 2 比 0 战胜对手，以不败的战绩重新登上了南区积分榜的首位。另一场比赛，贵州智诚队在主场与湖北康天队 0 比 0 互交白卷，此役收获平局的康天队拿到了该赛季的第一个积分。该轮过后，为给南非世界杯让路，中乙联赛进入间歇期。

7 月 17 日，休战一个半月之久的中乙联赛重燃战火。从该轮开始，中乙联赛进入第二循环，开球时间也被统一到下午 4 点。在南区方面，贵州智诚队主场3比1击败温州葆隆队。开场仅1分钟，方力闪电般的入球帮助贵州队取得梦幻般的开局。第15分钟，杜少斌为主队将领先优势扩大为两球。第52分钟，温州葆隆队前锋李键扳回一分。伤停补时阶段，冯恺为贵州智诚队攻入第三球锁定胜局。领头羊天津松江队主场迎战湖北康天队。第5分钟，主队连琛创造点球，荣宇操刀命中。第72分钟，又是连琛的射门造成康天队门将脱手，徐博头球补射得手。第76分钟，天津松江队获得任意球机会，荣宇直接射门破网，将最终比分锁定为3比0。

7月24日16点，南区预赛展开了第7轮的较量。已经输不起的湖北康天队在主场迎来了四川美联蜀队。上半场第44分钟，四川美联蜀队获得点球机会，康天队门将金文鑫准确地将点球扑出，陈少钦反应迅速地补射得手。下半场开始后不久，四川美联蜀队门将荣春阳犯错送给主队一粒点球，湖北康天队杜金鹏主罚命中，1比1。随后双方均未再改下比分，湖北康天队收获了该赛季主场的第一分。另一场比赛，天津松江队主场3比0击败温州葆隆队。第38分钟，朱海威右路下底传中，连琛在禁区内胸部停球后转身射门得手。第46分钟，张诚突施冷箭，皮球经过折射后偏转入网，主队将比分扩大为2比0。第63分钟，荣宇打入第三球。天津松江队此战大胜后，已将领先优势扩大至6分。

7月31日16点，南区预赛第8轮比赛打响。天津松江队南下挑战贵州智诚队。第57分钟，荣宇前场送出妙传，连琛轻松打入全场比赛惟一进球。天津松江队客场1比0擒下贵州智诚队后豪取四连胜，而贵州队该赛季主场不败金身也就此告破。赛季前人员紧缺的四川美联蜀队，在二次转会中补报了5名球员，其中川籍边锋谢可谅从大连毅腾队回归，并在该轮同温州葆隆队的比赛中首发出场。由于都江堰的天气炎热，双方在比赛中都没有形成太有威胁的进攻，0比0的比分一直保持到终场结束。

8月7日16点，南区预赛展开了第9轮的争夺。温州葆隆队主场迎战湖北康天队。第37分钟，温州葆隆队的罗啸海自摆乌龙，客队1比0领先。第70分钟，皱骏翔为主队将比分扳平。第75分钟，温州葆隆队在禁区内犯规送给客队一个点球机会，杜金鹏一脚命中帮助湖北康天队再度领先。第83分钟，王琦为温州葆隆队将比分追平。贵州智诚队客场1比1战平四川美联蜀队。第14分钟，李超率先为四川美联蜀队建功。第41分钟，范云龙打入该赛季处子球，为贵州智诚队将比分扳平。此轮过后，贵州智诚队继续紧咬四川美联蜀队排名南区第三。

8月14日16点，南区预赛率先进行了一场较量，主场作战的天津松江队4比1大胜四川美联蜀队。第29分钟，主队荣宇前场左侧一脚吊射率先破门得分。上半时补时第2分钟，王鹏主罚前场任意球被对方门将扑出，连琛跟上补射得手将比分扩大为2比0。第60分钟，何浩铭在无人防守的情况下攻入一球，为四川队将比分扳成1比2。但是好景不长，3分钟后，前四川队球员吴波利用任意球直接得分反戈一击，天津松江队3比1领先。第70分钟，张勇接角球传中头球破门。此役过后天津松江队以10分的优势获得南区半程冠军，四川美联蜀队紧随其后。8月16日湖北康天队主场迎战贵州智诚队。比赛一开始，贵州队就反客为主，快速抢攻，2分钟不到，埋伏在禁区前沿的邹迪顺势一脚射门，皮球飞入球门死角。第35分钟，严琦补射得手为康天队扳平比分。第83分钟，湖北康天队获得前场定位球，曾效力于中超的老将闵劲大力施射，皮球直接洞穿贵州队球门。最终湖北康天队主场2比1战胜贵州智诚队，取得了该赛季的首场胜利。

8月21日，南区预赛展开第11轮的争夺。从该轮开始，各场比赛开球时间重新回到下午3点。天津松江队客场0比1负于湖北康天队，吞下了该赛季首场失利的苦果。湖北康天队在开场后迅速占据了场上主动，天津松江队也有几次反击的机会但未把握住，双方在上半场0比0互交白卷。下半场开始后，双方加快了进攻节奏。第 71 分钟，湖北康天队祁重喜在门前补射打入了全场比赛惟一进球。湖北康天队在取得两连胜后摆脱了积分垫底的尴尬，重新看到了进入总决赛的希望。坐镇主场的温州葆隆队该轮没能抢到积分，他们被贵州智诚队两球拿下。第 30 分钟，顾中庆为贵州智诚队先下一城。第 48 分钟，冯恺在门前抓住机会打入第二球。

8 月 28 日 15 点，南区预赛第 12 轮打响。四川美联蜀队主场与湖北康天队 0 比 0 战平。领头羊天津松江队在客场大开杀戒，以 5 比 0 狂胜温州葆隆队。开场仅 3 分钟，连琛在前场送出妙传，王鹏一脚吊射破门。第 27 分钟，吴波任意球被对方门将扑出，张勇头球补射得分。第 44 分钟，张勇接连琛的传球梅开二度。第 75 分钟，替补出场的徐博接连琛的传球攻门得手。2 分钟后，完成了助攻帽子戏法的连琛头球破门，为天津松江队攻入了第 5 球。

9 月 4 日 15 点，南区预赛第 13 轮拉开战幕。领头羊天津松江队坐镇主场与贵州智诚队 0 比 0 互交白卷。由于赛前领先第二名多达 12 分，天津松江队主场作战打得并不兴奋。贵州智诚队在客场力保 1 分，不过却付出了 5 张黄牌的代价。在第 63 分钟至第 69 分钟之内，贵州队居然连得 4 张黄牌。此役过后，贵州队艰难地保住了南区次席的位置。温州葆隆队与四川美联蜀队 2 比 2 握手言和。开场仅 3 分钟，邵杨天便为客场作战的四川队取得闪电入球。第 15 分钟，吕毅罚入点球为温州队将比分扳平。第 29 分钟，王琦为温州队将比分反超。第 93 分钟，陈少钦灵光一现为四川队扳平比分，将温州队到手的 3 分变成了 1 分。

9 月 11 日 15 点，南区预赛率先进行一场较量，贵州智诚队主场 0 比 1 负于四川美联蜀队。第 20 分钟，四川队前锋卢迪打入了全场比赛惟一进球。由于 9 月 11 日武汉赛区还有中甲湖北东方国旅队的比赛任务，因此湖北康天队主场与温州葆隆队的比赛被推迟到 9 月 12 日进行。第 19 分钟，严琦为湖北康天队先拔头筹。

第26分钟，温州葆隆队李键将比分扳平。第49分钟，王永鑫为湖北康天队打入致胜一球。此役过后，湖北康天队近6轮3胜3平保持不败，该赛季第一次杀入了复赛区。

9月18日15点，南区预赛展开第15轮的争夺。天津松江队客场凭借徐博在第23分钟的进球，以1比0击败四川美联蜀队，成为第一支晋级总决赛的球队，并提前5轮锁定南区冠军。另一场比赛，贵州智诚队主场0比0战平湖北康天队。

9月25日15点，南区预赛第16轮开战。贵州智诚队客场2比0力挫温州葆隆队，重返南区积分榜次席。第28分钟，蒋亮率先为贵州队破门。第87分钟，范云龙攻入了自己该赛季的第2粒进球。天津松江队主场与湖北康天队2比2战平。第18分钟，于睿禁区内手球犯规，湖北康天队刘智明主罚点球命中。第29分钟，徐博在角球战术中头球破门，为天津松江队扳平比分。第35分钟，王位再次送给湖北康天队点球机会，刘智明操刀梅开二度。易边再战仅1分钟，朱海威吊射得手再度为主队扳平比分。

10月2日15点，南区预赛展开第17轮的争夺。湖北康天队主场与四川美联蜀队0比0互交白卷。此战之前，四川美联蜀队和湖北康天队同积15分，分列南区三、四名。由于南区前三名才有资格进军最后的总决赛，所以如果湖北康天队能战胜四川队，便可以将主动权牢牢掌握在自己手中。不过，同样以冲甲为目标的四川队也清楚这场比赛的重要性。比赛中两队打得都很谨慎，场面非常胶着。最终90分钟战罢，双方均无建树。由于该轮贵州智诚队轮空，这样在南区积分榜上，贵州智诚队、四川美联蜀队和湖北康天队同积16分，分列二至四位。天津松江队继续坐镇主场以2比1险胜温州葆隆队。开场仅4分钟，朱海威便为天津松江队首开记录。第9分钟，李键为温州葆隆队扳平比分。第74分钟，荣宇为天津松江队打入致胜一球。此战过后，温州葆隆队成为南区首支无缘总决赛的球队。

10 月 9 日 15 点，南区预赛展开倒数第三轮的较量。贵州智诚队在主场与南区冠军天津松江队 1 比 1 握手言和。第 13 分钟，天津松江队李继超率先打破僵局。第 93 分钟，陈昊为贵州智诚队扳平比分。四川美联蜀队主场被“副班长”温州葆隆队 1 比 1 逼平。李超为四川美联蜀队先拔头筹。第 53 分钟，李键为温州葆隆队扳平比分。

10 月 16 日，南区预赛第 19 轮全面开战，四川美联蜀队主场 0 比 1 负于贵州智诚队。主队的后防线在第 27 分钟出现配合失误，贵州队的范云龙抓住机会打入全场惟一进球。另一场比赛由温州葆隆队主场迎战湖北康天队，最终两队以 0 比 0 互交白卷。

10 月 23 日 15 点，南区预赛进行了最后一轮的争夺，结果两场比赛跌宕起伏，还剩的两个出线名额直到最后时刻才见分晓。天津松江队主场 2 比 1 逆转战胜四川美联蜀队。开场仅 2 分钟，干颖波利用点球机会为四川美联蜀队取得梦幻般的开局。第 67 分钟，天津松江队张朝松头球破门扳平比分。第 92 分钟，朱海威帮助天津松江队绝杀对手。由于另外一场比赛湖北康天队战平贵州智诚队，因此川足以 1 分劣势排名南区第四而无缘总决赛。四川美联蜀队也成为继 2006 年新疆体彩队和 2009 年大连毅腾队之后，第三支开局占据榜首最终惨遭淘汰的球队。湖北康天队坐镇主场与贵州智诚队 1 比 1 握手言和。第 18 分钟，湖北康天队丁辉门前捅射打破僵局。第 88 分钟，方力为贵州智诚队扳平比分，这让湖北康天队面临绝境。不过另外一场比赛天津松江队绝杀四川美联蜀队，将湖北康天队送入了总决赛。

北区预赛

5 月 9 日，全国足球乙级联赛北区预赛拉开战幕，与南区首轮的战绩一样，北区两场比赛主队无一获胜。大连毅腾队坐镇主场被辽宁东北虎队2比2逼平。第5分钟，大连毅腾队曲晓辉左路角球传中，蒋哲在中路正脚背抽射得分。第61分钟，辽宁东北虎队获得前场任意球，苏杭接队友传球头球攻门扳平比分。第83分钟，李仝补射得手为辽宁东北虎队将比分反超。5分钟后，王冕在禁区内捅射为大连毅腾队扳平比分。大连阿尔滨队客场挑战盘锦盟尊队。第43分钟，大连阿尔滨队郭辉主罚点球一蹴而就。最终大连阿尔滨队客场1比0战胜盘锦盟尊队，取得开门红。

5月16日15点，北区预赛展开第2轮的较量。首轮轮空的京铁火车头队主场迎战盘锦盟尊队。第10分钟，主队由张洪斌先下一城。下半场京铁火车头队获得点球机会，张洪斌一蹴而就再入一球。最终火车头队2比0战胜盘锦盟尊队。继续客场作战的大连阿尔滨队挑战辽宁东北虎队。第88分钟，大连阿尔滨队的郭辉助攻孙昊晟完成了绝杀。最终主队以0比1饮恨。

5月22日15点，北区预赛展开第3轮的激战。辽宁东北虎队主场对阵京铁火车头队。第63分钟，京铁火车头队利用一记远射攻入了全场比赛惟一进球。大连毅腾队坐镇主场迎来同城兄弟大连阿尔滨队。第27分钟，郭辉勺子点球破门，帮助大连阿尔滨队取得领先。第37分钟，徐一文小禁区右侧推射空门得手，阿尔滨队2比0领先结束上半场。下半场阿尔滨队并没有松懈。第53分钟，毅腾队后防出现巨大漏洞，徐一文抓住机会梅开二度。第38分钟，毅腾队获得点球，王子铭一蹴而就扳回一球。但是3分钟后，阿尔滨队获得前场任意球，前毅腾队球员庄源在门前混战中射门得手，将最终比分锁定为4比1。

5月29日15点，北区预赛进行第4轮的角逐。盘锦盟尊队主场与辽宁东北虎队0比0互交白卷，大连毅腾队主场与京铁火车头队的比赛同样以0比0的比分收场。

6月5日15点，北区预赛展开第5轮的争夺。大连阿尔滨队客场1比0小胜京铁火车头队，以四连胜的佳绩领跑积分榜。第

43 分钟，客队的周通在前场左路下底传中，侯哲门前头球摆渡，混战中赵可宁补射破门。大连毅腾队主场迎战盘锦盟尊队。第 32 分钟，刘小龙左脚小角度劲射，皮球击中横梁下沿弹入大门，主队 1 比 0 领先。第 56 分钟，韩旭前场右侧斜传，王子铭门前高高跃起头球破门，2 比 0。第 70 分钟，毅腾队中路防守出现低级失误，宫羽中路单骑闯关轻松推射为盘锦盟尊队扳回一分。最终大连毅腾队主场 2 比 1 力擒盘锦盟尊队，取得了该赛季首场胜利。

7 月 17 日，因南非世界杯而休战的北区预赛重新开战，当轮的开球时间被调整到下午 4 点。辽宁东北虎队主场与大连毅腾队 0 比 0 互交白卷。大连阿尔滨队主场 2 比 0 击败盘锦盟尊队。第 57 分钟，主队常琳在门前混战中抢点破门得分。第 88 分钟，郭辉凭借个人能力吊射得手为主队锁定胜局。

7 月 24 日 16 点，北区预赛进行第 7 轮的角逐。盘锦盟尊队作客天津挑战京铁火车头队。第 49 分钟，盘锦盟尊队角球传到中路，宫羽头球破门。失球后的京铁火车头队随即向对方大门发动了猛攻，无奈始终没有敲开对方的铁桶阵，最终以 0 比 1 败下阵来。获胜后的盘锦盟尊队打破了该赛季不胜的怪圈。另一场比赛，大连阿尔滨队主场 0 比 0 战平辽宁东北虎队。

7 月 31 日 16 点，北区预赛第 8 轮开战。大连毅腾队在“同城德比”中 3 比 0 完胜大连阿尔滨队，报了首回合惨败的一箭之仇。第 24 分钟，邵帅大力低射洞穿了客队门将于子千的十指关。第 35 分钟，韩旭中路脚弓推射球门右下角将比分扩大为 2 比 0。上半场补时阶段，毅腾队邹捷单刀赴会锁定胜局。京铁火车头队主场 1 比 1 战平辽宁东北虎队。第 68 分钟，辽宁东北虎队赵伟率先打破僵局。第 75 分钟，吕宏琛扳平比分。

8 月 7 日 16 点，北区预赛第 9 轮全面展开。辽宁东北虎队在主场与盘锦盟尊队的“辽宁内战”中以 2 比 1 获胜，取得了该赛季的开门红。第 7 分钟，辽宁东北虎队陈奥博打破僵局。上半场补时阶段，主队将领先优势扩大至两球。赵欣在第63分钟为盘锦盟尊队扳回一分。京铁火车头队主场1比0力克大连毅腾队，从而反超对手重新回到北区次席。第75分钟，京铁火车头队获得前场任意球机会，高阳直接射门皮球直蹿网窝。

8月14日16点，北区预赛第10轮开战。上轮轮空的大连阿尔滨队坐镇主场4比1大胜京铁火车头队。第21分钟，主队杨林门前混战中捅射破门。第50分钟，杨林利用对方门将的失误将球送入空门。第84分钟，尹路完成致命一击。3分钟后，孙铂后点头球锁定胜局。补时阶段，吕宏琛在门前混战中为京铁火车头队攻入挽回颜面的一球。大连毅腾队客场挑战盘锦盟尊队。第87分钟，大连毅腾队的刘小龙在大禁区角处突施冷箭得分，这一绝杀也让盘锦盟尊队没有时间追回比分。

8月21日15点，北区预赛展开第11轮的较量。大连毅腾队主场2比1逆转战胜辽宁东北虎队。上半场伤停补时阶段，辽宁东北虎队发动快速反击，新疆籍球员沙拉衣丁射门得分。易边再战，大连毅腾队如梦方醒。第50分钟，韩德明中路一连串过人突破后低射破门扳平比分。第63分钟，主队韩旭主罚前场左侧任意球直接旋入球门将比分反超。大连阿尔滨队客场4球痛击盘锦盟尊队。第20分钟，刘天祺前场右路下底传中，常琳头球破门。第36分钟，朱晓刚送出妙传，杨林转身抽射得分。第50分钟，阿尔滨队发动快速反击，郭辉轻松推射入网。第65分钟，阿尔滨队在前场再次打出一连串配合，最终由孙铂锁定胜局。

8月28日15点，北区预赛第12轮打响。盘锦盟尊队主场2比1逆转战胜京铁火车头队，取得了该赛季首个主场胜利。上半场比赛，火车头队由张洪斌率先打破僵局。半场结束前主队由曹植扳平比分。下半场中途，王俊为主队将比分反超。辽宁东北虎队主场2比1战胜领头羊大连阿尔滨队。第31分钟，阿尔滨队刘天祺前场右路送出妙传，周通抢点头球破门。第76分钟，胡延强利用一脚远射为辽宁东北虎队将比分扳平。第 86 分钟，东北虎队发动快速反击，沙拉衣丁反越位成功将球打入对方球网。最终，辽宁东北虎队完成了翻盘的好戏。

9 月 4 日 15 点，北区预赛展开第 13 轮的激战。大连阿尔滨队主场 3 比 1 击败大连毅腾队。第 10 分钟，主队郭辉中路左脚劲射得分。第 35 分钟，郭辉禁区右侧推射空门梅开二度。第 83 分钟，张靖洋中路射门为毅腾队扳回一分。第 85 分钟，主队庄源左脚斜射破门锁定胜局。辽宁东北虎队主场 2 比 1 撞翻京铁火车头队。卜鑫和耶合亚在下半场先后为辽宁东北虎队建功，而客队老将魏仲虎的进球却无法挽回失利的局面。

9 月 11 日 15 点，北区预赛第 14 轮开战。盘锦盟尊队与辽宁东北虎队的“辽宁内战”以 1 比 1 握手言和。第 21 分钟，王俊强利用点球机会为盘锦盟尊队打破僵局。第 61 分钟，新疆人沙拉衣丁在门前头球破门为辽宁东北虎队扳平比分。大连毅腾队在一球领先的情况下，被京铁火车头队 2 比 1 逆转。第 36 分钟，韩德明右路角球传中，牛喜龙门前头球冲顶将球砸入大门，大连毅腾队 1 比 0 领先。上半时补时阶段，京铁火车头队马霄鹏将吴晓龙创造的点球罚入。第 70 分钟，吴小龙禁区内左脚劲射破门得分，火车头队将比分反超为 2 比 1。

9 月 18 日 15 点，北区预赛第 15 轮打响。大连阿尔滨队客场 0 比 1 负于京铁火车头队。第 35 分钟，张洪斌在角度极小的情况下倒地卧射得分。大连毅腾队主场 2 比 1 战胜盘锦盟尊队，继续稳坐北区次席。第 26 分钟，主队曲晓辉左路角球传中，邵帅小禁区线中路俯身冲顶破门。第 38 分钟，吴丁卯 30 米外打入世界波，场上比分变成 1 比 1 平。第 52 分钟，大连毅腾队韩德明右路角球传中，韩家宝禁区中路倒勾射门得分。

9 月 25 日 15 点，北区预赛第 16 轮率先进行一场比赛，辽宁东北虎队主场 0 比 5 惨败给大连毅腾队。上半场比赛，马智勇、李鑫和韩家宝连下三城。易边再战，马智勇和李晓挺又分别建功。由于和中超大连实德队的比赛撞车，大连阿尔滨队主场与盘锦盟尊队的比赛被推迟到 9 月 26 日进行。比赛一开始，大连阿尔滨队便向对方大门发动了潮水般的攻势。第 23 分钟，周通前场左路将球斜传禁区，郭辉在点球点处高高跃起甩头破门，1 比 0。第 36 分钟，周通前场左路角球区附近传中，郭辉在大禁区线上右脚凌空抽射死角得手，2 比 0。易边再战，阿尔滨队攻势不减。第 65 分钟，阿尔滨队门将于子千在本方禁区内“玩火”，客队赵欣断球后横传，吴丁卯轻松推射空门扳回一分，1 比 2。此后阿尔滨队牢牢控制了场上节奏，比分再未被改写。输掉此战后，盘锦盟尊队成为该赛季第一支被淘汰的球队。

10 月 2 日 15 点，北区预赛进行了第 17 轮的较量。盘锦盟尊队主场 0 比 4 不敌京铁火车头队。第 30 分钟，马霄鹏为客队首开记录。第 65 分钟，陈意良将比分扩大为 2 比 0。5 分钟后，张洪斌打入第三球。第 80 分钟，陈意良梅开二度锁定胜局。大连阿尔滨队主场 3 比 0 大胜辽宁东北虎队，提前 3 轮锁定北区冠军。第 67 分钟，孙铂禁区右侧射门击中立柱，郭辉补射空门得手。第 83 分钟，庄源任意球射门直挂球门死角。第 88 分钟，周通禁区左侧内切后射门得手锁定胜局。

10 月 9 日 15 点，北区预赛进入第 18 轮的争夺。大连毅腾队在主场与大连阿尔滨队的第 4 回合“大连德比”中，以 1 比 0 小胜。全场比赛的惟一进球发生在第 88 分钟，孙世林禁区左侧低传门前，韩家宝混战中抢点破门。毅腾队在取得三连胜的同时，也送给阿尔滨队客场三连败。该赛季预赛 4 回合“大连德比”，双方在各自主场取胜两场。辽宁东北虎队客场 1 比 0 力擒京铁火车头队。第 56 分钟，东北虎队小将王皓抓住机会打入全场比赛惟一进球。

10 月 16 日 15 点，北区预赛展开倒数第二轮的较量。辽宁东北虎队主场 0 比 4 负于盘锦盟尊队，遭到淘汰。开场仅 1 分钟，赵欣为盘锦盟尊队首开记录。3 分钟后，王俊强觅得机会将比分扩大为 2 比 0。第 30 分钟，宫羽帮助盘锦盟尊队在上半场 3 球领先。第 65 分钟，宫羽梅开二度，将比分最终锁定为 4 比 0。连续两个主场被对手狂屠 9 球，且一球未进，辽宁东北虎队以这样的方式告别了自己的首个中乙赛季。京铁火车头队坐镇主场 0 比 1 小负大连毅腾队，但仍以北区第三的身份晋级总决赛，大连毅腾队则以 4 连胜的佳绩锁定北区亚军。

10 月 23 日 15 点，北区预赛展开收官战。大连阿尔滨队主场 3 比 0 完胜京铁火车头队。第 47 分钟，郭辉左路战术角球与周通配合，前者禁区左侧传中，常琳门前抢点头球破门。第 67 分钟，陈虹权前场右侧斜射得手。比赛最后阶段，常琳在门前混战中抢射得分梅开二度。盘锦盟尊队主场 2 比 1 险胜大连毅腾队。第 20 分钟，王博在角球战术中为主队破门得分。第 30 分钟，大连毅腾队咸涛将比分扳平。第 65 分钟，主队宫羽打入致胜一球。

六强上演龙争虎斗　大连天津蓄势待发

随着预赛阶段比赛的结束，参加总决赛的 6 支球队也相继产生。天津松江队、贵州智诚队、湖北康天队、大连阿尔滨队、大连毅腾队和京铁火车头队携手进入在重庆举行的总决赛。根据决赛规则，预赛南北区冠军天津松江队和大连阿尔滨队直接进入四强，而另外 4 支球队将通过捉对厮杀产生四强里的另外两个席位。

11 月 21 日 15 点，总决赛首轮展开了首回合的较量。大连毅腾队在三球领先的情况下被湖北康天队在最后时刻连追两球，不得不将晋级的悬念留到了次回合。第 15 分钟，大连毅腾队的马智勇右路突破并在大禁区线附近送出回传球，韩家宝及时跟进射门建功。第 57 分钟，大连毅腾队获得中前场任意球机会，皮球开至禁区后，邵帅跃起头球后顶，皮球划出一道弧线越过湖北康天队门将王宇飞入球网。第80分钟时,大连毅腾队再次获得前场任意球机会,埋伏在禁区内的牛喜龙接队友罚出的球高高跃起头球攻门,皮球击中门柱飞入球网。落后的湖北康天队并没有放弃,他们以迅猛的进攻大举反扑,严琦和刘智明在短短5分钟之内连续攻入两球,场上比分被改写为2比3。此后大连毅腾队注意了后防保护,3比2的比分保持到终场结束。在重庆奥体中心外场进行的另一场比赛中,贵州智诚队1比0战胜京铁火车头队。第81分钟,贵州队获得前场左侧任意球机会,范云龙主罚,林隆昌力压对方两名后卫狮子甩头破门。

11月23日15点,总决赛首轮次回合比赛打响。首战获胜的大连毅腾队再次摆擂迎战湖北康天队。比赛一开始,总比分一球落后的湖北康天队便展开了凶猛的攻势,并且一度牢牢地控制了比赛局面。而大连毅腾队的心态更加老到,打得不急不躁。第30分钟,大连毅腾队球员获得了单刀,并在突入禁区之后被湖北康天队防守球员放倒,随后湖北康天队后卫将球破坏。当职主裁判未判罚点球,这引起了大连毅腾队主教练段鑫的强烈不满,他也因此被请出了场外。随后湖北康天队的攻势愈加迅猛,大连毅腾队球员齐心协力力保球门不失。易边再战,湖北康天队虽奋勇反扑,但始终无力改写比分,最终两队0比0战平。大连毅腾队凭借两回合3比2的总比分晋级成功,他们的下一个对手是南区冠军天津松江队。另一场比赛,贵州智诚队2比0再胜京铁火车头队,从而以总比分3比0晋级。开场仅4分钟,贵州队的范云龙在大禁区转身射门得手。第70分钟,贵州队禁区内犯规被判点球,火车头队队长彭鹏射了一个右下角,却被贵州队门将韦健神勇扑出。仅仅2分钟后,贵州队也获得了点球机会,队长冯恺主罚的点球也被对方门将扑出。补时阶段,贵州队打出一次漂亮的反击战术,最后由范云龙破门。

至此,全国足球乙级联赛四强全部产生,分别是天津松江队、大连阿尔滨队、贵州智诚队和大连毅腾队。

冲甲决战无悬念 南北冠军携手升级

11月27日14点，总决赛半决赛迎来第一场较量，北区冠军大连阿尔滨队对阵南区劲旅贵州智诚队。第22分钟，贵州队杜少斌接前场斜长传获得单刀机会，轻松攻破于子千把守的球门。第68分钟，大连阿尔滨队杨林在禁区内头球摆渡，尹路垫射扳平比分。第76分钟，周通射门得手，大连阿尔滨队将比分反超。第83分钟，大连阿尔滨队的角球被贵州队门将韦健解围不远，郭辉补射将比分扩大为3比1。最终大连阿尔滨队以3比1战胜贵州智诚队，取得了首回合的胜利，离冲甲成功仅一步之遥。

11月27日16点，总决赛半决赛第二场比赛打响，南区冠军天津松江队迎战北区亚军大连毅腾队。第34分钟，天津松江队觅得一次绝佳良机，荣宇边路下底传中被大连毅腾队后卫碰了一下，皮球落到禁区内连琛脚下却被其打飞，天津松江队遗憾地错过了领先的机会。第52分钟，大连毅腾队邵帅突然起脚远射，被准备充分的天津松江队门将宋涛扑出底线。第57分钟，场上情况发生了重大转折，大连毅腾队老将孙世林与对手发生冲突，并将其推倒在地，被主裁判红牌罚下，大连毅腾队只能以10人应战。第79分钟，场上再次出现戏剧性变化，天津松江队的荣宇在前场带球被断后，对对手采取报复性恶意犯规被主裁判出示第2张黄牌，也被罚出场。比赛的最后阶段，双方踢得更加稳妥，0比0的比分一直没有改变，两队不得不将晋级的悬念留到次回合。

11月29日14点，总决赛半决赛第二回合比赛打响，天津松江队再战大连毅腾队。第13分钟，天津松江队高中锋朱鹏飞接张勇右侧角球中路抢点头球攻门，皮球砸在大连毅腾队横梁上弹出。第20分钟，李晓挺发动反击，韩德明在禁区外围起脚怒射，皮球擦着天津松江队立柱出了底线。上半场两队互交白卷。第 75 分钟，天津松江队获得良机，连琛在左路带球突破多名防守球员进入禁区射门，可惜球偏了。下半场补时结束后，双方依然没能改变 0 比 0 的比分，比赛被拖入加时赛。第 95 分钟，天津松江队门将宋涛在防守角球时出击失误，导致禁区内一片混乱，韩家宝抓住机会打空门得手。第 116 分钟，天津松江队朱海威将球吊向禁区，徐博在中路抢点头球攻门将比分扳成 1 比 1。此后比赛进入伤停补时阶段，场上再现惊奇一幕，天津松江队吴磊接吴波开出的任意球抢点头球攻门，大连毅腾队门将韩方腾居然脱手将球漏过球门线，天津松江队再入一球，大连毅腾队在半只脚已踏入中甲的情况下没能坚守住比分，以 1 比 2 遗憾告负。这样，天津松江队成为第一支冲甲成功的球队。

11 月 29 日 17 点，在另一场半决赛第二回合比赛中，贵州智诚队挑战两球在手的大连阿尔滨队。开场后的贵州队就向大连阿尔滨队发起猛攻。第 35 分钟，贵州智诚队获得一个角球机会，球开至禁区，唐渊倒钩射门偏出球门。易边再战，双方均没有太好的机会，比分最终被定格为 0 比 0。大连阿尔滨队以 3 比 1 的总比分成功晋级 2011 赛季中甲联赛。

12 月 1 日 14 点，总决赛三四名决赛打响，由贵州智诚队迎战大连毅腾队。第 32 分钟，大连毅腾队韩家宝右路抢断成功，沿边路突破后下底传中，中路跟进的韩旭直接大力劲射，皮球直挂球门上角。下半场易边再战，第 73 分钟，贵州智诚队发动反击，王立春大禁区外围大力射门，皮球直挂球门死角，场上比分变成 1 比 1。根据赛事规定，三四名决赛如果 90 分钟内战平双方不再进行加时赛，直接进入点球大战。在点球大战前 4 轮中，贵州智诚队的王立春和大连毅腾队的韩家宝均罚丢了一个点球。最后一轮，贵州智诚队的邹迪将球罚进，而大连毅腾队的韩德明则将点球罚失。最终贵州智诚队以总比分 5 比 4 获胜，荣获中乙联赛季军。

12 月 1 日 16 点，中乙联赛展开了冠亚军的争夺，南区冠军天津松江队对阵北区冠军大连阿尔滨队。由于双方都已晋级中甲，因此球员们都以相当轻松的心态面对这场比赛。第 12 分钟，大连阿尔滨队后场长传反击，侯哲得球突破形成单刀，天津松江队门将宋涛出击有点慢，不得不将其拉倒，裁判果断判罚点球，郭辉主罚一触而就。上半场比赛，大连阿尔滨队 1 比 0 领先。第 66 分钟，大连阿尔滨队右路策动进攻，周通突破后下底传中，天津松江队防守球员盯人不紧，侯哲高速插上抢在宋涛出击之前将球捅入网内。最终，大连阿尔滨队 2 比 0 击败天津松江队，夺得 2010 赛季中乙联赛冠军，天津松江队屈居亚军。

至此，2010 年全国足球乙级联赛全部结束，获得前 6 名的球队分别是大连阿尔滨队、天津松江队、贵州智诚队、大连毅腾队、湖北康天队和京铁火车头队。

全国女子足球超级联赛

2010年全国女足超级联赛综述

2010年全国女子足球超级联赛分南北赛区预赛和决赛两个阶段进行，采用集中赛会制。预赛时，南北赛区分别按照2009年女超联赛名次进行蛇形排列，各分为两个小组，采用分组单循环比赛办法，各小组前两名间和后两名间分别以半决赛和决赛的办法进行淘汰附加赛，决出预赛名次。决赛时，按照南北赛区预赛名次进行交叉排位，分为两个小组，采用分组单循环比赛办法，各小组前两名间和后两名间分别以半决赛和决赛的办法进行淘汰附加赛，决出全部名次。

经过3阶段的比赛，最终上海上视队获得了冠军。根据足协的计划，2011年全国女足超级联赛将把以往的赛会制比赛转变为双循环分站式赛制，其主要目的是为女足球员增加正式比赛机会，将她们以前每年人均约20场比赛上升到符合标准的40场左右。所以2010年的女超联赛，可能是接下来几年内的“末代赛会制”比赛。

南区预赛

2010年6月12日，正值南非世界杯进行期间，“向阳杯”女超联赛南区预赛在四川省泸州市体育中心点燃战火。代表南区水平最高的8支队伍抽签分成A、B两组，在6月12日至20日9天时间里争夺4个进军女超总决赛的席位。

A组	江苏华泰队、四川剑南春队、杭州西子队、河南德润队
B组	广东海印队、解放军队、上海上视队、武汉江大队

6月12日，南区预赛第1轮开打，结果强队都获得了胜利。上海上视队在徐媛因伤缺席的情况下4比0轻取武汉江大队，张璐、徐雯佳、黄旖旎和孙莉莎各进一球。解放军队依靠林宇萍和陈小冰的进球2比0战胜广东海印队。江苏华泰队同样赢得轻松，马君和王一航各进一球帮助球队2比0战胜杭州西子队。河南德润队凭借国脚娄佳惠的进球以1比0战胜四川剑南春队。

6月14日，第2轮比赛依然是强弱对话，强队都笑到了最后。江苏华泰队乘胜追击2比0拿下河南德润队，四川剑南春队和杭州西子队0比0互交白卷，上海上视队展示出了强大的攻击力，她们3比0大胜广东海印队，解放军队则以相同的比分大胜武汉江大队。

6月16日，第3轮比赛都分出了胜负。河南德润队2比0战胜杭州西子队，上海上视队2比0拿下解放军队，武汉江大队1比0小胜广东海印队，江苏华泰队2比0战胜四川剑南春队。

6月18日，南区半决赛中两支强队上海上视队和江苏华泰队都大胜对手，会师决赛。其中江苏华泰队3比0战胜解放军队，上海上视队4比1大胜河南德润队。

6月20日进行了南区的决赛。上海上视队和江苏华泰队水平相当，两队在场面上都没有明显的优势。上半场第26分钟上海上视队吊射得分，上半场结束前上海上视队再进一球，下半场江苏华泰队不断利用边路进攻给对手制造压力，并在第60分钟打进一球，最终上海上视队2比1战胜江苏华泰队获得冠军。在三四名决赛中，河南德润队在120分钟1比1战平解放军队，最终在点球大战中以4比5输给了对手。杭州西子队在第5名争夺战中2比0击败武汉江大队，四川剑南春队在第7名争夺战中6比1大胜广东海印队。

南区预赛的最终名次是：1. 上海上视队 2. 江苏华泰队 3. 解放军队 4. 河南德润队 5. 杭州西子队 6. 武汉江大队 7. 四川剑南春队 8. 广东海印队

北区预赛

“城建杯”北区预赛于 2010 年 6 月 12 日至 20 日在山东滕州体育中心体育场进行，规则和南区一样，分为 A、B 两组，赛区前 4 名晋级总决赛。由于 B 组只有 3 支球队参加，所以每轮联赛都会有一队轮空。

A 组	天津今晚传媒队、长春华信大众队、大连银行队、河北远东通信队
B 组	山东皇明队、陕西欧亚学院队、北京八喜队

6 月 12 日，小组首轮比赛，天津今晚传媒队 3 比 0 大胜长春华信大众队，大连银行队 1 比 0 战胜河北远东通信队，山东皇明队 2 比 0 拿下陕西欧亚学院队，北京八喜队轮空。

6 月 14 日，天津今晚传媒队爆冷 2 比 3 不敌河北远东通信队，拥有多名国脚的大连银行队则以 2 比 0 轻取长春华信大众队，北京八喜队在自己的首次亮相中 2 比 0 完胜陕西欧亚学院队，东道主山东皇明队轮空。

6 月 16 日，此前两连胜的大连银行队被天津今晚传媒队 0 比 0 逼平，河北远东通信队 3 比 0 战胜长春华信大众队，北京八喜队 3 比 1 战胜山东皇明队，该轮轮空的是陕西欧亚学院队。

6 月 18 日进行的半决赛中，大连银行队在场面上占据优势，但山东皇明队却顽强地把 0 比 0 的比分守到 120 分钟结束，最终大连银行队在点球大战中 3 比 0 击败对手。在另一场半决赛中，北京八喜队 2 比 0 轻取河北远东通信队。

6 月 20 日进行的决赛中，北京八喜队 3 比 1 击败大连银行队，山东皇明队在三四名决赛中3比0战胜河北远东通信队，第5名争夺战天津今晚传媒队2比1力克长春华信大众队。

北区预赛的最终排名是：1.北京八喜队 2.大连银行队 3.山东皇明队 4.河北远东通信队 5.天津今晚传媒队 6.长春华信大众队 7.陕西欧亚学院队

总决赛阶段

2010年“体彩杯”全国女子足球超级联赛总决赛于8月22日至8月30日举行，这项赛事在呼和浩特举办尚属首次。参加此次女足超级联赛总决赛的8支代表队分别是：北京八喜队、江苏华泰队、解放军队、河北远东通信队、上海上视队、大连银行队、山东皇明队和河南德润队。

总决赛阶段的比赛按照南北区预赛名次进行交叉排位，分为2个小组，采用分组单循环比赛办法。各小组前两名和后两名分别以半决赛和决赛的办法进行淘汰附加赛，决出第1至8名。除了要决出最终排名外，还将评选最佳射手、最佳球员等奖项。

分组如下：

A组	上海上视队（南1）、河南德润队（南4）、大连银行队（北2）、山东皇明队（北3）
B组	北京八喜队（北1）、河北远东通信队（北4）、江苏华泰队（南2）、解放军队（南3）

8月22日进行了小组首轮比赛，上午9时30分，两场比赛同时在呼和浩特体育场和呼和浩特人民体育场进行。在上海上视队和河南德润队的比赛中，上海上视队尤佳率先头球破门，第61分钟，张颖为上海上视队再下一城，最终上海上视队2比0取得了胜利。北京八喜队2比1战胜河北远东通信队。在下午进行的比赛中，山东皇明队2比1击败大连银行队，大连银行队的3名国字号

球员中只有队长毕妍出现在比赛中，马晓旭和韩端都因伤未能出场，这也在一定程度上让大连银行队的实力打了折扣，江苏华泰队4比1大胜解放军队。

在8月24日进行的第2轮比赛中，北京八喜队3比0战胜解放军队。第37分钟，北京八喜队的邢玮边路突破后传中，王晨头球破门；距离这粒进球不到1分钟，北京八喜队利用中路配合由王晨再下一城；补时阶段李洁打进一记点球。在另外3场比赛中，上海上视队5比0大胜山东皇明队，大连银行队2比1力克河南德润队，江苏华泰队凭借王一航的梅开二度以2比0战胜河北远东通信队。

8月26日进行了小组第3轮的比赛。北京八喜队2比0战胜江苏华泰队，获得B组第一，解放军队0比1不敌河北远东通信队。A组中，大连银行队和山东皇明队都以2比0的比分战胜上海上视队和河南德润队，最终山东皇明队由于净胜球少无缘4强。

小组赛积分榜

A组								
排名	球队	胜	平	负	进球	失球	净胜球	积分
1	上海上视	2	0	1	7	2	5	6
2	大连银行	2	0	1	5	3	2	6
3	山东皇明	2	0	1	4	6	－2	6
4	河南德润	0	0	3	1	6	－5	0
B组								
排名	球队	胜	平	负	进球	失球	净胜球	积分
1	北京八喜	3	0	0	8	1	7	9
2	江苏华泰	2	0	1	5	3	2	6
3	河北远东通信	1	0	3	2	4	－2	3
4	解放军	0	0	3	1	8	－7	0

8月28日进行了这次比赛的半决赛。上海上视队和江苏华泰队在90分钟内战成1比1平。加时赛中，两队都未能进球，在

点球大战中，双方出场的前 5 名球员全部命中。第 6 轮，上海上视队门将黄璐娜将对方球员的点球扑出，使本队以 7 比 6 的比分击败江苏华泰队，率先打入决赛。随后进行的另一场半决赛由大连银行队迎战北京八喜队，大连银行队开赛不久就获得点球，但北京八喜队门将把球扑出，上半场快结束的时候大连银行队打进致胜进球，以 1 比 0 取得了胜利。

决赛在 8 月 30 日进行，对阵的双方是上海上视队和大连银行队。第 5 分钟，上海上视队第一次射门被大连银行队门将挡出后，跟进的徐媛头球补射，为上海上视队取得领先。第 12 分钟，李佳悦接到队友开出的角球后再进一球，上海上视队 2 比 0 领先。第 42 分钟，大连银行队门将潘爽扑球脱手，张颖混战中再进一球。第 90 分钟，大连银行队的李琳打进挽回颜面的一球，但她们还是以 1 比 3 负于上海上视队，上海上视队获得了 2010 年全国女足超级联赛冠军。

在季军争夺战中，江苏华泰队和北京八喜队在 120 分钟内战成 1 比 1，最终江苏华泰队在点球大战中 4 比 2 力克北京八喜队。第 5 名争夺战中，解放军队和河北远东通信队在 120 分钟内同样战成 1 比 1，最终经过点球决战解放军队 4 比 2 获胜。第 7 名争夺战中，山东皇明队 2 比 0 战胜河南德润队。

2010 年全国女足超级联赛前 8 名排名：1. 上海上视队 2. 大连银行队 3. 江苏华泰队 4. 北京八喜队 5. 解放军队 6. 河北远东通信队 7. 山东皇明队 8. 河南德润队

2010 年全国女足超级联赛各类奖项

最佳球员	高燕（上海上视队）
最佳教练	林志桦（上海上视队）
最佳射手	王一航（4 球，江苏华泰队）
最佳守门员	张艳茹（江苏华泰队）
公平竞赛优胜奖	江苏华泰队

2010年中国足球纪事

一月

2日

第32届省港杯第二回合比赛在肇庆市体育中心展开争夺，广东队2比0战胜香港队，从而以3比2的总比分重夺阔别了3年之久的省港杯。

4日

2009年中超、中甲联赛总结工作会议在昆明海埂基地召开。

北京国安足球俱乐部正式宣布与原杭州绿城队巴西前锋、2009年中超联赛铜靴得主奥托签约。

5日

重庆力帆足球俱乐部宣布，曾执教过辽宁队、长春亚泰队的李树斌正式出任重庆力帆队主教练。

2009年中超联赛最佳射手、洪都拉斯前锋拉米雷斯正式加盟杭州绿城队。

6日

2011年卡塔尔亚洲杯预选赛D组第5轮，坐镇主场杭州黄龙体育中心的中国国家队0比0战平叙利亚队。此战过后叙利亚队积11分仍居小组第一，中国队积10分位居次席。由于在同组的另一场比赛中黎巴嫩队主场1比1战平越南队，这样中叙两队携手提前一轮从小组出线。

7日

国际足球历史与统计协会(IFFHS)公布了2009年世界联赛的年终排名。中超联赛排名第72位,位列亚洲第10位。

8日

孙继海正式加盟陕西绿地浐灞队。

9日

国际足球历史与统计协会(IFFHS)公布了2009年年终洲际比赛射手榜,中国球员郜林排名第55位。

10日

周海滨正式与山东鲁能足球俱乐部签约。

2009-10赛季葡萄牙足球甲级联赛第15轮,中国球员王刚所效力的贝拉马尔队客场2比0战胜卡雷加多队,继续领跑葡甲积分榜。王刚在第82分钟替补出场。

11日

湖北足坛名宿殷立华正式出任中乙湖北康天队主教练。

14日

远征欧洲拉练的中国女足在西班牙东南部城市阿利坎特进行的热身赛上,凭借韩端在第59分钟的进球以1比0力克世界劲旅挪威队,取得了2010年的开门红。

15日

在西班牙拉练的中国女足与英格兰队进行了一场热身赛,结果中国队在两球落后的情况下凭借韩端的梅开二度以2比2战平对手。

16日

2009-10赛季苏格兰足球超级联赛第20轮，凯尔特人队主场1比1战平法尔科克队。郑智打满全场。

2009-10赛季葡萄牙足球甲级联赛第16轮，贝拉马尔队客场2比2战平科维利亚队。王刚在第55分钟替补出场。

17日

2011年卡塔尔亚洲杯预选赛D组进入收官轮争夺，已经出线的中国国家队在越南河内美亭国家体育场凭借杨旭和张琳芃的进球，以2比1击败越南队，从而以4胜1平1负积13分的战绩结束了亚洲杯预选赛征程。

2009-10赛季德国足球乙级联赛第18轮，中国球员邵佳一所在的科特布斯队客场1比3负于奥格斯堡队。邵佳一打满全场，并在第74分钟攻进一球，这也是他在该赛季德乙联赛中攻进的第7个球。

18日

叙利亚国家队主力后腰阿迪尔·阿卜杜拉正式加盟中超新军南昌八一队。

19日

原武汉队球员吴鹏和周恒正式转会至重庆力帆队。

中甲沈阳东进足球俱乐部宣布了新的人事任命，刚刚被任命为主教练的杨玉敏升级为球队总教练，主教练的位置由杨玉敏的弟子于明接任。

20日

2009-10赛季苏格兰足总杯第4轮，凯尔特人队客场1比0击败莫尔顿队，顺利晋级第5轮。郑智打满全场。

国际足球历史与统计协会(IFFHS)公布了1996年至2009年世界最佳教练排名。前中国国家队主教练米卢蒂诺维奇排名第32位，现上海申花队主教练布拉泽维奇排名第44位，前大连实德队主教练邦弗雷雷位列第54位，前中国国奥队主教练杜伊科维奇位列第112位。

21日

2009-10赛季葡萄牙杯第5轮，葡乙马夫拉队客场3比4不敌葡超豪门里斯本竞技队，遗憾地从杯赛中出局。中国前锋张呈栋和于大宝联袂首发出场，组成锋线搭档。张呈栋头顶脚踢先后3次洞穿里斯本竞技队大门，成为继谢晖、董方卓之后，又一名在海外正式比赛中上演帽子戏法的中国球员。

为了准备在日本举行的东亚四强赛，中国足协公布了新一期中国国家队29人集训名单。宿茂臻执教的中国国青队共有4人首次入选国家队：鲁能足校的维吾尔族球员木热合买提江·莫扎帕、天津泰达队小将胡人天、成都建工地产队球员彭欣力、上海东亚队核心武磊。

公安部证实，为查清利用商业贿赂非法操纵国内足球联赛和赌球的几起重点案件事实，辽宁公安机关专案组依法传讯了中国足协副主席南勇、杨一民、原裁判委员会主任张健强到案接受调查。

22 日

国家体育总局召开新闻发布会，正式宣布免去南勇足球运动管理中心主任、党委书记职务，免去杨一民足球运动管理中心副主任职务，任命原水上运动管理中心主任韦迪为足球运动管理中心主任、党委书记。

23 日

赴葡萄牙拉练的中国国奥队与葡超纳瓦尔队进行了一场热身赛，结果中国国奥队以 0 比 1 小负。

24 日

前塞尔维亚国脚加夫兰西奇正式加盟河南建业队。

2009-10 赛季苏格兰足球超级联赛第 21 轮，凯尔特人队客场 4 比 1 战胜圣约翰斯顿队。郑智首发出场，在第 61 分钟被替换下场。

25 日

山东鲁能足球俱乐部正式宣布与塞尔维亚后卫拉德诺维奇签约。

26 日

2009-10 赛季德国足球乙级联赛第 19 轮，科特布斯队主场 0 比 1 负于杜伊斯堡队。邵佳一首发出场，在第 70 分钟被替换下场。

27 日

中国国奥队迎来了葡萄牙拉练的第二场热身赛，对手是葡萄牙 U-21 国家队。结果中国国奥队凭借前锋张远和后卫梅方的进球以 2 比 1 奏凯。

在上海金山备战东亚四强赛的中国国家队与上海东亚队进行了一场热身赛，结果国家队凭借姜宁、赵鹏、毛剑卿和杨旭的进球以 4 比 0 获胜。

公安机关正式对外公布，中国足协副主席南勇、杨一民、裁判委员会原主任张建强已被依法刑事拘留。

国际足球历史与统计协会(IFFHS)公布了“2009 年度最受欢迎球员”的评选结果，中国球员李金羽排名第 8 位，位列亚洲第 2 位。

28 日

2009-10 赛季苏格兰足球超级联赛第 22 轮，凯尔特人队主场 1 比 2 负于希伯尼安队。郑智首发出场，在第 71 分钟被替换下场。

冯潇霆正式与 2009 赛季韩国 K 联赛冠军全北现代队签约，2010 赛季他将身穿 15 号球衣征战。

29 日

中国国奥队迎来旅欧之行第三战，对手仍是葡萄牙 U-21 国家队。在开场 20 分钟内连丢两球的情况下，中国国奥队在下半场 7 分钟内连扳两球，最终 2 比 2 战平对手。

30日

2009-10赛季德乙联赛第20轮，科特布斯队客场0比1负于菲尔特队。邵佳一首发出场，在第73分钟被替换下场。

2009-10赛季苏超联赛第23轮，凯尔特人队客场1比0击败汉密尔顿队。郑智首发出场，在第63分钟被替换下场。

31日

中国国家队在上海浦东世纪公园内再次与上海东亚队进行了一场热身赛，这也是国足参加东亚四强赛前的最后一场比赛，最终双方以2比2握手言和。

中国国奥队迎来了葡萄牙拉练的第四场热身赛，对手是葡甲领头羊贝拉马尔队，结果国奥队以0比1告负，而中国小将王刚则代表国奥队与自己的东家进行了交锋。

二月

1日

青岛中能足球俱乐部正式宣布，郭侃峰出任球队2010赛季主教练。

德甲豪门沙尔克04足球俱乐部在其官方网站上正式宣布与中国球员蒿俊闵签约。同时官网强调，蒿俊闵是沙尔克04队105年队史中的首位中国球员。

2日

新任国家体育总局足球运动管理中心主任、中国足协副主席的韦迪在北京东玖大厦举行了就职后的首次媒体见面会。

3日

中国国奥队迎来了葡萄牙拉练的第五场热身赛，对手是葡甲瓦尔齐姆队，最终国奥队凭借王刚的进球以1比0小胜对手。

国际足联公布了截至2010年2月的最新世界男足国家队排名。中国队排名上升至第87位，位列亚洲第10位。

4日

前武汉队守门员教练刘俊峰正式加盟重庆力帆队。

中国国奥队迎来了葡萄牙拉练的最后一场热身赛，对手是葡超豪门里斯本竞技预备队，最终国奥队凭借高迪和雷永驰的进球以2比1获胜。

5日

山东鲁能足球俱乐部正式宣布与巴西后卫卡洛斯签约。

6日

2010年东亚四强赛在日本东京拉开战幕。在揭幕战中，中国女足0比2负于东道主日本队。

2010年东亚四强赛男足揭幕战，中国队0比0战平东道主日本队。第81分钟，日本队禁区内手球犯规，但杨昊主罚的点球被对方门将扑出。

2009-10赛季葡甲联赛第18轮，贝拉马尔队客场2比0战胜费伦斯队，稳固了积分榜榜首位置。王刚在第 90 分钟替补出场，并在第 93 分钟攻进了自己在该赛季的第 4 个联赛进球。

2009-10 赛季德乙联赛第 21 轮，科特布斯队主场 1 比 1 战平科布伦茨队。邵佳一打满全场。

7 日

2009-10 赛季苏格兰足总杯第 5 轮，凯尔特人队客场 4 比 2 击败邓弗姆林竞技队，成功晋级第 6 轮。郑智在第 69 分钟替补出场。

8 日

中超公司董事会正式任命前中国足协联赛部主任郎效农出任中超公司负责人，代行总经理职责。

9 日

国家体育总局足球运动管理中心召开全体会议，正式宣布由于洪臣接替杨一民任足管中心副主任。

原成都建工地产队队长汪嵩正式转会至杭州绿城队。

10 日

2010 年东亚四强赛女足第 2 轮，在东京味之素体育场作战的中国女足依靠马晓旭和袁帆的各一记头球得分，以 2 比 1 力克韩国队。

2010 年东亚四强赛男足第 2 轮，在东京味之素体育场作战的中国国家队凭借于海、郜林和邓卓翔的进球，以 3 比 0 完胜卫冕冠军韩国队，不但终结了长达 32 年的在国际 A 级赛事中不胜韩国队的尴尬历史，而且创造了战胜韩国队的历史最大分差纪录。

北京国安足球俱乐部正式与苏格兰后卫莫莱斯·罗斯签约。

11 日

2009-10 赛季德国杯 1/4 决赛，沙尔克 04 队客场 1 比 0 击败奥斯纳布吕克队，晋级四强。蒿俊闵在第 87 分钟替补出场，完成了自己在德国的处子秀。

为了准备 3 月 4 日与葡萄牙国家队的热身赛，中国足协公布了新一期中国国家队 21 人集训名单，其中包括在葡萄牙踢球的张呈栋和王刚。

范志毅正式出任上海东亚队主教练。

12 日

原天津泰达队边后卫谭望嵩和塞内加尔前锋阿玛多正式加盟河南建业队。

原上海申花队球员毛剑卿正式转会至陕西绿地浐灞队。

原上海申花队球员孙吉正式转会至杭州绿城队。

原广州队球员徐亮和原山东鲁能队球员吴昊、王晓龙正式转会至北京国安队。

前国门宋振瑜正式从长沙金德队转会至成都建工地产队。

13日

2009-10赛季德乙联赛第22轮，科特布斯队客场2比0战胜卡尔斯鲁厄队。邵佳一首发出场，在第75分钟被替换下场。

中国女足迎来2010年东亚四强赛的最后一场比赛，对手是中华台北队，最终中国队凭借韩端的梅开二度和庞丰月进球以3比0奏凯，从而以2胜1负进5球失3球积6分的成绩获得该次赛事的亚军，并获得公平竞赛奖。此外，张艳茹获得最佳门将奖，韩端凭借2个进球与3名日韩球员并列最佳射手。

14日

2010年东亚四强赛男足收官轮，在东京国立霞丘竞技场出战的中国队凭借曲波的梅开二度以2比0战胜中国香港队，从而以2胜1平进5球零失球积7分的成绩继2005年之后，第2次夺得东亚四强赛冠军。杜威摘取赛事最佳球员奖，杨智获得最佳门将奖，曲波凭借2个进球与3名日韩球员并列最佳射手。

15日

2009-10赛季葡甲联赛第19轮，贝拉马尔队主场0比1负于法蒂玛队。王刚在第72分钟替补出场。

16日

河南建业足球俱乐部正式与塞尔维亚后卫米洛斯·巴哈利卡签约半年。

17日

德甲沙尔克04足球俱乐部组织蒿俊闵等新球员拍摄了标准照，同时该俱乐部官网对蒿俊闵进行了专访。

美国前锋莱奥正式加盟陕西绿地浐灞队。

18 日

亚足联发函至中国足协，表示经亚足联竞赛与青年赛事组织委员会批准，中国山东淄博正式成为 2010 年亚足联 U-19 青年锦标赛的承办城市。

19 日

来自塞尔维亚的前贝尔格莱德红星队主教练西尼萨·高歌奇正式出任深圳红钻队主教练。

巴西后腰埃伟顿正式加盟湖北绿茵队。

20 日

2009-10 赛季葡甲联赛第 20 轮，贝拉马尔队客场 1 比 2 负于奥利维伦斯队。王刚在第 46 分钟替补出场。

2009-10 赛季苏超联赛第 26 轮，凯尔特人队主场 1 比 0 战胜邓迪联队。郑智在第 71 分钟替补出场。

天津泰达足球俱乐部正式与哥斯达黎加后腰罗德里格斯签约。

21 日

2009-10 赛季德乙联赛第 23 轮，科特布斯队主场 1 比 2 负于帕德博恩队。邵佳一打满全场。

22 日

2009-10 赛季德甲联赛第 23 轮，沙尔克 04 队客场 1 比 2 负于沃尔夫斯堡队。蒿俊闵首发出场，成为继杨晨和邵佳一之后，第3位在德甲联赛中出场的中国球员。

湖北绿茵足球俱乐部正式与巴西中锋罗德里格斯签约1年。

喀麦隆前锋让·米歇尔·恩朗和哥伦比亚前锋杜维尔·里亚斯科斯正式加盟上海申花队。

23日

中国足协召开新闻发布会，正式宣布对此前被公安部扫赌专案组查明涉及假球案的广州医药、成都谢菲联和青岛海利丰三家俱乐部的处罚决定：广州医药和成都谢菲联两家俱乐部降级至中甲联赛；取消青岛海利丰俱乐部联赛注册资格，并罚款人民币20万元。另外，南京有有俱乐部因拖欠外援工资，也被中国足协处以扣除2009年中甲联赛积分6分，罚款人民币5万元，在2010赛季外援上场名额减少1个的处罚。

波兰华沙莱吉亚足球俱乐部正式与中国球员董方卓签约。

2010赛季亚洲冠军联赛F组首轮，长春亚泰队客场0比1不敌日本J联赛冠军鹿岛鹿角队。

2010赛季亚洲冠军联赛E组首轮，北京国安队主场凭借外援乔尔·格里菲斯的进球，以1比0小胜澳大利亚墨尔本胜利队，取得了该赛季亚冠联赛的开门红。

24日

2010赛季亚洲冠军联赛H组首轮，山东鲁能队客场依靠韩鹏的头球破门，以 1 比 0 战胜日本广岛三箭队，取得了该赛季亚冠联赛的开门红。

2010 赛季亚洲冠军联赛 G 组首轮，河南建业队主场 0 比 0 战平新加坡军团队。

2010 赛季亚洲冠军联赛 G 组首轮，韩国水原三星队主场 0 比 0 战平日本大阪钢巴队。李玮锋打满全场。

25 日

2010 年阿尔加夫杯国际女足邀请赛在葡萄牙揭开战幕，中国女足小组赛首战芬兰队，第 7 分钟韩端首开记录，下半场在被对手扳平比分后中国队曾获得点球机会，但马晓旭主罚的点球被对方门将扑出，最终双方以 1 比 1 握手言和。

韩国国家队主教练许丁茂公布了韩国队同科特迪瓦队的世界杯热身赛 23 人名单，大连实德队前锋安贞焕入选。

塞尔维亚超级联赛 FK 拉德足球俱乐部正式宣布与前长沙金德队中场球员李春郁签约半年。

26 日

原青岛中能队球员曲波正式转会至陕西绿地浐灞队。

阎嵩正式加盟韩国 K 联赛球队济州联队。

中国足协在天坛饭店召开职业联赛委员会会议，会议决定 2010 年中超联赛维持 16 支球队不变，2009 赛季降级的杭州绿城队和重庆力帆队在 2010 赛季仍旧留守中超。会议选举出中超公司新任领导班子成员，于洪臣出任中超公司董事长，郎效农担任中超公司总经理，长春亚泰足球俱乐部总经理刘玉明成为中超公司董事会成员。同时新赛季中超联赛保持升 2 降 2 规则，中甲联赛保持 13 支球队。

27 日

2010 年阿尔加夫杯小组赛第 2 轮，中国女足凭借徐媛的梅开二度以 2 比 0 击败丹麦队。

2009-10 赛季德乙联赛第 24 轮，科特布斯队客场 0 比 0 战平法兰克福 FSV 队。邵佳一在第 80 分钟替补出场。

2010 赛季韩国 K 联赛拉开帷幕，揭幕战全北现代队主场 3 比 1 战胜水原三星队。主队的中国球员冯潇霆和客队的中国球员李玮锋均打满全场，李玮锋在比赛中对冯潇霆犯规吃到一张黄牌。

28 日

前意甲豪门国际米兰队前锋、塞拉利昂国脚卡隆正式加盟陕西绿地浐灞队。

于大宝正式加盟天津泰达队，结束了自己 3 年的葡萄牙留洋生涯。

前上海申花队斯洛文尼亚外援亚历山大·罗迪奇正式加盟青岛中能队。

曾效力过上海联城队和北京国安队的巴西后卫阿德拉尔多正

式加盟上海申花队。

山东鲁能足校同杭州绿城足球俱乐部就中国国青队门将滕尚坤转会事宜签署协议，滕尚坤正式转会至杭州绿城队。

三月

1 日

恒大集团入主广州俱乐部、广汽集团冠名广州足球队签约仪式在广州市体育局会议厅举行。广州足球发展中心与恒大集团正式签署了俱乐部股权转让协议，恒大集团注资 1 亿元人民币买断广州足球俱乐部全部股权。同时，广州足球发展中心还与广汽集团签署了为期 1 年、金额为 2500 万冠名广州队的协议。

天津泰达足球俱乐部官方宣布与乌兹别克斯坦棉农队主力前锋、乌兹别克斯坦国脚法赫德·塔德基耶夫签约 10 个月。

深圳红钻足球俱乐部公布了球队 2010 赛季已确定的 4 名外援名单：白俄罗斯前锋赫莱布、保加利亚后卫扬科、伊拉克后卫侯赛因和巴西前锋堤亚戈。

前中国 U-19 国青队主力中卫邱添一正式加盟上海申花队。

中国足协副主席南勇、杨一民，裁判委员会原主任张建强因操纵足球比赛涉嫌收受贿赂犯罪，经检察机关批准，予以依法逮捕。

2 日

2010 年阿尔加夫杯小组赛最后一轮，中国女足 0 比 5 负于世界冠军德国队，但仍以1胜1平1负的战绩锁定小组次席，获得了与瑞典队争夺该次比赛季军的机会。

巴西中卫桑托斯正式加盟陕西绿地浐灞队。

3日

国际足联公布了最新一期的世界男足国家队排名。中国队排名上升至第83位，位列亚洲第8位。

2010年阿尔加夫杯季军争夺战，中国女足0比2不敌卫冕冠军瑞典队，获得第4名，但仍创造了中国女足近7年来在该项赛事的最好成绩。

韩国队在2010年世界杯热身赛中2比0战胜科特迪瓦队，现效力于大连实德队的前锋安贞焕在下半场被替换上场。

4日

在科因布拉进行的一场国际足球友谊赛中，中国国家队客场0比2负于世界劲旅葡萄牙队。第35分钟，C·罗纳尔多助攻阿尔梅达首开记录。第95分钟，穆蒂尼奥远射打在列德松腿上弹入球门。

在伊朗首都德黑兰举行的首届五人制亚俱杯比赛中，代表中国出征的武汉地龙队首战4比3战胜澳大利亚新南威尔士巨雷队，取得开门红。

5日

2009-10赛季葡萄牙足球甲级联赛第22轮，贝拉马尔队客场

1比1被查韦斯队逼平。刚刚代表中国国家队参加完和葡萄牙队热身赛的王刚在第82分钟替补出场。

塞尔维亚后卫乌克马诺维奇和澳大利亚后卫伊斯法洛夫正式加盟青岛中能队。

6日

2010赛季韩国K联赛第2轮,水原三星队主场4比3战胜釜山偶像队,取得新赛季首胜。李玮锋打满全场。

2010赛季韩国K联赛第2轮,冯潇霆所效力的全北现代队客场2比2战平阎嵩所效力的济州联队。冯潇霆打满全场,阎嵩则未能出场。

2009-10赛季德乙联赛第25轮,科特布斯队主场3比1击败亚琛队。邵佳一打满全场。

首届五人制亚俱杯小组赛第2轮,武汉地龙队3比4负于黎巴嫩普罗卡菲队。

7日

2009-10赛季德甲联赛第25轮,沙尔克04队客场4比1大胜法兰克福队。蒿俊闵在第90分钟替补出场。

深圳红钻足球俱乐部正式与前山东鲁能队塞尔维亚中场日夫科维奇签约。

8日

首届五人制亚俱杯小组赛第3轮，武汉地龙队11比6狂扫卡塔尔阿尔萨德队。

韩国K联赛官网公布了2010赛季K联赛第2轮的最佳阵容，冯潇霆榜上有名，成为全北现代队该轮惟一入选的球员。

前特立尼达和多巴哥国脚康奈尔·格伦正式加盟南昌八一队。

9日

2010赛季亚冠联赛F组第2轮，长春亚泰队主场9比0狂胜印尼冠军佩西普拉队。高健和外援金尼各演帽子戏法，刘卫东梅开二度，王博也有一球入账。长春亚泰队不仅创造了中国球队在亚冠赛场上的最悬殊比分纪录，同时该队两名球员上演帽子戏法也是中国球队亚冠征战史上的首次。

2010赛季亚冠联赛E组第2轮，北京国安队客场凭借外援乔尔·格里菲斯的进球和王长庆的梅开二度，以3比1力克日本川崎前锋队，迎来两连胜。

2010赛季亚冠联赛F组第2轮，韩国全北现代队主场1比2负于日本鹿岛鹿角队。冯潇霆打满全场，这也是他职业生涯中的首场亚冠联赛。

10日

2010赛季亚冠联赛H组第2轮，山东鲁能队主场0比2不敌澳大利亚阿德莱德队。

2010 赛季亚冠联赛 G 组第 2 轮，河南建业队客场凭借张璐的进球，以 1 比 1 战平日本大阪钢巴队。

2010 赛季亚冠联赛 G 组第 2 轮，韩国水原三星队客场 2 比 0 击败新加坡军团队。李玮锋打满全场。

国脚部林正式从上海申花队转会至中甲广州广汽队。

首届五人制亚俱杯小组赛第 4 轮，武汉地龙队 5 比 9 负于泰国泰港队，无缘四强。

11 日

曾效力过武汉黄鹤楼队、陕西中新队的巴西中锋维森特和叙利亚国家队主力中后卫阿里·迪亚布正式加盟上海申花队。

中乙天津松江足球俱乐部宣布，比利时人德维尔德接替张效瑞出任球队主教练。

2009-10 赛季葡萄牙足球甲级联赛进行了第 21 轮的一场补赛，贝拉马尔队主场 3 比 1 轻取伊斯托利尔队。王刚在第 85 分钟替补出场。

世界著名足球网站 goal.com 评选出 2010 赛季亚冠联赛第 2 轮最佳阵容，北京国安队中场球员王长庆成为中超四强中惟一入选的球员。

青岛中能足球俱乐部正式与 2009 赛季韩国 K 联赛冠军全北现代队后卫李颂民签约。

12 日

国际足联公布了最新一期的世界女足国家队排名。中国女足排名提升一位名列第 12 位，位列亚洲第 3 位。前中国女足助理教练皮娅领军的美国女足坐稳总榜单的头名宝座。

FIFA 官网撰文对亚冠联赛第 2 轮小组赛进行了点评，文中称北京国安队客场 3 比 1 战胜日本川崎前锋队是该轮最大的惊喜。

14 日

2009-10 赛季波兰足球甲级联赛第 20 轮，华沙莱吉亚队客场 0 比 1 不敌比托姆队。董方卓在第 69 分钟替补出场，完成了自己在波兰的处子秀。

中德足球名人赛在佛山世界莲体育场打响，中国明星队由原中国国家队主教练戚务生领衔，德国明星队的主教练则是原中国国青队主教练克劳琛。最终中国队以 2 比 3 不敌德国队，范志毅打入漂亮进球，郝海东突破创造点球，谢育新操刀命中。

2010 赛季韩国 K 联赛第 3 轮，全北现代队客场 1 比 0 击败首尔 FC 队，登上积分榜首位。冯潇霆打满全场。

2009-10 赛季德乙联赛第 26 轮，科特布斯队客场 1 比 4 负于凯泽斯劳滕队。邵佳一打满全场，并在第 70 分钟为客队创造了挽回颜面的点球。

15 日

2009-10 赛季塞尔维亚超级联赛第 18 轮，中国球员李春郁效力的 FK 拉德队客场 2 比 3 不敌 OFK 贝尔格莱德队。李春郁首发出场，在第 62 分钟被替换下场，完成了自己在塞超的处子秀。

17 日

湖北绿茵足球俱乐部在南湖基地召开新闻发布会，正式宣布湖北东方国际旅行社以 500 万元人民币冠名湖北绿茵队征战 2010 赛季中甲联赛，球队全称湖北东方国旅队。

2009-10 赛季波兰杯 1/4 决赛首回合，华沙莱吉亚队客场 0 比 1 不敌鲁奇乔尔索队。董方卓在第 78 分钟替补出场，这是他第一次在波兰杯比赛中登场。

18 日

俄罗斯 U-19 女足青年邀请赛落幕，中国队在决赛中以 2 比 0 轻取东道主俄罗斯队，从而以 5 战全胜、进 12 球不失 1 球的战绩成功卫冕。这也是殷铁生执女足国青队教鞭之后，夺得的首个锦标赛冠军。

19 日

2010 赛季韩国 K 联赛第 4 轮，水原三星队主场 2 比 1 力克仁川联队。李玮锋打满全场。

2010 赛季韩国 K 联赛第 4 轮，全北现代队主场 1 比 1 战平城南一和队。冯潇霆打满全场。

立陶宛苏杜瓦足球俱乐部正式宣布与中国球员柳超签约。

2010 年亚足联室内五人足球锦标赛抽签仪式在乌兹别克斯坦首都塔什干举行，东亚冠军中国队与日本队、土库曼斯坦队、伊拉克队一同被分在D组。该届五人制亚锦赛定于5月23日至30日举行。

20日

一场主题为"加油！冯志刚"的足球义赛在武汉新华路体育场举行。先前由前国足明星组成的中国战友队与湖北战友队进行了一场30分钟的垫场赛，结果中国战友队凭借郝海东、彭伟国和高峰的进球以3比0获胜。在稍后进行的义赛中，湖北东方国旅队依靠姚翰林的进球以1比0战胜陕西绿地浐灞队。各方人士现场为因患脑梗塞而处于昏迷状态的冯志刚和武汉优秀足球运动员救助基金捐款达93079.30元。

2009-10赛季德乙联赛第27轮，科特布斯队主场0比1负于圣保利队。邵佳一打满全场。

2009-10赛季波兰甲级联赛第21轮，华沙莱吉亚队主场1比1战平斯拉斯克队。董方卓首发出场，在第65分钟被替换下场。

2009-10赛季苏超联赛第29轮，凯尔特人队主场3比0战胜圣约翰斯顿队。郑智在第89分钟替补出场。

21日

2010赛季立陶宛足球甲级联赛第1轮，苏杜瓦队主场3比0完胜马泽凯队。柳超以左前卫的身份打满全场。

22日

中国中建地产有限公司与陕西宝荣浐灞足球俱乐部在西安曲江宾馆正式签订合作协议。中国中建地产有限公司购得陕西队新赛季冠名权，陕西队将以“陕西中建地产浐灞队”的名号征战 2010 赛季中超联赛。

高雷雷正式加盟美国第二级别联赛球队明尼苏达群星队，成为转战亚欧美三大洲联赛的中国第一人。

23 日

2010 赛季亚冠联赛 E 组第 3 轮，北京国安队客场 1 比 3 负于韩国城南一和队。苏格兰外援罗斯在第 17 分钟攻进了自己加盟北京国安队后的处子球。

2010 赛季亚冠联赛 G 组第 3 轮，河南建业队主场 0 比 2 不敌韩国水原三星队。李玮锋在下半场一次突破创造任意球帮助水原三星队获得领先，随后他的传中直接助攻队友扩大比分。

2009-10 赛季波兰杯 1/4 决赛次回合，华沙莱吉亚队主场 2 比 1 击败鲁奇乔尔索队，但因客场进球少的缘故被淘汰。董方卓首发出场，在中场休息时被替换下场。

24 日

2010 赛季亚冠联赛 F 组第 3 轮，长春亚泰队主场迎战 2009 赛季韩国 K 联赛冠军全北现代队，结果长春亚泰队在杜震宇先进一球的情况下被对手在终场前 15 分钟连扳两球，以 1 比 2 告负。冯潇霆代表全北现代队打满全场。

2010 赛季亚冠联赛 H 组第 3 轮，山东鲁能队客场 0 比 1 负于 2009 年亚冠联赛冠军韩国浦项制铁队。替补上场的邓卓翔在终场前射失点球，错过了扳平比分的最好机会。

中国国家队队长杜威正式从上海申花队转会至杭州绿城队。

以"激情中超,实力新飞"为主题的新飞电器赞助中超联赛新闻发布会在北京召开。中超公司董事长于洪臣在会上宣布,新飞电器正式成为2010年中超联赛主赞助商。

25日

广州恒大足球俱乐部召开新闻发布会,正式宣布前北京国安队主教练、韩国人李章洙出任广州广汽队主教练。

中国国少队主教练张宁正式出任中甲北京理工大学队主教练。

26日

前青岛中能队守门员教练王维满正式出任广州广汽队守门员教练。

27日

2010赛季中超联赛揭幕战在北京工人体育场拉开战幕。卫冕冠军北京国安队主场凭借乔尔·格里菲斯和王晓龙的进球,以2比0力克升班马南昌八一队,取得开门红。

2010赛季立陶宛足球甲级联赛第2轮,苏杜瓦队主场2比1战胜克洛加队,赢得两连胜。柳超打满全场。

2009-10赛季德乙联赛第28轮,科特布斯队主场4比1大胜比勒菲尔德队。邵佳一首发出场,在第62分钟被替换下场。

28 日

2009-10 赛季德甲联赛第 28 轮，沙尔克 04 队客场 2 比 0 战胜勒沃库森队，升至积分榜第一。蒿俊闵在第 69 分钟替补出场。

2010 赛季韩国 K 联赛第 5 轮，水原三星队客场 1 比 2 负于庆南 FC 队。李玮锋打满全场。

29 日

2009-10 赛季葡甲联赛第 24 轮，领头羊贝拉马尔队主场 1 比 3 负于弗雷蒙德队。王刚在第 33 分钟替补出场。

广州市体育局和广州恒大足球俱乐部联合召开新闻发布会，正式宣布聘请彭伟国为恒大二、三线队总教练兼二线队主教练，张兵、叶志彬出任二、三线队助理教练，任期均为 1 年。

30 日

2010 赛季亚冠联赛 F 组第 4 轮，长春亚泰队客场 0 比 1 负于韩国全北现代队，提前失去了小组出线权。冯潇霆代表全北现代队打满全场。

2010 赛季亚冠联赛 H 组第 4 轮，山东鲁能队主场 1 比 2 不敌韩国浦项制铁队。李金羽在第 74 分钟为山东鲁能队攻进扳平比分的一球。

31 日

2010 赛季亚冠联赛 E 组第 4 轮，北京国安队主场 0 比 1 负于韩国城南一和队，继续排名小组次席。

2010 赛季亚冠联赛 G 组第 4 轮，河南建业队客场 0 比 2 不敌韩国水原三星队。李玮锋代表水原三星队打满全场。

国际足联公布了最新一期的世界男足国家队排名。中国队排名由上期的第 83 位跌落至第 84 位，但压过了 2010 年世界杯东道主南非队和打入世界杯决赛圈的朝鲜队；在亚洲榜单上则依然位列第 8 位。

四月

2 日

2009-10 赛季葡萄牙足球甲级联赛第 25 轮，领头羊贝拉马尔队客场 1 比 0 战胜特洛芬斯队，继续领跑积分榜。王刚在第 80 分钟替补出场。

3 日

2010 赛季中甲联赛拉开序幕，揭幕战沈阳东进队主场 0 比 1 不敌升班马湖南湘涛队。

2010 赛季中超联赛第 2 轮，南昌八一队主场 1 比 2 负于上海申花队。主队门将程晓鹏在比赛中罚进点球，成为中国足球顶级联赛史上首位进球的门将。

2009-10 赛季德甲联赛第 29 轮迎来榜首大战，沙尔克 04 队主场 1 比 2 负于拜仁慕尼黑队，榜首的位置也被对手夺取。蒿俊闵在第 58 分钟替补出场。

4 日

2010 赛季韩国 K 联赛第 6 轮，全北现代队主场 3 比 2 战胜仁川联队。冯潇霆打满全场。

2010 赛季韩国 K 联赛第 6 轮，水原三星队客场 1 比 3 不敌首尔 FC 队。李玮锋打满全场。

5 日

2010 赛季立陶宛足球甲级联赛第 3 轮，苏杜瓦队主场 0 比 0 战平萨基列斯队。柳超打满全场。

6 日

2010 年中乙联赛分区抽签仪式在中国足协举行。按地域划分统计，北区球队 6 支、南区球队 4 支。为了达到南北区球队数目一致，需将北区的一支球队通过抽签的方式划分到南区参赛，最终郝海东亲手将天津松江队抽至南区。抽签结果为：北区球队：大连阿尔滨、大连毅腾、京铁火车头、辽宁东北虎、盘锦盟尊；南区球队：天津松江、湖北康天、温州葆隆、四川美联蜀、贵州智诚。

7 日

为备战 5 月在成都举行的女足亚洲杯，中国足协公布了新一期女足国家队集训名单，马晓旭因十字韧带断裂无缘这次集训。

9 日

2010 赛季韩国 K 联赛第 7 轮，全北现代队客场 3 比 3 战平 2009 赛季亚冠冠军浦项制铁队。冯潇霆打满全场。

10日

2009-10赛季德乙联赛第30轮，科特布斯队主场4比2战胜杜塞尔多夫队。邵佳一在第63分钟带伤替补出场，在随后的30分钟内他上演了一传一射的好戏，完成了个人赛季的第6次助攻和第8个联赛进球。

2009-10赛季德甲联赛第30轮，沙尔克04队客场2比4负于汉诺威96队。蒿俊闵首次在德甲打满全场。

11日

2009-10赛季葡甲联赛第27轮，贝拉马尔队主场被圣克拉拉队1比1逼平，依然位居积分榜榜首。王刚首发出场，在第85分钟被替换下场。

2009-10赛季葡乙联赛第27轮，马夫拉队客场2比0击败蒙桑多队。张呈栋首发出场，并在第73分钟为客队首开记录。

2010赛季立陶宛足球甲级联赛第4轮，苏杜瓦队主场被班加队0比0逼平。柳超打满全场。

13日

2010赛季亚冠联赛H组第5轮，山东鲁能队主场2比3负于日本广岛三箭队，提前一轮被淘汰出局。韩鹏和班森为山东鲁能队各进一球。

2010赛季亚冠联赛G组第5轮，已提前出局的河南建业队客场1比2不敌新加坡军团队。小将于乐在第71分钟为河南建业队攻入扳平比分的一球。

2010 赛季亚冠联赛 G 组第 5 轮，韩国水原三星队客场 1 比 2 负于日本大阪钢巴队。李玮锋打满全场。

14 日

2010 赛季亚冠联赛 F 组第 5 轮，长春亚泰队主场 0 比 1 负于日本鹿岛鹿角队。

2010 赛季亚冠联赛 E 组第 5 轮，北京国安队客场 0 比 0 战平澳大利亚墨尔本胜利队，继续位列小组第二，最后一轮国安队只要在主场打平日本川崎前锋队即可出线。

2010 赛季亚冠联赛 F 组第 5 轮，韩国全北现代队主场 8 比 0 狂胜印尼佩西普拉队。冯潇霆首发出场，在中场休息时被替换下场。

15 日

2010 赛季立陶宛杯赛，苏杜瓦队主场在点球决战中 2 比 4 负于维特拉队，客队晋级下一轮。柳超打满全场，并在加时赛上半场攻进了自己在立陶宛的处子球。

17 日

2010 赛季中超联赛第 4 轮，南昌八一队主场 3 比 2 战胜杭州绿城队，取得了他们在中超联赛历史上的首场胜利。主队门将程晓鹏利用点球梅开二度，成为中国足球顶级联赛史上首位单场独中两元的门将。

2009-10 赛季德甲联赛第 31 轮，沙尔克 04 队主场 3 比 1 击败门兴格拉德巴赫队。蒿俊闵首发出场，在第 85 分钟被替换下场。

18 日

2010 赛季韩国 K 联赛第 8 轮，全北现代队客场 1 比 0 战胜光州尚武队。冯潇霆打满全场。

2010 赛季韩国 K 联赛第 8 轮，李玮锋所效力的水原三星队客场 1 比 2 不敌阎嵩所在济州联队。李玮锋打满全场，阎嵩则未能出场。

2009-10 赛季德乙联赛第 31 轮，科特布斯队客场 1 比 4 负于奥博豪森队。邵佳一在第 62 分钟替补出场。

2010 赛季立陶宛足球甲级联赛第 5 轮，苏杜瓦队客场 5 比 0 狂扫奥特莱塔斯队。柳超打满全场，并在第 16 分钟为客队首开记录，这也是他在立陶宛联赛的处子球。

19 日

国家体育总局足球运动管理中心主任韦迪宣布：杨新利、戚军、曹景伟、郭涛、孙哲东到足管中心挂职担任中层干部。

21 日

2010 赛季韩国足协杯 32 强淘汰赛打响，水原三星队主场 2 比 0 轻取东国大学队，晋级 16 强，李玮锋打满全场。另一场比赛，济州联队客场 3 比 1 击败釜山运输队，阎嵩首发出场，这也是他第一次代表客队在正式比赛中亮相。

23 日

由亚足联主办、中国足协承办的“2010 年亚足联 U-14 足球节”在河北香河国家足球训练基地隆重开幕。亚足联副秘书长、培训部主任哈桑和国家体育总局足球运动管理中心副主任、中国足球协会副主席林晓华出席了此次活动的开幕式。

中国足协针对2010年中甲联赛第4轮南京有有队队医孙明悍在比赛中冲入场内指责裁判员一事开出罚单:禁止孙明悍进入中甲联赛替补席3场,并罚款人民币15000元。

24日

2011年亚洲杯16强分组抽签仪式在世界上最大的室内体育馆——卡塔尔多哈Aspire穹顶体育馆举行。中国队与东道主卡塔尔队、科威特队、乌兹别克斯坦队被分在A组。亚洲杯决赛阶段比赛将于2011年1月7日至29日进行。中国队将在北京时间1月8日首战科威特队,1月13日迎战卡塔尔队,1月17日挑战乌兹别克斯坦队。

中国女足与加拿大女足在重庆市永川区体育中心进行了一场热身赛。凭借锋线双子星韩端和徐媛在上下半场的两个头球得分,中国队最终2比0战胜加拿大队。

2010赛季韩国K联赛第9轮,水原三星队主场1比2不敌江源FC队。李玮锋打满全场。

2010赛季韩国K联赛第9轮,全北现代队主场1比2负于蔚山现代队。冯潇霆打满全场。

2009-10赛季德甲联赛第32轮,沙尔克04队客场1比0击败柏林赫塔队,成功晋级2010-11赛季欧冠小组赛。蒿俊闵以左前卫的身份首发出场,在第81分钟被替换下场。

25日

湖北大学武汉地龙队在2009-10赛季中国五人制足球甲级联赛最后一场比赛中,以7比5战胜上海队,豪夺五连冠。

美国职业大联盟二级联赛第4轮,中国前锋高雷雷效力的明尼苏达群星队主场1比0击败坦帕湾暴徒队。高雷雷在第34分钟利用点球帮助主队全取三分,这也是他在美国联赛的处子球。

2010赛季中超联赛第5轮,陕西中建地产浐灞队主场3比2险胜深圳红钻队,迎来了该赛季的首场胜利。

26日

2009-10赛季葡甲联赛第28轮,贝拉马尔队主场1比2负于彭拿菲尔队。王刚在第73分钟替补出场。

27日

2009-10赛季德乙联赛第32轮,科特布斯队主场4比2战胜柏林联队。邵佳一首发出场,在第73分钟被替换下场。

2010赛季亚冠联赛H组最后一轮,已经出线无望的山东鲁能队客场凭借李微在第53分钟的进球,以1比0战胜澳大利亚阿德莱德队。

2010赛季亚冠联赛G组最后一轮,河南建业队主场凭借韩国外援宋泰林在第91分钟的吊射得手,以1比1战平日本大阪钢巴队,最终以6战3平3负的战绩结束了他们的首个亚冠之旅。

2010赛季亚冠联赛G组最后一轮,韩国水原三星队主场6比

2 大胜新加坡军团队，以小组第一的身份出线。李玮锋首发出场，在半场胜局已定的情况下被主帅车范根换下。

28 日

2010 赛季亚冠联赛 E 组最后一轮，北京国安队主场凭借外援乔尔·格里菲斯和奥托在上下半场各入一球，以 2 比 0 击败日本川崎前锋队，以小组第二的身份晋级 16 强，他们将在 1/8 淘汰赛中客场与 G 组第一名韩国水原三星队一场定胜负争夺晋级 8 强的资格。

2010 赛季亚冠联赛 F 组最后一轮，长春亚泰队客场 0 比 2 负于印尼佩西普拉队。亚泰队在上下半场分别获得点球，但曹添堡和刘卫东的射门均被对方门将扑出，最终他们以 6 战 1 胜 5 负的战绩结束了该赛季的亚冠征程。

2010 赛季亚冠联赛 F 组最后一轮，韩国全北现代队客场 1 比 2 负于日本鹿岛鹿角队，以小组第二的身份出线。冯潇霆打满全场。

国际足联公布了最新一期的世界男足国家队排名。中国队排名第 85 位，位列亚洲第 8 位。

29 日

苏超凯尔特人队坐镇主场与荷甲劲旅阿尔克马尔队进行了一场热身赛，结果主队以 1 比 2 告负。郑智打满全场。

中国足协针对 2010 年中甲联赛第 5 轮南京有有队球员赵洋、李瑶在比赛中推搡裁判员一事开出罚单：停止赵洋、李瑶 2010 年中甲联赛比赛各 6 场，并各罚款人民币 30000 元。这也是 2010 年中甲联赛开赛以来最重的一张罚单。

天津泰达足球俱乐部宣布，经过双方协商，德容已辞去泰达队助理教练一职，不再辅佐阿里·汉。

30日

中国足协公布了即将征战2010年女足亚洲杯的中国队23人集训名单，韩端、徐媛、毕妍等名将均榜上有名，而江苏队一共有张艳茹、翁晓洁、翁新芝、马君、管菁菁和周高萍6名球员入选，成为国脚大户。

五月

1日

2010赛季韩国K联赛第10轮，水原三星队客场0比2负于全南天龙队。李玮锋打满全场。

2010赛季中超联赛第6轮，杭州绿城队客场凭借拉米雷斯的铲射破门，以1比0击败重庆力帆队，取得了该赛季的首场胜利。

2009-10赛季苏超联赛第36轮，凯尔特人队主场4比0大胜马塞维尔队，赢得6连胜。郑智时隔13轮后重返首发阵容，出任后腰并打满全场。

2009-10赛季德甲联赛第33轮，沙尔克04队主场0比2负于云达不莱梅队。蒿俊闵首发出场，在第59分钟被替换下场。

2日

2009-10 赛季葡甲联赛第 29 轮，贝拉马尔队客场 3 比 1 战胜艾维斯队，最后一轮他们只要主场获胜就能晋级葡超。王刚在第 88 分钟替补出场。

2009-10 赛季葡乙联赛第 30 轮，马夫拉队主场 1 比 1 战平奥博拉里奥队，以联赛第 5 名的成绩结束了该赛季征程。张呈栋打满全场，并在第 60 分钟为主队先拔头筹，这也是他该赛季代表马夫拉队在各项赛事中攻进的第 11 个球。

2010 赛季韩国 K 联赛第 10 轮，全北现代队主场 1 比 1 战平庆南 FC 队。冯潇霆打满全场。

3日

国际足球历史与统计协会(IFFHS)公布了最新一期的世界俱乐部排名。凭借在亚冠赛场上的出色发挥，北京国安以 74 分排名第 285 位，成为榜单所列的前 350 名俱乐部中惟一一家中超俱乐部，打破了近期此榜单中无一家中超俱乐部的尴尬。

4日

经国际足联批准发行的 2010 年南非世界杯 32 强纪念队牌在北京工人体育馆中奥足球圣殿面向全国首发，现国家队主教练高洪波、前国家队主教练戚务生、现北京国安队主教练洪元硕、前北京国安队主教练金志扬以及部分新老国安队球员出席了发布会。

5日

2010 年波罗的海杯 1/4 决赛次回合，立陶宛苏杜瓦队客场 1 比 0 击败爱沙尼亚利瓦迪亚队，以两回合 1 比 0 的总比分晋级半决赛。柳超打满全场，并在第37分钟主罚角球助攻队友卢克西斯顶入致胜球。

2010赛季韩国K联赛第11轮，水原三星队主场0比0被大田市民队逼平。李玮锋打满全场。

北京市足协秘书长杨俊生在工人体育场1号厅与意大利足球教练员协会主席乌里韦埃里签署战略合作协议，双方将就青少年培养、教练员培训、职业和业余队伍的交流等多方面进行密切的合作。

6日

为备战广州亚运会和伦敦奥运会亚洲区预选赛，中国足协公布了新一期中国国奥队集训名单，效力于葡萄牙联赛的两位小将王刚和张呈栋入围。

8日

陕西宝荣浐灞足球俱乐部召开新闻发布会，正式宣布球队主教练朱广沪下课，原大连实德队主教练科萨诺维奇接任。

9日

2009-10赛季葡萄牙足球甲级联赛最后一轮，贝拉马尔队主场1比0击败卡雷加多队，以葡甲冠军的身份晋级葡超。王刚在第76分钟替补出场，见证了主队冲超成功的历史性时刻。

2010年U-19亚青赛决赛阶段比赛分组抽签仪式在山东淄博举行，东道主中国队与沙特阿拉伯队、泰国队、叙利亚队一同被分在A组。该届亚青赛定于2010年10月3日至10月17日在山东淄博举行，获得前四名的球队将代表亚洲参加 2011 年在哥伦比亚举行的世青赛。

2010 赛季中乙联赛点燃战火，揭幕战湖北康天队主场 0 比 2 负于天津松江队。赛前中国足协副主席于洪臣宣布中乙联赛开幕并致开幕词。

2009-10 赛季苏超联赛最后一轮（第 38 轮），凯尔特人队客场 2 比 1 力克哈茨队，获得联赛亚军并杀入 2010-11 赛季欧冠资格赛。郑智打满全场，并在第 60 分钟为客队攻入致胜球，这也是他在苏超联赛里的首粒进球。

2010 赛季立陶宛足球甲级联赛第 8 轮，苏杜瓦队客场 1 比 3 不敌维特拉队。柳超首发出场，在中场休息时被替换下场。

10 日

中国女足在成都五牛基地同泰国队进行了一场热身赛，结果中国队凭借毕妍和尤佳的进球以 2 比 0 获胜。

中国足协针对 2010 年中超联赛第 7 轮辽宁宏运队因不满裁判点球判罚集体退至场边致使比赛中断一事开出罚单：罚款辽宁宏运足球俱乐部人民币 100000 元。

11 日

洪都拉斯队主教练雷纳尔多·鲁埃达正式公布了球队参加 2010 年南非世界杯最终的 23 人名单，现效力于中超杭州绿城队的萨比勇入选，此前曾在中超北京国安队效力的沃尔特·马丁内斯也被征召入队。

中国足协公布了最新一期中国国家队集训名单,北京国安队的阎相闯首次入选。

2010赛季亚冠联赛1/8决赛,北京国安队客场0比2负于韩国水原三星队,无缘8强。李玮锋代表水原三星队打满全场。

12日

陕西宝荣浐灞足球俱乐部正式与前贝尔格莱德红星队助理教练萨沙签订了工作合同,加上此前加盟的前深圳红钻队守门员教练托米奇,以科萨为首的陕西队新教练班子正式组建完成。

13日

德甲沙尔克04队客场与福伦斯堡地区队进行了一场热身赛,结果以8比0狂胜。蒿俊闵在下半场替补出场,不仅贡献了一次助攻,还完成了个人加盟沙尔克04队后的首粒进球。

"鸟巢杯"U-17青少年足球邀请赛决赛在国家体育场举行,上海东亚队5比1大胜大连实德队,夺得冠军。

第四届全国体育大会室内五人制足球赛在安徽合肥落下帷幕,湖北队在决赛中5比2力克上海队,勇夺冠军。

14日

刚刚抵达北京的德甲劲旅勒沃库森队,派出了弗雷德里希、卡斯特罗、施瓦布和吉佛四名球员来到北京回民中学,参加了"我的足球世界——拜耳勒沃库森校园行"活动。

朝鲜国家队主教练金正勋正式公布了球队参加2010年南非

世界杯最终的 23 人名单，曾在中甲延边队和中超成都谢菲联队效力过的中场球员金永俊入选。

15 日

贵州茅台集团保健酒业有限公司与深圳红钻足球俱乐部在深圳大中华喜来登酒店联合召开新闻发布会，正式宣布贵州茅台集团保健酒业有限公司以 3 年 1 个亿的资金，成为深圳队主冠名商及胸前广告赞助商，深足正式更名为“深圳茅台红钻队”。

2010 赛季中超联赛第 8 轮，天津泰达队客场 2 比 1 击败大连实德队，取得了该赛季的首场胜利。

大连实德足球俱乐部宣布，同意徐弘辞去球队主教练职务，并且任命助理教练柳忠长代理主教练一职，全面负责球队工作，教练组其他成员不变。

16 日

中国国奥队在佛山世纪莲体育场与德甲劲旅勒沃库森队进行了一场热身赛，结果以 1 比 6 完败，谈杨在第 80 分钟用一记劲射助国奥队取得惟一进球。

17 日

2010 赛季立陶宛足球甲级联赛第 10 轮，苏杜瓦队主场 1 比 1 战平伊克拉纳斯队。柳超打满全场。

19 日

2010 年女足亚洲杯 B 组首轮在成都体育中心展开争夺，中国女足迎战韩国女足，全场比赛韩国队共 4 次射门击中中国队横梁，毕妍的任意球攻门也曾击中韩国队立柱，最终双方 0 比 0 握手言和。

中国国家队在江阴体育中心与德甲劲旅勒沃库森队进行了一场热身赛，结果中国队以 3 比 0 完胜对手。第 49 分钟，闫相闯左侧突破后送出横传，于汉超拿球后突入禁区面对对方门将轻松推射得手。仅仅过了 1 分钟，闫相闯前场右路下底传中，于汉超在门前 7 码处稍作调整后凌空扫射破门。第 85 分钟，李学鹏断球后单刀破门。

20 日

波兰华沙莱吉亚队在美国芝加哥举行的“姐妹城市杯”首场比赛中，0 比 1 不敌欧洲劲旅塞尔维亚贝尔格莱德红星队。董方卓在第 80 分钟替补出场。

2010 赛季立陶宛足球甲级联赛第 11 轮，苏杜瓦队客场 6 比 1 大胜克莱佩达队，重返联赛三甲之列。柳超首发出场，在第 86 分钟被替换下场。

中德元老明星赛在江阴打响，由江津、宿茂臻、高峰领衔的中国元老队迎战由马绍尔等人组成的德国元老队，比赛分为上下半场，每个半场 40 分钟，最终中国元老队 1 比 4 不敌德国元老队，曹限东在第 6 分钟为中国元老队攻入一球。

2010 年亚洲 U-16 少年足球锦标赛决赛阶段比赛分组抽签仪式在乌兹别克斯坦首都塔什干举行，张宁领军的中国国少队与阿联酋队、伊拉克队、科威特队三支西亚球队一同被分在 D 组。2010 年亚少赛定于 10 月 24 日至 11 月 7 日在塔什干的 Jar 体育场和棉农体育场举行。

21 日

2010 年女足亚洲杯 B 组第 2 轮，中国女足在成都双流体育中心迎战越南队。比赛中中国队优势明显，上半场即由李丹阳、袁帆、张睿与毕妍相继破门，韩端在下半场也收获进球，最终中国队以 5 比 0 大捷。

22 日

2010 年韩国联赛杯小组赛第 1 轮，水原三星队客场 3 比 2 战胜全南天龙队。李玮锋打满全场。

23 日

在美国芝加哥举行的“姐妹城市杯”三四名比赛中，波兰华沙莱吉亚队 3 比 0 大胜东道主芝加哥火焰队，获得季军。董方卓首发出场，在中场休息时被替换下场。

2010 年女足亚洲杯 B 组最后一轮，中国女足在成都体育中心与已经提前出线的澳大利亚队交锋。最终，中国队凭借小将张睿在第 8 分钟的进球以 1 比 0 获胜，以小组第一的身份晋级四强。

2010 年亚足联室内五人足球锦标赛在乌兹别克斯坦首都塔什干揭开战幕，中国队首战 1 比 5 负于日本队。

24 日

2010 年亚足联室内五人足球锦标赛 D 组第 2 轮，中国队 6 比 2 击败土库曼斯坦队，赢得了该届亚锦赛的首场胜利。

西甲豪门巴塞罗那队确认，该队将于2010年8月8日在北京“鸟巢”国家体育场与北京国安队进行一场友谊赛。

25日

2010年亚足联室内五人足球锦标赛D组最后一轮，中国队凭借张习的帽子戏法，以7比6战胜伊拉克队，成功晋级八强。

26日

国际足联公布了最新一期的世界男足国家队排名。中国队排名上升一位，提升至第84位，在亚洲榜单上依然位列第8位。

2010赛季中超联赛第10轮，江苏舜天队主场依靠队长陆博飞在第72分钟的直接任意球破门，以1比0击败天津泰达队，获得了该赛季的首场胜利。

2010赛季中超联赛第10轮，陕西中建地产浐灞队主场凭借于海在第31分钟的头球破门，以1比0战胜山东鲁能队，迎来两连胜的同时也打破了山东鲁能队该赛季的不败金身。

27日

2010年亚足联室内五人足球锦标赛1/4决赛，中国队凭借张习、王玮和梁爽三名武汉籍球员的出色发挥，以9比2狂胜泰国队，成功晋级四强。

为了准备与法国国家队的热身赛，中国足协公布了最新一期的中国国家队集训名单。国家队定于2010年5月31日至6月6日进行集训、比赛。

2010 年女足亚洲杯半决赛在成都体育中心进行，中国女足对阵朝鲜队，场面被动的中国队虽然将比赛拖入加时赛，但在第 108 分钟金庆花仍为朝鲜队打入致胜球，最终中国队以 0 比 1 落败，无缘决赛。在稍早结束的另一场半决赛中，澳大利亚队 1 比 0 击败日本队，这样朝鲜队将于 5 月 30 日 19 点 30 分同澳大利亚队争夺该届赛事的冠军，中国队则会与日本队在 5 月 30 日 16 点整展开季军争夺战，获得第三名的球队同样能够获得 2011 年德国女足世界杯的参赛资格。

28 日

2010 年亚足联室内五人足球锦标赛半决赛，中国队 3 比 4 负于东道主乌兹别克斯坦队，无缘决赛。

29 日

国际足联公布了最新一期的女足国家队世界排名。中国队排名第 10 位，位列亚洲第 3 位，这也是中国女足在时隔 39 个月之后，重返世界前 10 名。

2010 年韩国联赛杯小组赛第 2 轮，水原三星队主场 2 比 0 战胜江源 FC 队。李玮锋打满全场。

30 日

2010 年女足亚洲杯季军争夺战在成都体育中心进行，中国女足 0 比 2 负于日本队，第四名的成绩是中国队在 24 年参加 12 届女足亚洲杯以来的最差战绩，同时也意味着无缘 2011 年德国女足世界杯，这也是中国女足自女足世界杯创办后 20 年来首次缺席这项女足顶级赛事。在随后进行的决赛中，澳大利亚队和朝鲜队在 120 分钟内 1 比 1 战平，点球决战澳大利亚队 5 比 4 胜出，以总比分6比5战胜朝鲜队，首夺女足亚洲杯冠军。

2010年亚足联室内五人足球锦标赛三四名决赛，中国队1比6负于日本队，最终获得第四名。

31日

国际足联正式公布了执法2010年南非世界杯的裁判大名单，一共87人，中国裁判穆宇欣获得了担任助理裁判的资格。

天津松江足球俱乐部总经理郝海东来到天津耀华滨海学校，向这里的学生捐赠了价值不菲的图书。这是郝海东继2009年之后，第2次向这所学校的学生捐赠图书。

河北中基足球俱乐部正式成立，该俱乐部将于2011年开始参加乙级联赛。

六月

1日

韩国国家队主教练许丁茂正式公布了韩国队征战2010年南非世界杯最终的23人名单，现效力于中超大连实德队的前锋安贞焕成功入选。

为备战2010年10月在山东淄博举行的亚青赛，中国足协公布了新一期中国国青队34人集训大名单。

2日

国际足球历史与统计协会(IFFHS)公布了最新一期世界俱乐

部排名榜单(前 350 名),北京国安成为惟一上榜的中超俱乐部,排名第 339 位。

澳大利亚国家队确定了参加 2010 年南非世界杯最终的 23 人名单,2009 年在中超上海申花队效力的后卫米利甘入选。

中国足协正式宣布,中国国奥队主教练刘春明由于没有获得亚足联颁发的 A 级教练员证书,将暂时带薪离岗前往亚足联进行学习,国奥队接下来的训练和比赛任务由助理教练孙卫负责,同时抽调国少队助理教练张海涛到国奥队帮助工作,国少队助理教练的空缺,由国少队主教练张宁提名,并通过中国足协任命。

为备战广州亚运会和伦敦奥运会亚洲区预选赛,中国足协公布了新一期中国国奥队 28 人集训名单。

中国足协针对 2010 年中超联赛第 11 轮天津赛区屡次出现观众向场内投掷杂物、用激光笔照射场内运动员,多次造成比赛暂停一事开出罚单:一、对天津赛区予以警告;二、对天津赛区罚款人民币 50000 元。

5 日

中国国家队在法属留尼旺岛的米歇尔·沃尔纳伊球场与 1998 年世界杯冠军、2006 年世界杯亚军法国国家队进行了 2010 年世界杯前的一场热身赛,最终中国队凭借 10 号邓卓翔在第 68 分钟的一记直接任意球破门客场 1 比 0 战胜法国队。赛后据统计,法国队全场一共有 21 次射门,中国队门将曾诚 10 次做出成功扑救。

6 日

2010 年韩国联赛杯小组赛最后一轮，水原三星队主场 1 比 3 不敌全北现代队，但仍以小组第三名的身份同客队携手进军 8 强。主队的李玮锋打满全场，客队的冯潇霆则因伤未被列入大名单。

7 日

中国足协公布了新一期中国国家队集训名单，效力于塞尔维亚 FK 拉德队的李春郁首次入选。国家队定于 2010 年 6 月 11 日至 30 日在昆明海埂基地进行集训。

杭州绿城足球俱乐部正式与澳大利亚后腰亚当・格里菲斯签约，加上在北京国安队效力的瑞恩・格里菲斯和乔尔・格里菲斯，格里菲斯三兄弟在中超赛场聚齐了。

8 日

亚足联在南非约翰内斯堡郊外召开主题为“未来是亚洲”的特别会议，讨论并修改亚洲足球联合会章程，中国足协官员韦迪、张吉龙以及中国香港足协主席霍震霆等列席，并在投票环节投出赞成票。

2009-10 赛季李宁中国大学生足球联赛总决赛在沈阳工业大学打响，揭幕战东道主沈阳工业大学队 3 比 0 战胜重庆大学队，取得开门红。

北京市体育局的先农坛体育运动学校和北京盛世天予体育文化发展有限公司签署战略合作协议，后者将在 3 年内赞助北京女足 300 万元用于培养后备力量。

2010 年中国室内五人制足球国际锦标赛在杭州黄龙体育中心体育馆拉开战幕，该届比赛共有巴西、伊朗、日本、中国四队参加，中国队首战 1 比 7 负于日本队。

9 日

2010 年中国室内五人制足球国际锦标赛进入第二天，中国队 4 比 2 战胜亚洲劲旅伊朗队，获得了该届比赛的首场胜利。

中国移动上海公司、上海申花足球俱乐部全面合作发布会在上海世博园区信息通信馆举行，“中国移动”成为上海申花队胸前广告赞助商。

10 日

2010 年中国室内五人制足球国际锦标赛收官战在杭州黄龙体育中心体育馆打响，世界冠军巴西队 5 比 0 战胜中国队，以三战全胜的成绩夺得该届锦标赛的冠军，日本队两胜一负获得亚军，中国队一胜两负位列第三，伊朗队三战全败最终垫底。

2010 年波罗的海杯半决赛次回合，立陶宛苏杜瓦队客场 1 比 2 负于拉脱维亚美达雷斯队，但仍以总比分 4 比 2 晋级决赛（首回合苏杜瓦队主场 3 比 0 获胜）。柳超打满全场。

11 日

中乙湖北康天队主教练殷立华正式下课，原助理教练任忠新接任球队主教练。

12 日

2010 年“金杯海星”中国国奥队系列挑战赛首场比赛在辽宁

省沈阳市铁西区人民体育场开战，由中国国奥队迎战辽宁宏运队，最终国奥队凭借杨博宇和吕文君的进球以 2 比 0 获胜，取得开门红。

在潍坊山东鲁能足校备战亚青赛的中国国青队同山东鲁能足校 U-19 队进行了一场热身赛，结果中国国青队以 1 比 0 获胜。杨一虎在第 40 分钟接朱建荣的横传推射破门。

15 日

大连实德足球俱乐部官网宣布，曾带领韩国国奥队参加北京奥运会的“韩国青训教父”朴成华正式出任球队新任主教练。朴成华也成为大连足球史上第一位来自韩国的主教练。

16 日

曾担任过南斯拉夫贝尔格莱德游击队和保加利亚索菲亚中央陆军队主教练的塞尔维亚人耶西奇正式出任长沙金德队主教练，前金德队主教练郝伟改任中方教练组组长。

2010 年南非世界杯 H 组首轮，智利队 1 比 0 击败洪都拉斯队。曾在北京国安队效力的沃尔特·马丁内斯在第 77 分钟代表洪都拉斯队替补出场，成为继巴拉圭的奎瓦斯和冈波斯之后，第 3 位在离开中国顶级联赛之后征战世界杯的球员。

17 日

杭州绿城队前锋杰里·帕拉西奥斯飞往南非驰援洪都拉斯队，他将顶替受伤的莱昂身披 10 号战袍，这也是中超第三名代表自己的国家队征战 2010 年南非世界杯的外援，杭州绿城队也因此创下了中国职业球队的一项新纪录：在一届世界杯赛中贡献两名参赛外援。

19 日

正在昆明集训的中国国家队与江苏舜天队进行了一场教学赛，结果国家队以 4 比 1 获胜。郜林独中两元，张琳芃、邓卓翔也各有一球入账。

2010 年“金杯海星”中国国奥队系列挑战赛次轮比赛在长春经开体育场进行，由中国国奥队对阵长春亚泰队，最终凭借里卡多和吕建军的进球，长春亚泰队以 2 比 0 取胜。

宿茂臻率领的中国 U-19 国青队在潍坊山东鲁能足校与河南建业队进行了一场热身赛，最终河南建业队以 2 比 1 获胜。

20 日

正在昆明集训的中国国家队与深圳队进行了一场教学赛，结果凭借曲波在上、下半场的两粒入球，国家队以 2 比 0 获胜。

2009-10 赛季中国大学生五人制足球联赛总决赛在成都电子科技大学鸣金。上届冠军湖北大学队再次夺得总冠军，这是全国大学生五人制足球联赛举办 7 年来，该校连续第 5 次问鼎。

21 日

2010 年南非世界杯 G 组第 2 轮，葡萄牙队 7 比 0 完胜朝鲜队。曾在中甲延边队和中超成都谢菲联队效力过的金永俊在第 58 分钟代表朝鲜队替补出场。赛后，来自武汉的球迷张轲作为国际足联颁奖嘉宾，亲手为葡萄牙队队长 C·罗颁发了“全场最佳球员”奖杯。

22 日

2010 年南非世界杯 H 组第 2 轮，西班牙队 2 比 0 战胜洪都拉斯队。效力于中超杭州绿城队的前锋杰里·帕拉西奥斯在第 83 分钟代表洪都拉斯队替补出场，成为第一个在本届世界杯赛场亮相的现役中超球员。

23 日

2010 年"金杯海星"中国国奥队系列挑战赛第 3 轮的比赛在长沙贺龙体育场打响，由中国国奥队对阵湖南湘涛队。国奥队尽管由邱添一在第 73 分钟首开记录，但随后却被湖南湘涛队连扳两球，最终以 1 比 2 告负。

中国国青队在潍坊山东鲁能足校同山东鲁能预备队进行了一场热身赛，结果凭借金敬道和柏佳骏的进球，国青队以 2 比 1 取胜。

25 日

辽宁足球俱乐部正式对外宣布，隋岩不再担任俱乐部副总经理，取而代之的前大连实德、浙江绿城足球俱乐部总经理林乐丰。

26 日

2010 年南非世界杯 H 组第 3 轮，瑞士队与洪都拉斯队 0 比 0 握手言和。洪都拉斯队中的两名现役中超球员、效力于杭州绿城队的萨比勇和杰里·帕拉西奥斯均首发出场，其中，萨比勇打满全场，杰里·帕拉西奥斯在第 77 分钟被替换下场，而前北京国安队球员沃尔特·马丁内斯也在第 65 分钟披挂上阵。三名现役或曾经的中超外援同时亮相世界杯，这在中国足球历史上还是首次。

中国国家队在昆明新亚洲体育场与来访的塔吉克斯坦国家队

进行了一场中国之队国际友谊赛，结果中国队以 4 比 0 大胜对手。第 10 分钟，于海前场左路低传门前，闫相闯后点插上轻松推射得分；第 47 分钟，杨旭左路单刀突入禁区射门被对方门将扑出，于汉超跟上补射得手；第 61 分钟，曲波接杨旭妙传建功；第 77 分钟，于汉超小禁区左角处斜射破门梅开二度。

27 日

2010 年"金杯海星"中国国奥队系列挑战赛第 4 轮的比赛在郑州航海体育场展开角逐，由中国国奥队迎战河南建业队，最终国奥队凭借王刚在第 49 分钟的进球以 1 比 0 获胜，这也是国奥队在该次挑战赛中取得的第二场胜利。

中国国青队在潍坊与日本国青队进行了一场友谊赛，结果中国国青队依靠对方后卫在第 55 分钟的一记乌龙球，以 1 比 0 取胜。

大连实德队在金州体育场与来访的韩国庆南 FC 队进行了一场热身赛，结果大连实德队以 2 比 4 告负。

28 日

广州恒大足球俱乐部在广州恒大御景半岛酒店召开新闻发布会，正式宣布郑智和孙祥加盟广州广汽队。

29 日

深圳红钻足球俱乐部证实，原上海申花队队长成亮以租借的方式加盟深圳茅台红钻队。

高雷雷正式与美国明尼苏达群星足球俱乐部解约。

30日

广州恒大足球俱乐部在广州恒大御景半岛酒店召开新闻发布会，正式宣布24岁的巴西前锋穆里奇以350万美元的转会价格加盟广州广汽队。

七月

1日

为准备2010年亚青赛决赛阶段的比赛，中国足协公布了新一期中国国青队集训名单。

为准备2010年亚少赛决赛阶段的比赛，中国足协公布了新一期中国国少队集训名单。国少队定于2010年7月5日至31日分别在河北香河国家足球训练基地、山东鲁能足球学校和北京进行集训及比赛。

3日

2010年“金杯海星”中国国奥队系列挑战赛第5轮的比赛在大连金州体育场打响，由中国国奥队迎战大连实德队。90分钟双方0比0战平，点球决战中，在第3轮大连实德队队长张耀坤将球打偏后，国奥队门将王大雷连续扑出博科和李学鹏的点球，最终国奥队以3比2击败大连实德队，取得两连胜。

5日

2010年波罗的海杯决赛，立陶宛苏杜瓦队以点球战3比5、总比分6比8负于拉脱维亚文茨皮尔斯队，获得亚军。柳超打满全场，并在点球决战中罚进一球。

6日

澳超纽卡斯尔喷气机足球俱乐部通过官网宣布，前天津泰达队前锋张烁正式加盟球队。

长春亚泰足球俱乐部董事长刘玉明携亚泰一线队教练组及全体队员来到吉林省孤儿学校，看望这里的师生，并向他们捐赠了价值数万元的学习、文体用品。

7日

2010年“金杯海星”中国国奥队系列挑战赛第6轮的比赛在青岛天泰体育场进行，由中国国奥队对阵青岛中能队，最终国奥队以2比3负于对手，以3胜3负的成绩结束了世界杯期间的6场比赛。

8日

南昌八一衡源足球俱乐部到南昌市工商行政管理局办理了更名手续，正式更名为南昌衡源足球俱乐部。

9日

中国国奥队球员蒋哲正式从中乙大连毅腾队永久转会至中超长春亚泰队。

10日

前杭州绿城队球员程谋义正式转会至塞尔维亚超级联赛球队斯巴达苏波迪查队。

中国球员董方卓效力的波兰华沙莱吉亚队和波兰乙级球队扎布基多尔坎队进行了一场热身赛，结果华沙莱吉亚队以2比3失利。董方卓打满全场,并在第 6 分钟为球队先拔头筹。

陕西宝荣浐灞足球俱乐部正式与原河南建业队塞尔维亚后卫米洛斯·巴哈利卡签订了为期一年半的工作合同。

11 日

原长春亚泰队后腰闫峰正式转会至大连实德队。

13 日

北京国安足球俱乐部正式与刚刚参加了南非世界杯的洪都拉斯国脚沃尔特·马丁内斯签订了为期一年半的工作合同。

14 日

国际足联公布了最新一期的世界男足国家队排名。中国队排名上升 6 位,升至第 78 位,这也是自 2008 年 3 月以来国足的最好排名;在亚洲榜单上,中国队也提升一位,位列第 7 位。

中国女足前锋韩端在大连开发区红梅小学召开新闻发布会,正式宣布“红梅小学韩端足球俱乐部”成立。这是中国足球历史上第一个扎根校园的女足俱乐部。

2010 赛季中超联赛在经过一个多月的间歇期后展开第 12 轮的争夺,位居榜首的上海申花队客场 1 比 2 被陕西中建地产浐灞队逆转,放缓了前进步伐;身后的山东鲁能队客场 3 比 1 战胜青岛中能队,将与上海申花队的分差缩小至 3 分。

2010 年韩国联赛杯 1/4 决赛,水原三星队客场挑战釜山偶像队,经过 120 分钟的激战,双方 3 比 3 未分胜负,最终在点球决战中，水原三星队以 6 比 5 斩落对手，晋级四强。李玮锋打满全场。

15 日

深圳红钻足球俱乐部宣布，刚刚以主力身份参加了南非世界杯的新西兰国脚伊万·维切里奇正式转会至深圳茅台红钻队。

陕西宝荣浐灞足球俱乐部正式与克罗地亚中锋伊万·布莱切维奇签约 3 年。

16 日

2010-11 赛季欧罗巴联赛资格赛第 2 轮首回合，立陶宛苏杜瓦队主场 0 比 2 不敌奥地利维也纳快速队。柳超首发出场，在第 88 分钟被替换下场，他也成为第一名征战欧罗巴联赛的中国球员。

2010-11 赛季欧罗巴联赛资格赛第 2 轮首回合，比利时色格拉布鲁日队主场 0 比 1 负于芬兰 TPS 队。汪洋在第 73 分钟替补出场，这也是他首次征战欧罗巴联赛。

中甲北京八喜足球俱乐部在朝阳体育中心召开新闻发布会，正式宣布前北京国安队球员高雷雷、前河南建业队球员刘翔、曾在埃弗顿青年队留洋的靳辉以及美国后卫克罗斯、黑山后卫耶克尼奇加盟球队。

原陕西队美国前锋莱奥正式加盟湖北东方国旅队。

2008 年"中超先生"、洪都拉斯前锋埃米尔·马丁内斯正式加盟杭州绿城队。

17日

2010赛季中甲联赛第11轮,湖北东方国旅队主场1比1战平广州广汽队。在二次转会期间加盟广州广汽队的郑智打满全场。

前国脚张玉宁正式出任中乙辽宁朝阳东北虎足球俱乐部副总经理。

18日

2010赛季韩国K联赛第13轮,水原三星队客场3比1战胜大邱FC队。李玮锋打满全场。

2010赛季中超联赛第13轮,大连实德队主场3比0横扫北京国安队,韩国籍主教练朴成华迎来了上任之后的首场胜利。

19日

重庆力帆足球俱乐部正式宣布,球队主教练李树斌因成绩不佳下课,以魏新为首的教练组暂时接管球队。

亚足联主席哈曼率领"亚洲展望"推广计划官员抵达北京,开始为期三天的访问。

大连实德足球俱乐部正式与巴西后腰马西奥·塞纳签约。

2009赛季中甲联赛最佳射手哥伦比亚前锋马丁正式加盟上海东亚队。

20日

成都谢菲联足球俱乐部在成都谢菲联足球公园会议室举行媒

体见面会，公布了俱乐部管理层的变动：来自英国谢菲联足球俱乐部的大卫·麦卡锡出任成都谢菲联足球俱乐部的 CEO（首席执行官），负责协调运作俱乐部球场内外的各项工作；王晓华出任俱乐部的 COO（首席运营官），主管俱乐部的日常事务。

21 日

2010 赛季中甲联赛第 12 轮，主场移师佛山世纪莲体育场的广州广汽队 10 比 0 狂胜南京有有队，创造了中国男足职业联赛单场净胜球的最高纪录。巴西新援穆里奇一人独中四元，郜林梅开二度，比奇、冯俊彦、石鸿俊和下半场替补登场的郑智也各有一球入账。

中国残疾人福利基金会慈善足球赛在国家体育场（鸟巢）展开争夺，北京国安队迎战英超劲旅伯明翰队。经过 90 分钟的激战，伯明翰队以 1 比 0 取胜。

2010 赛季韩国足协杯 1/8 决赛，水原三星队主场 4 比 1 大胜水原城市队，顺利挺进 8 强。李玮锋打满全场。

22 日

韩国江源 FC 足球俱乐部正式宣布，24 岁的中国球员李春郁加盟球队。李春郁也成为继李玮锋、冯潇霆、万厚良和阎嵩之后，第 5 位效力韩国 K 联赛的中国球员。

国际足球历史与统计协会（IFFHS）公布了最新世界联赛排名，中超联赛排名第 74 位。

2010-11 赛季欧罗巴联赛资格赛第 2 轮次回合，塞尔维亚斯巴达苏波迪查队主场2比0战胜卢森堡迪费丹吉队，以总比分5比3晋级。程谋义在第85分钟替补出场，成为继柳超和汪洋之后，又一位在欧罗巴联赛亮相的中国球员。

23日

2010-11赛季欧罗巴联赛资格赛第2轮次回合，立陶宛苏杜瓦队客场2比4不敌奥地利维也纳快速队，以两回合2比6的总比分被淘汰出局。柳超在第66分钟替补出场。

24日

深圳红钻足球俱乐部正式与在南非世界杯上身披新西兰队10号球衣的前锋基伦签订了一份为期两年半的工作合同。基伦也成为继维切里奇之后，第2位在世界杯后加盟深足的新西兰国脚。

2010赛季中超联赛第14轮，山东鲁能队主场4比1大胜长沙金德队。主队前锋韩鹏在下半场5分钟内连进三球，创造了中国足球职业联赛历史上用时最短的帽子戏法纪录。

辽宁宏运队在沈阳奥体中心与英超伯明翰队进行了一场慈善义赛，最终伯明翰队以2比0获胜，取得了中国之行的两连胜。

法国乙级联赛球会梅斯官方宣布了征战新赛季联赛的一线队27人球员名单，20岁的中国球员弋腾名列其中。

25日

2010赛季韩国K联赛第14轮，水原三星队客场1比1战平2009赛季亚冠联赛冠军浦项制铁队。李玮锋打满全场。

26 日

中国足协公布了新一期中国 U-19 女足国青队大名单。

保加利亚国家队前锋马丁·卡巴罗夫正式加盟大连实德队。

原湖北康天队中锋杨昌鹏正式转会至成都建工地产队。

27 日

2010 年北爱尔兰牛奶杯国际青年足球邀请赛开战,宿茂臻执教的中国国青队首战 0 比 1 不敌美国队,未能在小组中占得先机。

中国足协针对 2010 年中超联赛第 14 轮青岛赛区出现球迷跳入场内袭击主裁判事件开出罚单:一、对青岛赛区予以警告;二、对青岛赛区罚款人民币 50000 元。

天津泰达足球俱乐部正式与阿根廷前锋卢西亚诺签约,并以租借的形式引进了上海申花队的国脚陈涛。

28 日

2010 赛季中超联赛第 15 轮,山东鲁能队客场 2 比 1 战胜上海申花队,豪取联赛半程冠军。

2010 年韩国联赛杯半决赛,水原三星队客场 2 比 4 不敌首尔 FC 队,无缘决赛。李玮锋打满全场。

成都谢菲联足球俱乐部与深圳红钻足球俱乐部达成一致,巴西中锋堤亚戈以租借的形式加盟成都建工地产队。

29 日

2010 年北爱尔兰牛奶杯国际青年足球邀请赛小组赛第 2 轮，中国国青队 0 比 5 负于东道主北爱尔兰队。

30 日

2010-11 赛季欧罗巴联赛资格赛第 3 轮首回合，塞尔维亚斯巴达苏波迪查队主场 2 比 1 力克乌克兰德尼普罗队。程谋义首发出场，在中场休息时被替换下场。

31 日

2010 年北爱尔兰牛奶杯国际青年足球邀请赛五六名争夺战，中国国青队 0 比 3 负于日本队，最终在该次赛事中排名垫底。

2010 赛季韩国 K 联赛第 15 轮，水原三星队主场 2 比 0 轻取光州尚武队。李玮锋打满全场。

2010 年德国电信杯半决赛，沙尔克 04 队在盖尔森基兴的维尔廷斯体育场 2 比 1 击败汉堡队，挺入决赛。蒿俊闵首发出场，在中场休息时被替换下场。

八月

2 日

2010 年德国电信杯决赛，沙尔克 04 队在盖尔森基兴的维尔廷斯体育场 3 比 1 战胜拜仁慕尼黑队，夺得冠军。蒿俊闵首发打了 48 分钟，这也是他获得的首个海外冠军。

为备战 2011 年亚洲杯决赛阶段的比赛，中国足协公布了新一期中国国家队 24 人集训名单，海归球员仅蒿俊闵一人入选。国家队定于 2010 年 8 月 8 日至 12 日在广西南宁进行集训并与巴林国家队进行一场热身赛。

3 日

为备战 2010 年中日韩三国青少年运动会，中国足协公布了新一期中国国少队 25 人集训名单。国少队定于 2010 年 8 月 9 日至 22 日进行集训、比赛。

国际足球历史与统计协会（IFFHS）公布了新一期世界俱乐部排行榜（前 350 名），北京国安成为惟一上榜的中超俱乐部，排名第 323 位。

中国足协针对 2010 年中超联赛第 16 轮陕西中建地产队主教练科萨诺维奇在比赛中冲出指挥区域指责裁判员，被裁判员罚令出场一事开出罚单：禁止科萨诺维奇进入 2010 年中超联赛替补席 3 场，罚款人民币 20000 元。同时，大连赛区因出现比赛中观众向场内投掷矿泉水瓶等杂物，赛后大连队球迷围堵陕西队球迷大巴车并损坏车辆事件，也被中国足协处以警告和罚款人民币 20000 元的处罚。

中国足协针对 2010 年中超联赛第 16 轮长沙金德队领队金辉在赛后指责、辱骂裁判员，并在裁判组离开休息室时，用矿泉水瓶掷击裁判员一事开出罚单：禁止金辉进入 2010 年中超联赛替补席 10 场，罚款人民币 50000 元。

中国足协针对 2010 年中超联赛第 16 轮南昌赛区出现观众向场内投掷矿泉水瓶等杂物，使比赛多次中断，赛后南昌球迷围堵相关车辆事件开出罚单：一、对南昌赛区予以警告；二、对南昌赛区罚款人民币20000元。

中国足协针对2010年中甲联赛第14轮沈阳东进队主教练于明、球员冯绍顺在比赛中指责、谩骂裁判员，被裁判员分别罚令出场和球员周骞在赛后冲至裁判休息室前被安保人员制服，造成恶劣的社会影响事件开出罚单：一、禁止于明进入2010年中甲联赛替补席3场，罚款人民币20000元；二、停止冯绍顺2010年中甲联赛比赛3场，罚款人民币15000元；三、停止周骞参加中国足协主办的比赛12个月(2010年8月3日至2011年8月2日止)，罚款人民币20000元。

4日

波兰华沙莱吉亚足球俱乐部官网宣布，中国前锋董方卓离队。

5日

21岁的中国前锋张呈栋正式以租借的形式与葡超雷利亚队签约1年。

7日

中国足协召开新闻发布会，正式宣布前男足国家队中场球员李霄鹏出任中国女足代理主教练。

韩国K联赛第16轮，水原三星队客场3比2战胜仁川联队。李玮锋打满全场，不过他在第69分钟因为禁区内犯规，吃到一张黄牌并造成客队被判罚点球而失分。

韩国K联赛第16轮，江源FC队主场2比2战平蔚山现代队。李春郁打满全场,完成了自己在 K 联赛的首秀。

2010 年“潍坊杯”国际青年足球邀请赛首轮在山东鲁能足校进行,中国国青队凭借张稀哲、毕津浩、金敬道和陈浩的进球,以 4 比 1 大胜澳大利亚帕斯光荣队,取得开门红。在先前进行的一场比赛中,山东鲁能青年队 0 比 2 负于天津泰达青年队。

8 日

2010 年“潍坊杯”国际青年足球邀请赛 B 组第 2 轮,天津泰达青年队在山东鲁能足校 1 比 1 战平波兰鲁宾队,提前获得小组出线权。

2010 年“潍坊杯”国际青年足球邀请赛 A 组第 2 轮,中国国青队在潍坊市奥体中心体育场 0 比 0 战平阿联酋国青队,提前从小组出线。

在北京奥运会开幕两周年之际,西甲豪门巴塞罗那队与北京国安队在北京国家体育场“鸟巢”进行了一场商业比赛,结果巴塞罗那队以 3 比 0 获胜。塞尔吉·罗伯托和诺里托分别在第 10 分钟和第 13 分钟各入一球,梅西则在上半场两次射中门柱,伊布拉希莫维奇在第 89 分钟锦上添花。

9 日

亚足联官网宣布,正式任命中国足协副主席薛立为亚足联竞赛委员会委员。

10 日

2010 年“潍坊杯”国际青年足球邀请赛 A 组最后一轮,中国国青队迎战韩国高中联队。中国队在第 60 分钟由张稀哲打破僵局，不过由于韩国队在随后的比赛中对连续吃到两张红牌感到不满，选择了罢赛的方式进行抗议，比赛只能提前结束，最终组委会判中国队 3 比 0 取胜。这样中国国青队就凭借 3 战 2 胜 1 平积 7 分的战绩，以小组第一的身份挺进四强。

2010 年“潍坊杯”国际青年足球邀请赛 B 组最后一轮，山东鲁能青年队 1 比 2 负于波兰鲁宾队，无缘四强。

中国足协针对 2010 年中超联赛第 17 轮南昌衡源队主教练朱炯在比赛中指责裁判员，被裁判员罚令出场一事开出罚单：禁止朱炯进入 2010 年中超联赛替补席 3 场，罚款人民币 20000 元。另外，正在“禁期”内的沈阳东进队主教练于明由于在 2010 年中甲联赛第 15 轮冲进场内干扰比赛秩序，也被中国足协处以追加 2 场禁赛并罚款人民币 10000 元的处罚。

11 日

国际足联公布了最新一期的世界男足国家队排名。中国队排名继续小幅上升，由第 78 位升至第 77 位，在亚洲榜单上仍然位列第 7 位。

2010 年“潍坊杯”国际青年足球邀请赛半决赛在山东鲁能足校展开争夺，中国国青队 2 比 0 战胜波兰鲁宾队，晋级决赛。第 31 分钟，队长金敬道罚失点球。第 41 分钟，中国队再次获得点球良机，杨一虎操刀命中球门右下角。第 79 分钟，张稀哲接金敬道的传球大力抽射锁定胜局。在另一场比赛中，天津泰达青年队在点球大战中 5 比 3 击败阿联酋国青队，这样他们与中国国青队会师决赛。

中国国家队在新落成的广西体育中心体育场与来访的巴林国家队进行了一场热身赛，最终双方以1比1握手言和。第9分钟，蒿俊闵在禁区外右侧送出妙传，于海在小禁区左角处无人防守的情况下冲顶破门。第16分钟，巴林队穆罕默德·拉希德在禁区右侧倒地滑铲到门前，伊斯梅尔·哈桑在门前7米处倒地扫射，皮球打在何杨的身上折射入网。

13日

2010年"潍坊杯"国际青年足球邀请赛决赛在山东鲁能足校打响，中国国青队3比1战胜天津泰达青年队，夺得冠军。第2分钟，张稀哲任意球直接破门。第36分钟，杨一虎接金敬道妙传反越位单刀得分。半场结束前，天津队韩财点球建功扳回一分。第79分钟，谭天澄禁区内强行转身劲射破门锁定胜局。

国际足联公布了最新一期的世界女足国家队排名。中国队排名第14位，位列亚洲第4位。前中国女足助理教练皮娅率领的美国队依然占据榜首。

14日

2010赛季韩国K联赛第17轮，水原三星队客场3比2战胜蔚山现代队。李玮锋打满全场。

2010赛季韩国K联赛第17轮，江源FC队客场2比1击败大田市民队。李春郁打满全场，并在第35分钟利用任意球助攻队友得分。

16日

2010-11赛季葡萄牙足球超级联赛首轮，雷利亚队客场0比0

战平升班马贝拉马尔队。效力于客队的中国球员张呈栋在第81分钟获得出场机会,他也成为历史上第一位在葡超联赛亮相的中国球员。

17日

2010-11赛季德国杯首轮,沙尔克04队客场2比1战胜阿伦队,顺利晋级下一轮。蒿俊闵打满全场,他在上半场出任左前卫,下半场则担任右后卫。

18日

2010赛季韩国足协杯1/4决赛,李玮锋效力的水原三星队主场2比0战胜冯潇霆所在的全北现代队,挺进4强。李玮锋和冯潇霆都打满全场。

19日

葡超升班马波蒂莫嫩塞足球俱乐部在官方网站上宣布,中国球员董方卓正式加盟球队。

21日

2010赛季韩国K联赛第18轮,水原三星队主场2比1战胜大邱FC队。李玮锋打满全场。

2010赛季韩国K联赛第18轮,江源FC队客场1比2负于首尔FC队。李春郁打满全场。

22日

2010-11赛季德甲联赛首轮,沙尔克04队客场1比2负于汉堡队。蒿俊闵作为左后卫打满全场。

2010-11 赛季德乙联赛首轮，科特布斯队主场 2 比 0 力克杜塞尔多夫队，取得开门红。邵佳一在第 77 分钟替补出场。

2010 赛季韩国 K 联赛第 18 轮，全北现代队主场 3 比 2 击败大田市民队。冯潇霆打满全场。

23 日

在英格兰赫特福德举行的 2010 年盲人足球世界杯进入最后一个比赛日的争夺，中国盲人足球队在三四名决赛中依靠王周彬在上半场的进球，以 1 比 0 战胜东道主英格兰队，勇夺季军。

25 日

为备战 2011 年亚洲杯决赛阶段比赛，中国足协公布了新一期中国国家队 26 人集训名单。国家队定于 2010 年 8 月 29 日至 9 月 8 日在河南郑州、江苏南京进行集训，并分别与来访的伊朗国家队、巴拉圭国家队进行热身赛。

为备战广州亚运会和伦敦奥运会亚洲区预选赛，中国足协公布了新一期中国国奥队 25 人集训名单。

为备战 2010 年亚青赛决赛阶段比赛，中国足协公布了新一期中国国青队 28 人集训名单。

2010 年韩国联赛杯决赛，全北现代队主场 0 比 3 不敌首尔 FC 队，屈居亚军。冯潇霆打满全场。

28 日

2010 赛季韩国 K 联赛第 19 轮，水原三星队主场 4 比 2 力克首尔FC队。李玮锋打满全场并奉献一次助攻。

2010赛季韩国K联赛第19轮,江源FC队主场1比0战胜大邱FC队。李春郁打满全场。

2010-11赛季德甲联赛第2轮,沙尔克04队主场1比2负于汉诺威96队。蒿俊闵在第61分钟替补登场,出任右后卫。

29日

2010赛季中超联赛第21轮,上海申花队主场1比1战平大连实德队。于涛迎来了自己代表上海申花队的第200场中国职业联赛。

前国脚李伟正式出任中国女足守门员教练,这也是这名前厦门队门将第一次进入国字号球队教练组。

30日

2010-11赛季葡超联赛第3轮,雷利亚队客场0比1负于欧汉尼斯队。张呈栋首发出场并打满全场,这也是第一位在葡超联赛中首发的中国球员。

2010年全国女足超级联赛决赛阶段赛事在内蒙古呼和浩特落下帷幕,在最后的决赛中,上海上视队3比1力克大连实德队,时隔3年后重新捧起女超联赛冠军奖杯。上海上视队队长高燕被评为2010年女超联赛最佳球员。

为准备2010年亚少赛决赛阶段比赛,中国足协公布了新一期中国国少队集训名单。

九月

1日

2010赛季韩国K联赛第24轮提前上演一场强强对话，水原三星队客场0比0战平城南一和队。李玮锋打满全场。

2日

国际足球历史与统计协会(IFFHS)公布了新一期世界俱乐部排行榜(前350名)，北京国安成为惟一上榜的中超俱乐部，排名第306位。

中国足协针对2010年中甲联赛第18轮广州广汽队球员郑智和成都建工地产队外援布兰登在比赛中发生暴力行为一事开出罚单：停止郑智、布兰登2010年中甲联赛比赛各4场，并各罚款人民币20000元。

3日

中国国家队在郑州航海体育场与来访的伊朗国家队进行了一场热身赛，结果中国队以0比2失利。

中甲北京八喜足球俱乐部宣布，董事长王涛接替徐晖出任球队主教练。

4日

中国国青队前锋文烁正式与葡乙马弗拉竞技足球俱乐部签约。

2012年欧锦赛预选赛D组首轮，白俄罗斯队客场1比0力克法国队。效力于中超深圳红钻队的赫莱布在第86分钟助攻基斯利亚克攻入全场惟一进球。

2010年“金杯海星”中国国奥队系列挑战赛第7轮的比赛在济南进行，中国国奥队在山东省体育中心挑战山东鲁能队，最终山东鲁能队以2比1获胜。第35分钟和第60分钟，李金羽和刘钊分别为山东鲁能队建功。第48分钟，惠家康为国奥队攻进一球。

2010赛季韩国K联赛第20轮，李玮锋效力的水原三星队客场2比1战胜李春郁所在的江源FC队。李玮锋和李春郁都打满全场。

5日

2010-11赛季澳大利亚足球超级联赛第4轮，中国球员张烁效力的纽卡斯尔喷气机队主场0比0战平布里斯班怒吼队。张烁在第67分钟替补出场，成为继曲圣卿、张晓彬、李彦、高雷雷、张玉宁、姜晨之后，第7位在澳超联赛亮相的中国球员。

6日

为备战2010年广州亚运会，中国足协公布了新一期女足国家队28人集训名单。

7日

中国国家队在南京市奥体中心体育场与来访的巴拉圭国家队进行了一场热身赛，最终双方以1比1握手言和。第7分钟，圣克鲁斯接左路传中头球攻门击中横梁弹出，巴里奥斯近距离头球补射得分；第33分钟，邓卓翔直塞巴拉圭队禁区左侧，冯仁亮前插至底线前精巧传中，皮球越过门将比利亚尔头顶，郜林门前2码处头球冲顶得手。

中国足协针对2010年中甲联赛第19轮成都建工地产队主场与沈阳东进队赛后在成都市双流体育中心外发生球迷砸坏客队车辆，并导致沈阳东进队队员冯绍顺眼部受伤一事开出罚单：一、禁止成都建工地产队2010年中甲联赛在成都市双流体育中心比赛；二、罚款成都赛区人民币70000元。

8日

2010年"金杯海星"中国国奥队系列挑战赛第8轮的比赛在北京石景山体育场进行，由中国国奥队迎战北京国安队，最终国奥队凭借北京国安队后卫吴昊在第66分钟的乌龙球以1比0获胜。

9日

2010年日本仙台杯首轮在仙台体育场打响，中国国青队1比4负于巴西国青队。杜文翔在第92分钟为中国国青队打入安慰性进球。

10日

2010年全国U-17足球联赛决赛在山东鲁能足校进行，山东鲁能足校队通过点球决战以4比2战胜新疆队，获得冠军。

11日

法乙梅斯足球俱乐部正式同中国后卫弋腾签订了1年的职业合同，弋腾也成为继李金羽之后第2位登陆法国联赛的中国球员。

2010年日本仙台杯第2轮，中国国青队1比2负于法国国青队。金敬道在第81分钟为中国队攻进一球。

2010-11赛季澳超联赛第5轮，纽卡斯尔喷气机队客场1比2不敌阿德莱德队。张烁首发出场，在第57分钟被替换下场。

2010赛季韩国K联赛第21轮，水原三星队主场0比3负于济州联队。李玮锋打满全场。

12日

公安部证实，前足管中心主任谢亚龙、前国家队领队蔚少辉和前裁判委员会主任李冬生被正式立案侦查。

2010年日本仙台杯第3轮，中国国青队0比4负于日本国青队，以3战皆负的战绩结束了该次比赛。

14日

2010-11赛季德乙联赛第3轮，科特布斯队主场5比5战平卡尔斯鲁厄队。邵佳一在第62分钟替补出场，贡献了一粒进球和一次助攻。赛后，邵佳一入选了德国《踢球者》杂志评选的当轮德乙最佳阵容。

15日

国际足联公布了最新一期的世界男足国家队排名。中国队排名第82位，依然位列亚洲第7位。

2010赛季亚冠联赛1/4决赛首回合，韩国全北现代队主场0比2负于沙特阿尔沙巴布队。冯潇霆打满全场。

2010赛季亚冠联赛1/4决赛首回合，水原三星队客场1比4不敌同为韩国球队的城南一和队。李玮锋打满全场。

16日

塞尔维亚足协宣布，前中国国家队执行主教练福拉多接替安蒂奇出任塞尔维亚国家队主教练。

17日

2010-11 赛季澳超联赛第 7 轮，纽卡斯尔喷气机队主场 2 比 0 完胜帕斯光荣队。张烁首发出场，在第 78 分钟被替换下场。

18日

2010-11 赛季德乙联赛第 4 轮，科特布斯队客场 3 比 2 逆转战胜亚琛队。在 1 比 2 落后的情况下，第 53 分钟替补出场的邵佳一在 3 分钟内用一次助攻和一记直接任意球破门，直接导演了客队的逆转胜利。赛后，邵佳一摘得全场最佳球员称号，并连续第 2 轮入选德国《踢球者》杂志评选的德乙最佳阵容。

2010 赛季立陶宛足球甲级联赛第 23 轮，苏杜瓦队客场 4 比 1 轻取竞技队。柳超首发出场，并在第 39 分钟为客队首开记录。

2010 赛季韩国 K 联赛第 22 轮，江源 FC 队客场 1 比 1 战平釜山偶像队。李春郁首发出场，并在第 63 分钟主罚任意球助攻队友扳平比分。

2010 赛季韩国 K 联赛第 22 轮，水原三星队主场 0 比 2 负于庆南 FC 队。李玮锋打满全场。

19日

2010-11 赛季葡超联赛第 5 轮，雷利亚队客场 0 比 1 不敌吉马良斯队。张呈栋在第 75 分钟替补登场。

“助力国足,新跃飞扬”——新飞电器中国之队指定赞助商新闻发布会在北京万豪酒店隆重举行,继赞助中超联赛之后,新飞电器再度携手中国足协助力中国之队,从而成为国内第一家同时赞助国内两大顶级足球赛事的企业。国家体育总局足球运动管理中心主任韦迪,丰隆亚洲总裁、新飞电器董事长张冬贵,足球运动管理中心副主任于洪臣、薛立、林晓华,新飞电器有限公司营运副总裁王建华以及足球运动管理中心国家队管理部部长曹景伟,中国国家队主教练高洪波,中国女足代理主教练李霄鹏,中国国奥队代理主教练孙卫等出席了发布会。

前中国女足主教练马良行正式出任上海市足球运动管理中心副主任。

20日

国家体育总局足球运动管理中心在北京举行了2012年奥运会、2014年世界杯备战工作会议。

2010年东南亚U-16足球锦标赛在印尼打响,中国国少队首战0比1负于越南国少队。

21日

北京国安足球俱乐部正式宣布,由魏克兴担任球队教练组组长,并重新组建教练组。原领队吕军,教练组成员洪元硕、赵旭东、李立新不再担任领队和教练职务。

2010-11赛季德乙联赛第5轮,科特布斯队主场2比0击败菲尔特队。邵佳一在第69分钟替补出场。

22 日

2010 年东南亚 U-16 足球锦标赛第 2 轮，中国国少队对阵曾在亚少赛预选赛交手的东帝汶国少队，结果凭借梁雨的进球，中国国少队以 1 比 0 获胜。

2010 赛季亚冠联赛 1/4 决赛次回合，水原三星队主场 2 比 0 战胜城南一和队，但仍以总比分 3 比 4 负于对手，无缘四强。李玮锋司职右后卫打满全场。

2010-11 赛季澳超联赛第 7 轮，纽卡斯尔喷气机队客场 0 比 1 不敌黄金海岸队。张烁首发出场，在第 82 分钟被替换下场。

23 日

2010 赛季亚冠联赛 1/4 决赛次回合，韩国全北现代队客场 1 比 0 战胜沙特阿尔沙巴布队，但仍以总比分 1 比 2 负于对手，无缘四强。冯潇霆打满全场。

中国国青队在山东泰安与来访的巴林国青队进行了一场热身赛，最终中国国青队凭借张稀哲的梅开二度和刘彬彬的锦上添花以 3 比 0 获胜。

24 日

国家体育总局副局长蔡振华证实，他已接受总局安排分管足球工作。

2010 年东南亚 U-16 足球锦标赛第 3 轮，中国国少队迎战东道主印尼国少队，结果凭借梁雨、陈硕和沈田锋的进球，中国国少队以 3 比 1 完胜对手，3 战过后积 6 分，获得了参加决赛的机会。

25日

2010-11赛季德乙联赛第6轮，科特布斯队主场0比1小负柏林赫塔队。邵佳一首发出场，但在第30分钟他在没有与对方球员发生身体接触的情况下旧伤复发，被迫提前离场。

为备战2011年亚洲杯决赛阶段比赛，中国足协公布了新一期中国国家队25人集训名单，长沙金德队的张成林和辽宁宏运队的陈星首次入选，蒿俊闵和冯潇霆则作为海外球员跻身名单。

中国国青队在山东省体育中心迎来了亚青赛前的最后一场热身赛，对手是阿联酋国青队，最终中国国青队以0比1败北。

2010赛季中甲联赛第23轮，广州广汽队客场3比2击败广东日之泉队，成都建工地产队主场3比1力擒北京八喜队。广州广汽队和成都建工地产队携手提前三轮冲超成功。

2010-11赛季澳超联赛第8轮，纽卡斯尔喷气机队主场0比0战平墨尔本胜利队。张烁首发出场，在第70分钟被替换下场。

26日

2010-11赛季葡萄牙足球超级联赛第6轮，中国球员董方卓效力的波蒂莫嫩塞队主场1比0战胜贝拉马尔队。董方卓在下半场被替换上场，打满下半场比赛，完成了自己在葡超联赛的首秀，同时他也成为继张呈栋之后第2位在葡超赛场亮相的中国球员。

2010-11赛季葡萄牙足球超级联赛第6轮，雷利亚队主场1比0击败里奥阿维队。张呈栋在第75分钟替补出场。

2010 年东南亚 U-16 足球锦标赛决赛，中国国少队 0 比 1 不敌越南国少队，屈居亚军。这也是中国国少队在一周之内第二次负于对手。

延边州体育局、延边足球俱乐部与韩国认证农产品生产者协会达成赞助协议，该协会将赞助延边足球俱乐部 10 亿韩币（约合 560 万人民币）。

中国足协针对 2010 年中超联赛第 22 轮深圳红钻队主场与青岛中能队比赛结束后出现部分观众围堵客队车辆，致使客队车辆玻璃被砸碎一事开出罚单：一、对深圳赛区予以警告；二、对深圳赛区罚款人民币 20000 元。

27 日

中国女足在多伦多阿里斯顿训练基地与东道主加拿大队进行了一场教学赛，最终双方以 1 比 1 握手言和。徐雯佳在第 58 分钟为中国女足攻入一球。

为备战广州亚运会和伦敦奥运会亚洲区预选赛，中国足协公布了新一期中国国奥队 26 人集训名单。

德乙科特布斯足球俱乐部官方网站宣布，邵佳一将赶赴慕尼黑接受右膝半月板手术，并将因此缺阵数周比赛。

28 日

中国足协针对 2010 年中超联赛第 24 轮上海申花队外援恩朗在比赛中用肘部侵犯北京国安队球员周挺一事开出罚单：一、停止恩朗 2010 年中超联赛比赛 4 场；二、罚款人民币 20000 元。

29日

2010赛季韩国足协杯半决赛，水原三星队主场通过点球决战4比2战胜济州联队，昂首挺进决赛。李玮锋打满全场。

十月

1日

在北美拉练的中国女足于多伦多市的蒙特利尔银行球场，与东道主加拿大女足进行了一场国际A级友谊赛，最终中国女足以1比3落败。张娜在第42分钟距离球门近40米大力抽射为中国队攻入一球。

2010年"金杯海星"中国国奥队系列挑战赛第9轮的比赛在重庆市奥体中心体育场进行，由重庆力帆队主场迎战中国国奥队，最终国奥队凭借周燎、吕文君和郑铮的进球以3比1逆转获胜。

2日

2010-11赛季葡超联赛第7轮，雷利亚队主场2比1逆转战胜科英布拉大学队。张呈栋在第74分钟替补登场，并在第88分钟头球破门完成绝杀，这也是中国球员在葡超赛场上的首个进球。

2010赛季韩国K联赛第24轮，全北现代队主场0比0战平光州尚武队。冯潇霆打满全场。

3日

中国女足在佐治亚州肯尼索KSU球场与东道主美国队进行了一场热身赛，结果中国队以1比2告负。屈珊珊在第35分钟打进了中国队惟一进球。

2010 年亚洲 U-19 青年足球锦标赛在山东省淄博市体育中心体育场拉开战幕，在揭幕战暨 A 组首场比赛中，东道主中国队 3 比 1 力克沙特队，取得开门红。开场仅 2 分钟，谭天澄单刀赴会推射远角得分；第 8 分钟，马拉世・默哈默德凭借个人能力将比分扳平；第 13 分钟，武磊接到谭天澄的妙传再次将比分超出；第 64 分钟，张稀哲角球助攻武磊梅开二度。

2010-11 赛季葡超联赛第 7 轮，波蒂莫嫩塞队客场 1 比 3 不敌国民队。董方卓在第 77 分钟替补出场。

5 日

2010 年亚洲 U-19 青年足球锦标赛 A 组第 2 轮在山东省淄博市体育中心体育场进行，东道主中国队 2 比 0 战胜叙利亚队，从而提前锁定小组头名，成为第一支晋级 8 强的球队。第 4 分钟，张稀哲左路角球传中，金敬道前点头球后蹭将皮球送入网窝；第 94 分钟，李智朗禁区左侧捅射被叙利亚队门将封出，金敬道补射空门锁定胜局。

原中国足协副主席谢亚龙、原中国足协裁判委员会主任李冬生、原国家足球队领队蔚少辉因涉嫌操纵足球比赛收受贿赂犯罪，经检察机关批准，被依法执行逮捕。

6 日

国际足球历史与统计协会(IFFHS)公布了新一期世界俱乐部排名榜单(前 350 名)，北京国安成为惟一上榜的中超俱乐部，排名第 330 位。

2010 年“金杯海星”中国国奥队系列挑战赛第 10 轮的比赛在

南昌市八一体育场进行，由南昌衡源队主场迎战中国国奥队。经过90分钟的激战，双方以1比1战平，最终通过互射点球，国奥队以5比4获胜。

7日

中国女足在美国切斯特与美国队进行了第二场热身赛。第36分钟，周高萍左路突破后下底传中，中路包抄的马君在点球点附近凌空垫射为中国队首开记录；美国队在第82分钟将比分扳平。最终双方以1比1握手言和。

2010年亚洲U-19青年足球锦标赛A组第3轮的两场比赛同时进行，在山东省淄博市体育中心体育场，以替补队员出战的东道主中国队1比1战平泰国队。第35分钟，郑凯木禁区内解围失误，泰国队帕塔纳轻松推射得分；第76分钟，朱建荣接替补出场的武磊传球头球扳平比分。

2010年广州亚运会足球项目的分组抽签仪式在广州花园酒店举行。中国国奥队与日本队、马来西亚队、吉尔吉斯斯坦队同处A组；中国女足则与韩国队、越南队、约旦队同处A组。

8日

中国国家队在昆明市拓东体育场与来访的叙利亚国家队进行了一场热身赛，结果中国队以2比1奏凯。第39分钟，赵鹏在角球混战中捡漏得手；第50分钟，张琳芃点球一蹴而就扩大比分；第60分钟，叙利亚队任意球射门造成杨智扑球脱手，阿尔胡赛因门前铲射扳回一分。

9日

2010赛季韩国K联赛第25轮,水原三星队主场1比0战胜全南天龙队。李玮锋打满全场,并在第19分钟攻入全场比赛惟一进球,从而延续了自己参加K联赛以来每年必进球的纪录,赛后他被韩国K联赛官网评为本场比赛的最佳球员。

2010赛季韩国K联赛第25轮,江源FC队主场1比4不敌济州联队。李春郁首发出场,在第60分钟被替换下场。

新西兰国家队与洪都拉斯国家队在新西兰奥克兰进行了一场友谊赛,最终双方以1比1握手言和。效力于北京国安队的沃尔特·马丁内斯在第65分钟为洪都拉斯队攻进扳平比分的一球,杭州绿城队的两名洪都拉斯外援萨比勇和埃米尔·马丁内斯同样获得了出场机会,而来自深圳红钻队的维切里奇和基伦则都代表新西兰队首发出场。

2010赛季全国职业足球俱乐部预备队联赛决赛在香河基地展开,由范学伟统帅的山东鲁能预备队凭借王永珀在第57分钟的进球,以1比0战胜北京国安预备队,登上冠军宝座。

11日

2010年亚洲U-19青年足球锦标赛进入1/4决赛的争夺,在山东省淄博市体育中心体育场,东道主中国队0比2负于朝鲜队,在无缘四强的同时也与2011年哥伦比亚世青赛擦肩而过。

韩国K联赛官网公布了2010赛季K联赛第25轮的最佳阵容,李玮锋榜上有名。

12日

中国国奥队在呼和浩特市人民体育场与来访的叙利亚国家队进行了一场热身赛，最终国奥队以0比1告负。

中国国家队在武汉市体育中心与来访的2010年南非世界杯第4名乌拉圭国家队进行了一场热身赛，最终中国队在雨战中以0比4失利。第70分钟，乌拉圭队卡瓦尼禁区右侧头球摆渡，苏亚雷斯门前脚后跟一磕，中国队后卫冯潇霆解围不慎自摆乌龙；第78分钟，杜威转移传球被对手断下，卡瓦尼距球门30米外右脚劲射破网；第81分钟，乌拉圭队罗德里格斯禁区弧顶左角处倒地扫射得手；第84分钟，乌拉圭队左路下底传中，费尔南德斯点球点附近脚背弹射锁定胜局。

14日

为备战广州亚运会和伦敦奥运会亚洲区预选赛，中国足协公布了新一期中国国奥队26人集训名单。

16日

2010-11赛季澳超联赛第10轮，纽卡斯尔喷气机队客场1比1逼平布里斯班怒吼队。张烁在第72分钟替补出场。

2010-11赛季德甲联赛第8轮，沙尔克04队主场2比2战平斯图加特队。蒿俊闵在第85分钟替补出场。

2010-11赛季葡萄牙杯首轮，雷利亚队主场1比2被马德拉队淘汰。张呈栋打满全场。

17 日

2010-11 赛季葡萄牙杯首轮，波蒂莫嫩塞队主场 2 比 0 击败辛方伊队。董方卓在下半场伊始替补登场，并在第 84 分钟为主队攻入锁定胜局的一球，这也是他在葡萄牙赛场的处子球。

2010 年亚洲 U-19 青年足球锦标赛决赛在山东省淄博市体育中心体育场打响，朝鲜队 3 比 2 力克澳大利亚队，夺得冠军。至此，在该届亚青赛获得前四名的朝鲜队、澳大利亚队、沙特队和韩国队也获得了代表亚洲参加 2011 年哥伦比亚世青赛的入场券。

18 日

2010 赛季立陶宛足球甲级联赛第 29 轮，苏杜瓦队主场 0 比 1 负于斯奥利艾队。柳超首发出场，在第 70 分钟被替换下场。

20 日

国际足联公布了最新一期的世界男足国家队排名。中国队排名第 89 位，位列亚洲第 7 位。

21 日

2010-11 赛季欧洲冠军联赛 B 组第 3 轮，德国沙尔克 04 队主场 3 比 1 战胜以色列特拉维夫工人队。蒿俊闵在第 67 分钟登场亮相，完成了自己在欧冠赛场上的首秀，他也成为继孙祥、董方卓之后，第 3 位在欧冠联赛中上场的中国球员。

2010-11 赛季葡萄牙联赛杯第 2 轮首回合，雷利亚队客场 2 比 3 不敌维森特队。张呈栋在第 74 分钟替补出场，上演了自己在葡联杯的处子秀。

23日

2010赛季中甲联赛第25轮,南京有有队主场0比5负于广州广汽队,提前一轮降级。

24日

2010赛季韩国足协杯决赛,水原三星队客场1比0战胜釜山偶像队,在蝉联足协杯冠军的同时也成功晋级2011赛季亚冠联赛。李玮锋打满全场,收获了他在韩国的第二座足协杯冠军奖杯。

25日

2010-11赛季葡超联赛第8轮,波蒂莫嫩塞队主场0比1负于本菲卡队。董方卓在第66分钟替补出场。

国家体育总局副局长蔡振华参加了在河北香河国家足球训练基地举行的中国足球协会职业联赛俱乐部准入制度研讨会,这是他在分管足球工作后首次面对媒体公开亮相。他在发言中表示,中央领导对中国足球的现状不满,而中国足球人需要"卧薪尝胆"来努力重塑形象。

2010年亚洲U-16少年足球锦标赛D组首轮比赛在乌兹别克斯坦首都塔什干的Jar体育场进行,中国国少队首战0比2负于伊拉克队。

26日

2010-11赛季葡超联赛第8轮,雷利亚队客场1比5不敌波尔图队。张呈栋首发出场,在第62分钟被替换下场。

国际足球历史与统计协会(IFFHS)公布了1996年至2009年

这14年间的世界足坛主教练排名，总共有211人上榜。曾率领中国国家队首次打进世界杯的米卢蒂诺维奇排名第36位，现上海申花队主教练布拉泽维奇排名第54位，前上海申花队主教练墨里西排名第60位，前大连实德队主教练邦弗雷雷排名第89位，前中国国奥队主教练杜伊科维奇排名第127位，现山东鲁能队主教练伊万科维奇排名第152位，曾执教过上海申花队和四川冠城队的皮特科维奇排名第207位。

27日

2010-11赛季德国杯第2轮，德甲沙尔克04队客场1比0战胜德乙FSV法兰克福队，顺利晋级下一轮。蒿俊闵在第89分钟替补出场。

2010赛季中超联赛第28轮，山东鲁能队客场1比1战平南昌衡源队，提前两轮夺得该赛季中超冠军，这也是他们继1999、2006、2008年之后，第4次问鼎中国足球顶级联赛冠军宝座。

2010年亚洲U-16少年足球锦标赛D组第2轮的比赛在乌兹别克斯坦首都塔什干的Jar体育场进行，中国国少队凭借队长郑达伦的进球与阿联酋队1比1握手言和。

2010赛季韩国K联赛第27轮，水原三星队时隔3天后再次在客场1比0战胜釜山偶像队。李玮锋打满全场。

29日

2010年亚洲U-16少年足球锦标赛D组第3轮的两场比赛同时进行，在乌兹别克斯坦首都塔什干的Jar体育场，中国国少队0比1负于科威特队，无缘小组出线，进而失去了晋级2011年世少赛的机会。

30日

2010赛季中甲联赛最后一轮（第26轮），广州广汽队主场凭借郜林的帽子戏法以3比1战胜湖南湘涛队，从而以57分的积分夺得2010赛季中甲联赛冠军，郜林则以20个进球的佳绩荣膺2010赛季中甲联赛最佳射手。

31日

2010赛季韩国K联赛第28轮，水原三星队主场2比0完胜浦项制铁队。李玮锋打满全场。

十一月

1日

2010-11赛季葡超联赛第9轮，雷利亚队主场1比2负于里斯本竞技队。张呈栋在第74分钟替补出场。

中甲安徽九方足球俱乐部正式宣布退出职业足坛。

2日

亚足联正式公布了2010年亚洲足球先生候选人15人名单，中国铁卫李玮锋榜上有名。

在广东三水集训的中国国奥队与来访的阿联酋国奥队进行了一场热身赛，结果两队以1比1战平。

3 日

为备战 2011 年亚洲杯决赛阶段比赛，中国足协公布了新一期中国国家队 26 人集训名单。

球王马拉多纳抵达北京，开始为期 8 天的“马拉多纳温暖中国行”活动，他将和中国红十字会一起为慈善事业作贡献。

国际足球历史与统计协会(IFFHS)公布了新一期世界俱乐部排名榜单(前 350 名)，北京国安成为惟一上榜的中超俱乐部，排名第 347 位。

6 日

2010 赛季中超联赛收官大战暨第 30 轮的 8 场比赛同时打响，最终山东鲁能队以领先第二名 13 分的优势夺冠，天津泰达队超越上海申花队获得亚军，杭州绿城队锁定了最后一个亚冠名额，而重庆力帆队和长沙金德队降级。

2010 年“沪港杯”足球赛首回合比赛在上海浦东源深体育中心举行，上海东亚队 4 比 1 大胜香港公民队。

7 日

2010 赛季韩国 K 联赛第 30 轮，李玮锋所在的水原三星队主场 1 比 5 负于冯潇霆所在的全北现代队。李玮锋打满全场，冯潇霆则没有获得出场机会。

天津泰达队的前国脚王霄正式宣布退役，并成为天津泰达队教练组成员。

8日

2010-11赛季葡超联赛第10轮,雷利亚队客场1比1战平马蒂莫队。张呈栋首发出场,在第89分钟被替换下场。

2010年广州亚运会男足A组首轮,坐镇广州市天河体育场的东道主中国国奥队0比3负于日本队。

10日

2010年中超全明星赛在江苏常熟进行,由中超联赛冠军山东鲁能队迎战中超全明星联队,最终中超全明星联队3比0击败山东鲁能队。

2010年广州亚运会男足A组第2轮,东道主中国国奥队坐镇广州市天河体育场迎战吉尔吉斯斯坦队,最终中国国奥队以2比1逆转取胜。第4分钟,吉尔吉斯斯坦队抓住任意球机会率先破门;第83分钟,买提江助攻替补出场的吕文君头球扳平比分;第93分钟,吴曦禁区弧顶左脚劲射上演绝杀好戏。此外,中国队在比赛中4次击中对方门柱。

11日

2010年倍耐力中超联赛颁奖典礼在江苏省常熟市国际饭店礼堂隆重举行。南昌衡源足球俱乐部、江苏舜天足球俱乐部和天津泰达足球俱乐部获得公平竞赛奖,孙葆洁第9次荣获最佳裁判奖,山东鲁能队主教练伊万科维奇和球员郑铮分享了最佳教练奖和最佳新人奖的殊荣,特别贡献奖归公安部所有,北京赛区和西安赛区获得最佳人气赛区奖,上海申花队哥伦比亚前锋里亚斯科斯独揽最佳射手和最佳球员两项大奖,山东鲁能队、天津泰达队和上海申花队分别领取了冠亚季军奖牌。随着足球运动管理中心主任韦迪将“火神杯”交到山东鲁能队队长韩鹏手中，整个颁奖典礼在高潮中完美落幕。

12 日

河南建业足球俱乐部正式宣布，俱乐部总经理杨楠及球队主教练唐尧东双双下课，杨楠将专任俱乐部副董事长，韩国名帅金鹤范接掌球队教鞭。

2010 年广州亚运会开幕式顺利举行。在万众关注的点燃火炬环节中，中国足坛名宿容志行在第三棒出任火炬手，在万众瞩目下完成了火炬的传递，同时也代表中国足球完成了光荣的一棒。

13 日

2010 年广州亚运会男足 A 组第 3 轮，坐镇广州市天河体育场的东道主中国国奥队 3 比 0 力克马来西亚队。第 61 分钟，李建滨接吴曦开出的任意球头球建功；第 65 分钟，赵宏略主罚任意球直接破门；第 81 分钟，张琳芃操刀点球命中。此役战罢，中国队获得小组第二晋级 16 强，将在 1/8 决赛中对阵 C 组第二韩国队。

2010 年“沪港杯”足球赛次回合比赛在香港小西湾体育场举行，上海东亚队 1 比 2 不敌香港公民队，但仍以 5 比 3 的总比分获得冠军。

14 日

2010 年广州亚运会女足 A 组首轮，亮相广州市大学城中心体育场的东道主中国女足 10 比 1 狂胜约旦队，取得开门红。队长屈珊珊、马君、李琳和徐媛分别梅开二度，刘华娜和庞丰月也各有一球入账。

2010-11赛季德乙联赛第12轮，科特布斯队主场0比0战平慕尼黑1860队。邵佳一在伤别6周后重返球场，在第81分钟替补出场。

15日

2010赛季立陶宛足球甲级联赛最后一轮，苏杜瓦队客场0比0战平萨格里斯队，最终积56分获得联赛亚军。柳超打满全场，为自己的海外首个赛季画上了一个圆满的句号。

2010-11赛季葡超联赛第11轮，雷利亚队主场1比0战胜塞图巴尔队。张呈栋首发出场，出任左前卫，在第66分钟被替换下场。

2010年广州亚运会男足1/8决赛，坐镇广州市天河体育场的东道主中国国奥队0比3负于韩国队，无缘8强。

16日

2010年广州亚运会女足A组第2轮，坐镇广州市大学城中心体育场的东道主中国队1比0战胜越南队，提前一轮获得小组出线权。第87分钟，徐媛禁区内间接任意球轻轻一踩，队长屈珊珊大力抽射破门得分。

17日

中国国家队在昆明市拓东体育场与来访的拉脱维亚队进行了一场热身赛，结果中国队以1比0击败对手。伤停补时阶段，汪嵩前场右侧任意球传入禁区，中路无人防守的杨旭头球完成压哨绝杀。

葡萄牙国青队在里奥马约尔与葡超球队雷利亚队进行了一场

热身赛，结果凭借中国球员张呈栋的进球，雷利亚队以 1 比 0 获胜。

国际足联公布了最新一期的世界男足国家队排名。中国队与上月相比并无任何变化，依然排名第 89 位，位列亚洲第 7 位。

18 日

2010 年广州亚运会女足 A 组第 3 轮，坐镇广州市大学城中心体育场的东道主中国队在 90 分钟与韩国队 0 比 0 互交白卷的情况下，点球决战 7 比 8 负于对手，从而以小组第二名的身份晋级四强。11 月 20 日 16 点，中国女足将与 B 组头名日本队争夺决赛权。

19 日

国际足联公布了最新一期的世界女足国家队排名，暨 2010 年女足年终排名。中国女足排名提高 1 位，升至第 13 位，位列亚洲第 4 位。

20 日

2010 年广州亚运会女足半决赛在广州市越秀山体育场展开争夺，东道主中国女足在加时赛第 108 分钟失球 0 比 1 惜败于日本队，无缘决赛。

上海市足协宣布，林志桦不再担任上海女足主教练一职，上海市足球运动管理中心副主任马良行担任球队临时主教练。

21 日

2010-11 赛季葡萄牙联赛杯第 2 轮次回合，雷利亚队主场 1 比 1 战平维森特队，以两回合 3 比 4 的总比分被淘汰。张呈栋打满全场。

22日

2010年广州亚运会女足铜牌争夺战在广州市天河体育场展开争夺，东道主中国女足0比2负于韩国队，获得第4名，首次无缘亚运奖牌。

23日

2010-11赛季德乙联赛第13轮，科特布斯队客场2比2战平杜伊斯堡队。邵佳一在第76分钟替补出场。

在马来西亚首都吉隆坡举行的亚足联颁奖晚会上，曾率领中国女足夺得1999年世界杯亚军的教练马元安获得“金勋章奖”。

24日

湖南湘涛足球俱乐部宣布，曾6次来华执教的克罗地亚人米罗西正式出任球队主教练。

26日

为备战、参加2011年亚洲杯决赛阶段比赛，中国足协公布了新一期中国国家队30人集训名单。

28日

2010-11赛季德乙联赛第14轮，科特布斯队主场6比0横扫奥厄队。邵佳一在第60分钟替补出场。

29日

2010赛季中乙联赛总决赛半决赛次回合比赛在重庆市奥林匹克体育中心内场展开角逐，天津松江队2比1逆转击败大连毅腾队，以两回合2比1的总比分成功晋级2011赛季中甲联赛。另一场比赛，大连阿尔滨队 0 比 0 战平贵州智诚队，以两回合 3 比 1 的总比分夺得另一张 2011 赛季中甲联赛入场券。

十二月

1 日

2010 赛季中乙联赛总决赛在重庆市奥林匹克体育中心内场展开最后一个比赛日的角逐，大连阿尔滨队在决赛中 2 比 0 击败天津松江队，夺得冠军；贵州智诚队经过点球大战以 6 比 5 的总比分战胜大连毅腾队，获得季军。

4 日

2010-11 赛季德乙联赛第 15 轮，科特布斯队客场 0 比 4 不敌奥格斯堡队。邵佳一在第 60 分钟替补出场。

5 日

2010-11 赛季葡超联赛第 13 轮，雷利亚队主场 3 比 1 逆转战胜布拉加队。张呈栋首发出场，在第 60 分钟被替换下场。

6 日

2010 年全国足球业余联赛总决赛冠亚军争夺战在厦门进行，武汉宏兴队 3 比 0 战胜东道主厦门队，继 2009 年之后再度捧起冠军奖杯。

原长沙金德队国脚张成林和其弟张成祥正式转会至陕西中建地产浐灞队。

7日

为备战伦敦奥运会亚洲区预选赛，中国足协公布了新一期女足国家队28人集训名单。

2011赛季亚洲冠军联赛分组抽签仪式在马来西亚首都吉隆坡的亚足联总部举行。天津泰达队与日本大阪钢巴队、韩国济州联队、澳大利亚墨尔本胜利队同处E组；杭州绿城队与日本J联赛冠军名古屋鲸八队、韩国K联赛冠军首尔FC队、阿联酋阿尔艾因队同处F组；上海申花队与澳大利亚悉尼FC队、韩国水原三星队、日本鹿岛鹿角队同处H组；山东鲁能队与日本大阪樱花队、韩国全北现代队、印尼阿雷马队同处G组。

8日

江苏舜天足球俱乐部在南京奥体中心举行新闻发布会，正式宣布聘请斯洛伐克教练科奇安为球队主教练。

河南建业足球俱乐部正式与原重庆力帆队中场球员黄希扬签约3年。

中国足协公布了新一届93年龄段国青队集训名单，91届国青队主帅宿茂臻继续担任主教练一职。国青队定于2010年12月15日至12月31日在广西梧州足球训练基地进行集训，并于2011年1月2日至1月11日参加俄罗斯格兰纳钦青年足球邀请赛。

9日

美国职业大联盟球队温哥华白帽队官方网站宣布，与来自中国的前锋谭龙签约两年。

10 日

南昌衡源足球俱乐部与上海东亚足球俱乐部达成转会协议，原上海东亚队两名小将王佳玉和姜至鹏正式加盟南昌衡源队。

天津松江队冲甲成功表彰会在天津松江生态乡村俱乐部举行。

11 日

中国足协在办公楼 801 新闻发布厅召开新闻发布会，正式宣布聘任前上海申花队主教练、克罗地亚人布拉泽维奇担任中国国奥队主教练，聘期从 2010 年 12 月 1 日至 2012 年 12 月 1 日，聘任前国脚黎兵为国奥队助理教练。

13 日

前中国女足队长孙雯正式出任上海女足主教练。

2010 年广州亚残运会五人制盲人足球赛在广东奥林匹克体育中心曲棍球场展开首个比赛日的争夺，东道主中国队 3 比 0 大胜日本队，取得开门红。

2010 年广州亚残运会七人制足球赛首场比赛在华南理工大学体育场进行，东道主中国队 4 比 2 战胜韩国队，赢得开门红。

在广东东莞集训的中国国家队与中甲广东日之泉队进行了一场热身赛，经过两个 30 分钟半场的对抗后，国足凭借郜林的进球以 1 比 0 战胜广东日之泉队。

14 日

2010-11 赛季德乙联赛第 16 轮，科特布斯队主场 0 比 0 战平柏林联队。邵佳一在下半场一开场替补出场。

2010年广州亚残运会五人制盲人足球赛预赛第2轮在广东奥林匹克体育中心曲棍球场进行，东道主中国队4比0大胜韩国队，取得两连胜。

2010年广州亚残运会七人制足球赛预赛第2轮在华南理工大学体育场进行，东道主中国队0比8不敌伊朗队。

15日

国际足联公布了2010年年终世界男足国家队排名。中国队排名提高2位，位列第87位，亚洲排名也升至第6位。

2010年广州亚残运会七人制足球赛预赛第3轮在华南理工大学体育场进行，东道主中国队3比0完胜日本队，以2胜1负的成绩打入半决赛。在半决赛中中国队的对手依旧是日本队。

16日

葡超贝拉马尔队在其官网宣布中国球员王刚重新加盟球队，合同期到2010-11赛季结束。王刚也成为继于大宝、张呈栋、董方卓之后，第4位登陆葡超联赛的中国球员。

青岛中能足球俱乐部正式任命杨为健为球队领队兼中方教练组组长。

2010年广州亚残运会五人制盲人足球赛预赛第3轮在广东奥林匹克体育中心曲棍球场进行，东道主中国队5比0大胜泰国队，取得三连胜。

17 日

2010 年广州亚残运会五人制盲人足球赛预赛第 4 轮在广东奥林匹克体育中心曲棍球场进行，东道主中国队 3 比 1 力克伊朗队，挺进决赛。在决赛中两队将再次碰撞。

2010 年广州亚残运会七人制足球赛半决赛在华南理工大学体育场进行，东道主中国队通过加时赛以 2 比 1 战胜日本队，挺进决赛。

18 日

中国国家队同来访的爱沙尼亚队的热身赛在珠海体育中心进行。第 18 分钟，杜威接邓卓翔开出的角球头槌为中国队先拔头筹；第 19 分钟，于海接曲波的传中门前垫射再下一城；第 38 分钟，杨旭禁区左侧推射建功。最终中国队以 3 比 0 完胜爱沙尼亚队。

2010 年广州亚残运会五人制盲人足球赛决赛在广东奥林匹克体育中心曲棍球场进行，中国队 1 比 0 战胜伊朗队，以 5 战全胜、进 16 球失 1 球的成绩夺得冠军。这是中国盲人足球队获得的第一个大赛冠军，也是他们继 2008 年北京残奥会取得亚军后获得的最好成绩。

2010 年广州亚残运会七人制足球赛决赛在华南理工大学体育场开战，东道主中国队 0 比 7 负于伊朗队，获得亚军。

19 日

2010-11 赛季葡超联赛第 14 轮，贝拉马尔队主场 3 比 2 战胜吉马良斯队。王刚在第 77 分钟替补出场，成为继张呈栋和董方卓之后，第 3 位亮相葡超联赛的中国球员。

2010-11赛季葡超联赛第14轮，雷利亚队客场3比0完胜纳瓦尔队。张呈栋在第46分钟替补登场，并在第63分钟攻入了自己在葡超赛场的第2粒进球。

2010-11赛季德乙联赛第17轮，科特布斯队客场4比0大胜奥博豪森队。邵佳一在时隔11轮后再次首发出场，并在第4分钟为客队首开记录，这也是他在该赛季的第3粒进球。

22日

中国国家队同来访的马其顿队的热身赛在广州越秀山体育场进行。第93分钟，郜林突入禁区被绊倒制造点球，邓卓翔主罚命中。最终中国队以1比0击败马其顿队。

23日

2010-11赛季德国杯1/8决赛，德乙科特布斯队客场3比1力克德甲沃尔夫斯堡队，晋级8强。邵佳一首发出场，并在第40分钟接队友妙传推射破门，帮助客队扩大了领先优势。

24日

叙利亚足协公布了叙利亚国家队参加2011年卡塔尔亚洲杯的23人名单，效力于中超上海申花队的中后卫阿里·迪亚布和2010年曾短暂效力南昌八一队的中场球员阿迪尔·阿卜杜拉双双入选。

25日

广州恒大足球俱乐部在恒大酒店召开新援见面会，俱乐部董事长刘永灼正式宣布张琳芃、冯潇霆、姜宁和杨君加盟球队。

26 日

江苏舜天足球俱乐部与长沙金德足球俱乐部达成转会协议，原长沙金德队球员刘建业和任航正式加盟江苏舜天队。

27 日

为备战伦敦奥运会亚洲区预选赛，中国足协公布了新一期女足国家队 32 人集训名单。

28 日

中国足协正式公布了中国国家队征战 2011 年卡塔尔亚洲杯的 23 人名单：1 号杨智、2 号李学鹏、3 号汪强、4 号赵鹏、5 号杜威、6 号周海滨、7 号赵旭日、8 号蒿俊闵、9 号杨旭、10 号邓卓翔、11 号曲波、12 号关震、13 号刘建业、14 号汪嵩、15 号于涛、16 号黄博文、17 号张琳芃、18 号郜林、19 号杨昊、20 号荣昊、21 号于海、22 号曾诚、23 号李建滨。

亚足联正式公布了执法 2011 年卡塔尔亚洲杯的裁判名单，一共 36 人，中国裁判穆宇欣获得了担任助理裁判的资格。

31 日

中国国家队从广州乘坐 QR875 航班飞往卡塔尔首都多哈，正式踏上 2011 年亚洲杯征程。

为备战伦敦奥运会亚洲区预选赛，中国足协公布了新一期中国国奥队 25 人集训名单，这也是布拉泽维奇挂帅国奥队后的首期集训。

中国 ZHONGGUO

足球年鉴 2011

ZUQIU NIANJIAN

附 录

2010年国际足球大事记

一月

1日

日本天皇杯决赛结束,大阪飞脚以4比1战胜名古屋鲸八,卫冕成功。

阿森纳宣布与23岁中场球员迪亚比续约。

2日

拜仁慕尼黑将中锋托尼租借至罗马,租期为6个月。

阿森纳与巴西劲旅弗卢米嫩塞达成协议,以350万英镑签下了该队16岁的巴西天才射手惠灵顿·席尔瓦。

在2009-10赛季西甲第16轮中,巴塞罗那主场被比利亚雷尔1比1逼平,赛季首次在诺坎普丢分。不过巴萨在前16轮比赛中取得了12胜4平的战绩,打破了维纳布尔斯在1984-85赛季率领球队创造的15场不败的最佳开局纪录。

3日

在2009-10赛季英格兰足总杯第3轮中,曼联主场0比1不敌英甲球队利兹联,这也是曼联自1984年以来首度被低级别球队淘汰出足总杯。

35 岁的前秘鲁国家队队长索拉诺宣布重返英格兰踢球，他加盟了英甲的科尔切斯特俱乐部。

4 日

意甲三队完成了前锋大交换。马其顿国脚潘德夫从拉齐奥自由转会至国际米兰，双方签约至 2014 年 6 月 30 日。国际米兰则将洪都拉斯前锋苏亚索租借至热那亚，热那亚则放行弗洛卡里加盟了拉齐奥。

昔日巨星罗伯特·卡洛斯加盟巴西豪门科林蒂安，双方签约 2 年，巴西老将将身披 6 号球衣。

5 日

阿森纳与捷克中场罗西基续约。

足球权威杂志《踢球者》评选出了德甲半程最佳，不莱梅中场核心厄齐尔荣膺最佳球员，美因茨 05 主帅图赫尔力压勒沃库森老帅海因克斯获得最佳教练，最佳门将则是勒沃库森门将阿德勒。

在与伯恩利达成赔偿协议后，科伊尔正式出任博尔顿新任主帅。

曼联主帅弗格森之子达伦·弗格森宣布出任英冠普雷斯顿队主教练。

2009-10 赛季西班牙国王杯 1/8 决赛首回合中，巴塞罗那主场 1 比 2 不敌塞维利亚，加布里埃尔·米利托时隔 20 个月(616 天)之后正式复出，并在比赛中踢了 65 分钟。

6 日

巴萨中场亚亚·图雷击败切尔西前锋德罗巴，当选为 2009 年度科特迪瓦最佳球员。

7日

2009-10赛季意甲第18轮中，AC米兰主场5比2大胜热那亚，重新回归亚平宁的贝克汉姆首发出场。

法布雷加斯连续第三次荣膺EA SPORTS月度最佳球员的称号。

前利物浦的捷克中场博格宣布退役。

曼城公布了2008-09赛季财务报表，该赛季球员相关费用支出净亏9260万镑，创了英足坛新纪录。

国际足联公布了世界杯最具人气射手排名，德罗巴以29.06%的支持率高居榜首，托雷斯和埃托奥分居二、三位。

8日

在安哥拉参加非洲国家杯的多哥队乘坐的大巴在行驶途中遭机枪袭击，多哥国家队守门员奥比拉雷、大巴司机受伤，新闻发言人在事故中不幸身亡，不过多哥头号球星阿德巴约并没有受伤。

CNN评选出的恶人榜TOP10，马拉多纳、齐达内、亨利等多名顶级球星名列其中。中国球星郑智也在榜单中占据了一席之地。

国际足球历史与统计协会（IFFHS）公布了2009年度世界俱乐部排行榜，“六冠王”巴塞罗那积3410分高居榜首，切尔西（2920分）、曼联（2910分）位列二、三位。排名4至10位的依次是顿涅茨克矿工、不莱梅、汉堡、阿森纳、拉普拉塔大学生、克鲁塞罗、加拉塔萨雷。

国际米兰前锋巴洛特利因侮辱球迷被处以7000欧元的罚款。

阿根廷中场马克西从马德里竞技转会至利物浦，转会费为150万英镑。

摩洛哥向非洲足联递交了承办 2016 年非洲国家杯足球赛的申请。

英超公布了 2009 年 12 月联赛最佳评选结果，曼城前锋特维斯当选最佳球员，伯明翰主帅麦克利什荣膺最佳主帅。

意大利后卫多塞纳从利物浦转会至那不勒斯，转会费为 425 万欧元。

9 日

尤文图斯将葡萄牙中场蒂亚戈租借至马德里竞技，租期为 6 个月。

多哥总理洪博表示，在安哥拉卡宾达遭遇袭击的多哥国家队守门员奥比拉雷和安哥拉司机依然幸存。

10 日

多哥宣布正式退出 2010 年非洲国家杯足球赛。

西汉姆联队评出了球队过去 10 年最佳阵容，兰帕德、迪卡尼奥、卡里克和乔·科尔皆入选其中。

乌克兰前锋沃罗宁从利物浦转会至莫斯科迪纳摩，转会费为 200 万欧元。

在皇马主场与马洛卡的比赛中，72 岁的老球迷加拉埃·加西亚在看台上心脏病突发不治身亡。

11 日

非洲国家杯开幕。在揭幕战中，东道主安哥拉队与马里队 4 比 4 战平，在最后 15 分钟，顽强的马里队连追 4 球。

在 2009-10 赛季意甲第 19 轮一场焦点战中，AC 米兰客场 3 比 0 击败尤文图斯。此役过后，尤文继续排名第三，但落后领头羊国际米兰已达 12 分，夺冠希望基本破灭。

切尔西前锋德罗巴被评选为BBC2009年非洲足球先生。

12日

2010年非洲杯东道主安哥拉发表声明，他们已逮捕了两名涉嫌参与持枪袭击多哥队的疑犯。与此同时，非洲杯B组首轮全面打响，多哥队与加纳队的比赛被取消，这意味着多哥队退赛已成定局。A组比赛中，刚获得世界杯出线权的阿尔及利亚队被大爆冷门，以0比3惨败于26年来首度进入非洲杯决赛圈的马拉维队。

曼联官方公布了俱乐部2009年的收支报表，截至2009年6月30日，曼联共实现营业额2.785亿镑，较2008年度的2.576亿镑有所上涨。税前利润则从2008年的亏损2140万镑，上升至盈利4820万镑。曼联同时宣布将对外发行5亿镑债券，用于缓解目前的债务压力。“红魔”能够扭亏为盈，在于2009年夏天出售了当家球星C·罗。

曼联确定了新的球衣主赞助商，Aon的标识将于2010-11赛季取代AIG。

曼联公布了2009年12月俱乐部最佳球员，瓦伦西亚力压鲁尼蝉联这一奖项。

利物浦董事会成员希克斯二世因辱骂球迷被迫辞职。

亚足联向2010年亚冠参赛队发出严厉警告：任何一队退赛，后果自负，这是因为阿联酋萨迦2009年打了4轮亚冠小组赛后退出，一度打乱了亚冠赛程，亚足联不想历史重演。

13日

国际足球历史和统计联合会公布了2009年世界最佳门将评选结果，卡西利亚斯力压布冯和国际米兰门将塞萨尔当选年度最佳。其他评选中，西班牙队主帅博斯克击败卡佩罗，当选2009年最佳国家队主教练。最佳裁判为瑞士人布萨卡、最佳俱乐部为巴塞罗那、最佳俱乐部主教练为瓜迪奥拉、世界最佳射手为日本清水俱乐部的冈崎慎司。

35 岁的前英格兰国脚坎贝尔重返阿森纳，双方签订了一份 6 个月的短期合同。

在国际足球历史和统计联合会年度最佳评选中，巴塞罗那中场哈维击败队友梅西，荣膺最佳组织核心奖，卡卡和伊涅斯塔分列三、四名，C·罗仅列第七。

曼联官网评选出了曼联队史最佳外援阵容：舒梅切尔（丹麦）；罗尼·约翰森（挪威）、维迪奇（塞尔维亚）、斯塔姆（荷兰）、埃弗拉（法国）；坎切尔斯基（乌克兰）、贝隆（阿根廷）、穆伦（荷兰）、C·罗（葡萄牙）；范尼（荷兰）、坎通纳（法国）。

14 日

前巴塞罗那中场吉奥瓦尼落叶归根，返回巴西加盟桑托斯。

利物浦当家前锋托雷斯因膝伤休战六周。

马拉多纳的一只耳环在意大利拍卖，以 36000 美元成交，这次拍卖所得用来偿还他在意大利所欠的税款。

15 日

皇马将因心脏病远离球场的新星德拉雷德的百万年薪降为每月 1500 欧元。

佛罗伦萨从曼联签下了 19 岁的塞尔维亚中场拉贾季奇，转会费为 750 万欧元。

切尔西小将斯图里奇的赔偿案尘埃落定，英超赔偿委员会判定，切尔西将按出场次数支付曼城一定的费用。

贝尔巴托夫当选2009年度保加利亚最佳球员，这也是他第六次当选，并超越斯托伊奇科夫，成为保加利亚足坛获得这一荣誉次数最多的球员。

英超再次爆出黑金丑闻，热刺主教练老雷德克纳普接受了警方的调查。

16日

德甲结束了为期1个月的冬歇，开始下半程征程。在第18轮率先进行的一场比赛中，拜仁慕尼黑主场2比0击败霍芬海姆，取得联赛五连胜。克洛斯打进10个月以来首粒联赛进球。此役过后，拜仁暂时超越少赛一场的勒沃库森和沙尔克04，608天以来首次登上榜首位置。

在意大利杯AC米兰主场对诺瓦拉一战中，国际米兰前锋巴洛特利赫然出现在看台上，并与一名AC米兰球迷大打出手。

17日

2009-10赛季英超第22轮，切尔西主场以7比2狂扫桑德兰。曼城在客场0比2不敌埃弗顿，曼奇尼遭遇上任以来首败。热刺0比0战平赫尔城，热刺主帅雷德克纳普迎来执教第500场英超比赛。

2009-10赛季西甲第18轮，巴塞罗那主场4比0大胜塞维利亚，以46分继续领跑，同时也提前一轮锁定半程冠军。梅西此役打进自己在巴萨的第100粒入球，他也成为巴萨历史上最年轻的百球先生。

非洲杯进行了C组第2轮的较量，卫冕冠军埃及队2比0击败莫桑比克队，自2004年以来在非洲杯赛场上保持不败，打破了喀麦隆队保持的纪录。

18日

国际足联宣布不会因世预赛法国队对爱尔兰队一战中使用手球助攻而处罚亨利。

佛罗伦萨宣布签下波尔图的阿根廷国脚博拉蒂。

有意甲奥斯卡之称的意大利球员协会年度颁奖典礼在米兰举行。国际米兰成为最大赢家，已转会巴萨的伊布包揽最佳球员及最佳外援两项大奖，穆里尼奥则荣膺最佳教练，塞萨尔获最佳门将，国际米兰还摘下年度最佳球队奖。不过在最佳后卫评选中，麦孔不敌基耶利尼，帕托也从巴洛特利及桑顿的包夹中，抢走了最佳新秀奖。其他奖项中，最佳本土球员为德罗西，最佳裁判为罗塞蒂，最受球迷喜爱球员为米利托，最佳进球由夸利亚雷拉打入。

19日

前伯明翰老板沙利文和戈登用1.05亿收购了西汉姆联俱乐部50%的股份，成为俱乐部的联合主席。

希腊奥林匹亚科斯宣布巴西主帅济科下课。

贝尔格莱德检察院正式起诉14名参与谋杀图卢兹支持者塔东的游击队球迷。这次球迷冲突发生在2009年9月17日贝尔格莱德游击队主场迎战图卢兹的欧联杯小组赛之前，冲突涉及30名游击队球迷和15名图卢兹球迷。

在2009-10赛季英格兰联赛杯半决赛首回合中，曼城主场2比1逆转击败曼联，特维斯梅开二度。不过进球后的特维斯，违背了自己此前“进球后不庆祝”的诺言，他毫无忌惮地绕场狂奔庆祝引发了双方的冲突，曼联队长加里·内维尔盛怒之下竟用中指回击。

20日

国际足球历史和统计联合会(IFFHS)公布了最新一期的世纪门将排名。布冯力压卡西利亚斯排名首位，位居第三的舒梅切尔则成为了排名最高的非现役球员。

巴萨与主帅瓜迪奥拉终于就续约问题达成了协议，瓜迪奥拉宣布与俱乐部续约1年。

欧足联公布了球迷评选的2009年最佳阵容和主教练：卡西利亚斯（皇家马德里/西班牙）；阿尔维斯（巴塞罗那/巴西）、特里（切尔西/英格兰）、普约尔（巴塞罗那/西班牙）、埃弗拉（曼联/法国）；C·罗（皇家马德里/葡萄牙）、哈维（巴塞罗那/西班牙）、卡卡（皇家马德里/巴西）、伊涅斯塔（巴塞罗那/西班牙）；梅西（巴塞罗那/阿根廷）、伊布（巴塞罗那/瑞典）。主教练：瓜迪奥拉（巴塞罗那/西班牙）。

曼联宣布将右后卫辛普森出售给纽卡斯尔。

在2009-10赛季英格兰联赛杯半决赛次回合中，阿斯顿维拉主场6比4战胜布莱克本，以总比分7比4率先晋级决赛，这也是维拉自1996年后再度杀进决赛。

曼联的控股公司——红色足球有限公司公布了截至2009年6月的年度财政报告，曼联债务首度突破7亿英镑，达到7.165亿英镑。

一名叫做布鲁克斯的英国体育教师，成功地将手中的足球扔出了49.78米，这也创造了新的吉尼斯世界纪录，原纪录是在1998年创造的48.17米。

21日

巴西圣保罗州锦标赛重燃战火，科林蒂安主场迎战布拉甘迪诺，罗纳尔多在受伤51天后正式复出首发上阵。

国际足球历史与统计联合会公布了一份“全时代最佳主教练”的评选结果，在过去14年总排名中，弗格森荣膺第一，里皮和温格并列次席，希丁克排名第四。

阿根廷国家队主帅马拉多纳参观了将举办南非世界杯揭幕战与决赛的足球城体育场。

22日

曼城将巴西前锋若租借至土耳其加拉塔萨雷,租期为 6 个月。

由于在联赛杯曼联与曼城首回合中上演闹剧,英足总正式向加里·内维尔和特维斯发出警告。

在 2009-10 赛季西甲第 19 轮拉科鲁尼亚与毕尔巴鄂的比赛中,拉科后卫费利佩因与出击的毕尔巴鄂门将伊赖索斯相撞,导致右腿脚踝严重骨折变形,2009-10 赛季已提前报销。

23 日

在 2009-10 赛季英超第 23 轮中,曼联主场 4 比 0 大胜赫尔城,鲁尼独中四元。曼联取得近 5 轮联赛的第 4 场胜利,重返积分榜首。

皇马宣布与"参与和分享"基金共同出资在海地首都太子港重建一所学校,帮助那里的孩子们早日重返校园。

曼联后防核心费迪南德在因伤缺阵近 3 个月后复出。

意大利足协宣布了尤文图斯球迷侮辱巴洛特利一事的处罚结果,在 28 日意大利杯客场挑战国际米兰的比赛中,尤文图斯球迷被禁止前往现场观看。

在 2009-10 赛季德甲第 19 轮中,拜仁慕尼黑客场 3 比 2 逆转不莱梅,夺得正式比赛 8 连胜,恰逢 26 岁生日的罗本攻入致胜一球。下半场因伤缺阵 3 个半月的里贝里伤愈复出。

在 2009-10 赛季西甲第 19 轮中,巴塞罗那客场 3 比 0 战胜瓦拉多利德,以 15 胜 4 平的不败成绩结束半程,这也是巴塞罗那 110 年历史上首次半程不败,他们成为继毕尔巴鄂、皇马、西班牙人和皇家社会后,第 5 支半程不败的西甲球队。

24 日

在 2009-10 赛季意甲第 19 轮一场焦点战中，9 人作战的国际米兰主场 2 比 0 击败 AC 米兰，将领先优势扩大到 9 分。比赛中斯内德因向裁判鼓掌吃到红牌。终场前，卢西奥手球被罚下，小罗点球被塞萨尔扑出。赛后，马特拉齐戴着米兰老板贝鲁斯科尼面具庆祝了胜利。

范尼告别仪式在伯纳乌球场举行，皇马主席弗洛伦蒂诺和总经理巴尔达诺为荷兰人颁发了一座象征特殊贡献的纪念铜像。在随后进行的一场西甲联赛中，皇马主场 2 比 0 取胜马拉加，C·罗梅开二度后被红牌罚下。

25 日

巴拉圭现役国脚、2007 年南美足球先生卡巴纳斯在墨西哥遭遇持枪歹徒的袭击，头部中弹。

德甲卫冕冠军沃尔夫斯堡宣布解雇主帅阿明·费。

齐达内朋友队和本菲卡明星队进行了一场慈善赛，用于支持和援助在海地地震中受灾的人民，最终两队 3 比 3 言和。

43 岁的哥伦比亚传奇门将、“狂人”伊基塔正式宣布退役。

阿尔维斯接替巴西莱，出任博卡青年新主帅，该队经理比安奇也同时离职。

26 日

范尼抵达汉堡俱乐部，正式与对方签约至 2011 年。

托特纳姆热刺将墨西哥前锋多斯桑托斯租借至土耳其加拉塔萨雷，租期为 6 个月。

国际足球历史与统计联合会公布了一份统计结果，该项统计排列出了全球 313 名在顶级联赛中进球达到 200 球以上的球员。贝利高居榜首，他在巴西联赛和美国大联盟中累积出场 566 场，打进 541 球。罗马里奥以 489 球位列第 4 位，马拉多纳则以 259 球排名第 97 位。现役球星中拉尔森排名最高，他打进 268 球排名第 82 位。罗纳尔多 240 球位列第 144 位，亨利 230 球排名第 178 位，劳尔 225 球排名第 199 位，范尼 216 球排名第 240 位。

27 日

在 2009-10 赛季英超第 23 轮中，切尔西主场 3 比 0 击溃伯明翰，后者连续 15 场不败金身告破。

意大利职业联盟仲裁法庭驳回了阿根廷中场莱德斯马要求与拉齐奥终止合同的诉讼请求。

IMG 公司调查显示，梅西已成为了全球范围内最受体育迷喜爱的运动员，C・罗和费德勒分列二、三位。

28 日

托特纳姆热刺与中卫道森续约至 2015 年。

意大利奥委会宣布，佛罗伦萨前锋穆图的二次药检结果仍为阳性。药检中所检查出的违禁成分为西布曲明，能够抑制饥饿。

C・罗当选葡萄牙 2009 年度最佳海外球员，这已是他第三次荣获这一奖项。

在 2009-10 赛季英格兰联赛杯半决赛次回合中，曼联主场 3 比 1 力克曼城，鲁尼补时绝杀帮助曼联以总比分 4 比 3 晋级决赛。

在巴西圣保罗州联赛第 4 轮中，科林蒂安主场 1 比 1 战平米拉索尔，罗纳尔多打入新赛季首粒入球。

因肘击赫尔城前锋法甘，英足总宣布对曼联后卫费迪南德禁赛 4 场。

29 日

马拉多纳两个月禁赛期满，并率阿根廷队在热身赛中 3 比 2 力克来访的哥斯达黎加队。在老马赛场取胜的同时，他怀孕 4 个月的女友维罗妮卡因为晚上睡觉时意外从床上滚落，导致不幸流产。这也让老马在 49 岁时再当一次父亲的梦想破灭，更让老马丢尽颜面的是，有医学专家认为其让女友频繁流产，是由于老马的精子质量太差。

曼城宣布将罗比尼奥租借回他的前东家巴西桑托斯，租期为 6 个月。

曼联宣布签入富勒姆年轻中卫斯马林，转会费为 800 万英镑。

西班牙足协仲裁委员会宣布，驳回皇马关于 C·罗停赛处罚的上诉，维持对其禁赛两场的决定，在上轮西甲中，C·罗因肘击马拉加球员穆蒂利加被罚下。

巴萨主席拉波尔塔承诺，如果球队能够卫冕双冠的话，奖金将由 2009 年的 2450 万欧元提升至 3000 万欧元。

德国国家队推出了全黑色的 2010 年南非世界杯客场球衣，这是为了纪念 1898 年 12 月 12 日德国足协成立时的一场比赛，当时球队以 7 比 0 击败拥有 7 名英格兰人的一支俱乐部队。

尤文图斯宣布解雇主帅费拉拉，扎切罗尼将接任。

帕尔玛从热那亚免费签入 34 岁的阿根廷前锋克雷斯波，老将尼古拉·阿莫鲁索则被卖到了亚特兰大，转会费为 120 万欧元。

30 日

阿森纳将中场小将威尔希尔租借至博尔顿，租期为 6 个月。

热刺成功“劫杀”冰岛前锋古德约翰森，后者将以租借形式从摩纳哥加盟，租期为 6 个月。

德国职业联赛主管塞弗特宣布，2008-09 赛季德国 36 家职业俱乐部的营业额首次突破 20 亿欧元大关，达到 20.36 亿。

非洲足联对在 2010 年非洲国家杯比赛前退出的多哥国家队开出罚单：禁止多哥队参加未来两届非洲国家杯的比赛，并且处以多哥足协 5 万美元的罚款。

在 2009-10 赛季德甲第 20 轮中，拜仁慕尼黑主场 3 比 0 击败美因茨 05，取得正式比赛 9 连胜，安联球场迎来第 100 场满座。

非洲杯三四名决赛在安哥拉本格拉的奥姆巴卡国家体育场展开角逐，尼日利亚队 1 比 0 小胜阿尔及利亚队，近 5 届赛事第 4 次夺得季军。

在 2009-10 赛季西甲第 20 轮中，皇马客场 3 比 1 力克拉科鲁尼亚，19 年来首度在联赛中客场取胜拉科鲁尼亚。

在匈牙利东部城市德布勒森进行的室内 5 人制足球欧洲锦标赛决赛中，西班牙队以 4 比 2 战胜葡萄牙队，第 5 次夺得室内足球欧锦赛冠军。

继《太阳报》曝出特里的偷情绯闻后，该报的周末版《世界新闻报》又追踪出内幕消息，称特里曾让布里奇的女友怀孕，并偷偷做了人工流产。

巴拉圭国脚卡巴纳斯在被枪击后首次开口同家人说话。

31 日

第 27 届非洲杯决赛在罗安达球场打响，埃及队 1 比 0 力克加纳队，以全胜战绩夺冠。终场前，替补格多上演绝杀，他也以 5 球成为该届赛事最佳射手，更为神奇的是，他所有进球都是替补出场打进的。

在2009-10赛季英超第24轮中，曼联客场3比1力克阿森纳，鲁尼打进了他在英超中第100个进球，成为英超史上最年轻的百球射手。

阿根廷前锋马克西·洛佩斯从莫斯科FC转会至卡塔尼亚。

比利亚雷亚尔主帅巴尔韦德下课。

在2009-10赛季德甲第20轮中，斯图加特最后12分钟打进3球，主场4比1战胜多特蒙德，终结了对手6连胜和12场不败。

二月

1日

AC米兰从国际米兰租来了巴西边锋小曼奇尼。

巴西球星罗比尼奥正式在桑托斯主场亮相。

2日

2008-09赛季意甲最佳教练出炉，卡利亚里主帅阿莱格里力压穆里尼奥，摘取“金椅子奖”。

在里约德比弗拉门戈客场5比3战胜弗卢米嫩塞一战中，阿德里亚诺上演帽子戏法，并帮助球队取代对手占据里约州锦标赛榜首，而他在此役第42分钟的进球是其职业生涯的第200球。

第14届非盟首脑会议在闭幕时宣布，因南非世界杯的举行，原定于6月底7月初在乌干达首都坎帕拉举行的第15届首脑会议将推迟到7月25日至27日。

意大利杯半决赛首回合在梅阿查球场开始首场角逐，佛罗伦萨客场0比

1不敌国际米兰,这也是佛罗伦萨参加的第300场意大利杯赛。

3日

西班牙职业足球联盟正式批准了会员特别大会提出的关于在周一与周五安排比赛的提议。该项改革措施于一周后的西甲第22轮和西乙第24轮正式实施。不过西班牙足协提出,在周中有国家队和U-21比赛的情况下,该提案将不适用。

在巴拉圭国脚卡巴纳斯被枪击后一周,墨西哥再现暴力事件,卡巴纳斯在美洲队的队友席尔瓦被暴徒抢走汽车,并被枪击导致受伤,幸运的是席尔瓦只是臀部受伤,没有生命危险。

据西媒报道,巴萨球员的身价相加达到5.14亿欧元,球员平均身价高达2440万,均创造全球新高。

在纽维尔老男孩队客场2比1战胜飓风队的比赛后,一群枪手伏击了这些手无寸铁的球迷,14岁的老男孩队的球迷卡塞雷斯遇害。

4日

印度裔的香港商人钱礼正式成为朴茨茅斯2009-10赛季第4位老板。

国际体育仲裁委员会作出决定,取消此前FIFA关于切尔西2011年前禁止购买球员的处罚,同时,当事球员法国小将卡库塔也将被取消相关处罚。

意大利足协宣布,由于与记者发生冲突,对国际米兰主帅穆里尼奥处以13000欧元的罚款,同时处罚国际米兰俱乐部2万欧元。

葡萄牙中场德科宣布在南非世界杯之后退出国家队。

集金球奖、世界足球先生、2008-09赛季欧冠最佳球员于一身的梅西再获欧足联官网球迷评选的“2009最佳球员”殊荣。

皇马四大队长劳尔、卡西利亚斯、古蒂和拉莫斯与俱乐部就夺冠奖金达成协议:如果夺得欧冠冠军,每位球员可获 57.5 万欧元,夺得西甲冠军,每人获 35 万欧元。

5 日

英足总官方宣布,特里因受“友妻门”事件的影响,被正式剥夺了英格兰国家队队长职务。

曼联前锋鲁尼获得英超官方评选的 1 月最佳球员称号以及 20 球金靴奖杯,埃弗顿主帅莫耶斯则当选当月最佳教练。

曾参加了在安哥拉举行的 2010 年非洲杯决赛阶段比赛的贝宁国家队被贝宁足协执委会解散。执委会还解散了国家队的技术队伍,其中包括球队教练米歇尔·杜苏耶尔,他与贝宁足协的合同 2010 年 6 月到期。根据贝宁媒体援引的贝宁足协执委会的决定中称,球员和一些技术队伍的成员表现得“缺乏爱国主义精神”,因为他们向足协索要参加 2010 年非洲杯赛的奖金。

曾经参加 1930 年首届世界杯决赛的阿根廷传奇球星弗朗西斯科·瓦拉洛迎来百岁华诞。

6 日

尼日利亚足协宣布国家队主帅阿莫杜下课。这是他第二次在世界杯前被尼日利亚足协赶下帅位。

意甲第 23 轮开始第 2 场角逐,尤文图斯客场 1 比 1 平利沃诺。皮耶罗联赛第 444 次出场,追平了尤文名宿博尼佩尔蒂创下的纪录。

7 日

2009-10 赛季英格兰足球超级联赛第 25 轮一场焦点战在斯坦福德桥球场展开争夺,切尔西主场 2 比 0 力克阿森纳,德罗巴独中两元。切尔西自 2005-06 赛季以来再度“双杀”阿森纳。

在斯托克城 3 比 0 击败布莱克本的比赛后，一名 30 岁的布莱克本球迷被发现躺在球场球迷看台的一角，头部被硬物击伤，心脏也已停止跳动，随后他被送往斯塔福德郡的一家医院，经抢救无效死亡。

8 日

阿森纳公布了 1 月份的队内最佳球员，队长法布雷加斯连续四个月当选。

贝克汉姆在洛杉矶开办的一家足球学校悄然关闭，而此前他在英国开办的足球学校也被迫停业，同时他在远东开办足校的计划也暂时搁浅。

9 日

前荷兰足球巨星古力特正式出任荷兰-比利时世界杯申办委员会主席一职。

罗马宣布将后卫西西尼奥租借至巴西圣保罗，直到 2009-10 赛季结束。

马拉多纳宣布阿根廷国家队大门永远向里克尔梅关闭。

巴西主帅邓加公布了 3 月 3 日在伦敦和爱尔兰队热身赛的名单，罗纳尔迪尼奥再度榜上无名，由于这是 2009-10 赛季结束前惟一一场国家队赛事，这意味着小罗已基本告别了南非世界杯。

10 日

亚足联官网宣布，2010 年亚冠决赛举办地将设在日本东京。

国际米兰铁卫齐沃即将重返训练场，从受伤到复出他仅用了 34 天时间，罗马尼亚人创造了一个医学界奇迹。

德国杯 1/4 决赛开始两场角逐，拜仁慕尼黑主场 6 比 2 淘汰乙级队菲尔特，取得正式比赛 11 连胜。

英超第 26 轮继续进行，在一场焦点大战中，阿森纳主场 1 比 0 小胜利物浦，延续了 10 年来主场对利物浦的不败纪录，温格取得联赛第 300 胜。同时阿森纳自 2003-04 赛季以来首度“双杀”利物浦。

切尔西客场 1 比 2 惨遭埃弗顿逆转，萨哈梅开二度，完成了他本人的英超 100 球。

11 日

利物浦队长杰拉德与自己的蜡像亮相体育场。

热那亚警方破获了一起劫案，劫匪的对象是穆里尼奥一家。这个叫马奇顿的黑帮和当地的意大利黑帮合作，已摸清了穆里尼奥一家的活动规律。

拉齐奥宣布解除巴拉尔迪尼的主帅职务，并指定前那不勒斯主帅雷亚作为继任者。

亚洲第一富豪阿姆巴尼公开否认了关于收购利物浦的传闻。

欧洲体育媒体联盟(ESM)评出了 2010 年 1 月最佳阵容，英超入选人数最多达到 4 人，随后是意甲 3 人，西甲和德甲各有两人。阵容为(343)：塞萨尔(国际米兰)；阿尔维斯(巴塞罗那)、海皮亚(勒沃库森)、埃弗拉(曼联)；法布雷加斯(阿森纳)、兰帕德(切尔西)、克罗斯(勒沃库森)、斯内德(国际米兰)；梅西(巴塞罗那)、鲁尼(曼联)、罗纳尔迪尼奥(AC 米兰)

切尔西官方宣布左后卫阿什利·科尔因脚踝受伤缺阵三个月。

12 日

阿联酋航空公司与 AC 米兰俱乐部达成赞助协议，它将取代博彩公司 Bwin 成为红黑军团的主赞助商，合同为 4 年，费用高达 5600 万欧元。

鲁尼就前经纪人斯特雷福德索赔事件接受问询并提供证据。

多哥向国际体育仲裁法庭提出上诉，要求解除此前非足联公布的禁止多哥队参加未来两届非洲杯的处罚。

皇家马德里宣布从桑坦德竞技签下 19 岁的新星卡纳莱斯，转会费为 600 万欧元，双方签约 5 年。

意甲第 24 轮开始首场角逐，AC 米兰主场 3 比 2 击败乌迪内斯，替补出场的帕托攻入 3 个月来个人首球。

13 日

荷兰名帅希丁克决定在 2010 年夏合同结束后卸任俄罗斯队主教练一职。

德甲第 22 轮开始第 7 场角逐，拜仁慕尼黑主场 3 比 1 逆转多特蒙德，取得正式比赛 12 连胜，联赛则 9 连胜且 15 轮不败。

意甲第 24 轮开始第 3 场角逐，罗马主场 4 比 1 击败巴勒莫，取得正式比赛 9 连胜。

2009-10 赛季西班牙足球甲级联赛第 22 轮一场焦点战在萨平球场展开争夺，皇家马德里客场 3 比 0 完胜赫雷斯，追平了 2007-08 赛季创下的联赛 22 轮最高积分纪录——53 分。队长卡西利亚斯第 500 次代表皇马出赛，马塞洛第 100 次代表皇马出场。

14 日

意甲第 24 轮开始 6 场角逐，尤文图斯主场 3 比 2 战胜热那亚，皮耶罗第 445 次代表尤文图斯出场，打破了原尤文名宿博尼佩尔蒂的出场纪录。

意甲第 24 轮开始最后 1 场角逐，国际米兰客场 0 比 0 战平那不勒斯，未能改写 1997 年以来在圣保罗球场不进球的历史。

2009-10 赛季西班牙足球甲级联赛第 22 轮一场焦点战在卡尔德隆球场

展开争夺，巴塞罗那客场 1 比 2 不敌马德里竞技，遭遇 2009-10 赛季联赛首场败仗。

15 日

效力于西甲塞维利亚的巴西前锋法比亚诺击败卡卡、小罗等人，荣获 2009 年度的“桑巴先生”。

意大利、法国、土耳其三国足协代表正式向欧足联国家队竞技委员会主席马代尔递交申办 2016 年欧锦赛申请。

16 日

2009-10 赛季欧洲冠军联赛 1/8 决赛首回合开始两场角逐，AC 米兰主场 2 比 3 负于曼联。贝克汉姆首发出场，这是他 2003 年离开曼联后首次出战老东家。曼联终结了在圣西罗 4 连败且 1 球不进的历史。

葡萄牙一权威杂志公布了 2009-10 赛季最新的 50 大高薪球员排行榜，C·罗以年净收入 1300 万欧元排名榜首，伊布以 1200 万欧元名列第二；梅西喜中探花，年薪 1050 万欧元；埃托奥是意甲球员里收入最高的，收入和梅西一样，也是 1050 万欧元；卡卡排名第五，为 1000 万欧元。

17 日

希丁克与土耳其足协签约 2 年，将从 2010 年 8 月 1 日起接过土耳其队的教鞭。

2009-10 赛季欧洲冠军联赛 1/8 决赛首回合在慕尼黑安联球场展开 1 场角逐，拜仁慕尼黑主场 2 比 1 胜佛罗伦萨，取得正式比赛 13 连胜。终场前，拜仁替补前锋克洛斯在明显越位的位置顶入争议球。

2009-10 赛季欧洲冠军联赛 1/8 决赛首回合一场焦点战在巨龙球场展开争夺，阿森纳客场 1 比 2 不敌波尔图，门将法比安斯基自摆乌龙，坎贝尔随后打入久违进球扳平比分，但此后法比安斯基被判手接坎贝尔回传球违例，法尔考抓住机会打入致胜球。

18日

英足总宣布对狼队处于2.5万英镑的罚款,理由是他们在2009年12月16日英超联赛第17轮客场对阵曼联的比赛中首发11人全部由替补球员组成。

国际足联表示,将把世界杯热身赛所得到的一部分收入捐给海地地震灾区。

国际体育仲裁法庭驳回了多哥要求参加2012年非洲杯预选赛分组抽签的申请。

巴萨主教练瓜迪奥拉成为卡塔尔申办2022年世界杯的形象大使。

2009-10赛季欧联杯1/16决赛首回合一场焦点战展开争夺,罗马客场2比3不敌帕纳辛奈科斯,各项比赛20场不败的纪录被终结。

19日

英足总正式宣布对曼城中场维埃拉处以禁赛3场的处罚。维埃拉在一场英超补赛中,故意脚踢斯托克城中场惠兰的腹股沟。

曼联主场老特拉福德正式迎来启用100周年的纪念日。《曼彻斯特晚报》根据读者提名和名宿评选,还圈定了曼联百年梦之队,坎通纳、斯科尔斯和贝克汉姆均榜上无名。

一辆满载英格兰复古球衣的卡车从位于威尔士的公司总部驶出后,遭到歹徒拦路打劫。被劫持的卡车整整装载了5万件英格兰1966年勇夺世界杯时的红色球衣。

20日

为了保证世界杯观众数量，国际足联决定大幅度降低南非世界杯门票价格。国际足联将300万张二、三类门票的价格降低了至少30%，原来的票价为840兰特（约合110美元）到140兰特不等。

2009-10赛季英超联赛第27轮一场焦点战在古迪逊公园球场展开角逐，曼联客场1比3不敌埃弗顿，贝尔巴托夫先声夺人，但比亚勒特迪诺夫扳平比分，替补出场两位90后英格兰小将戈斯林和罗德维尔双双破门锁定胜局，曼联2009-10赛季联赛中首度被逆转落败，近9场联赛首遭败绩。埃弗顿也因此拿到了在古迪逊公园的第150场英超胜利。鲁尼则迎来个人第250次英超比赛。

2009-10赛季西甲联赛第23轮开战，巴塞罗那主场4比0轻取桑坦德竞技，第300次代表巴萨出战的伊涅斯塔首开记录。这场比赛也是少帅瓜迪奥拉执教巴萨的第100场正式比赛。

2009-10赛季德甲联赛展开第23轮的角逐，拜仁慕尼黑客场1比1战平纽伦堡，联赛十连胜梦想破灭。

2009-10赛季西甲联赛第23轮拉开战幕，塞维利亚在场上被罚下两人的情况下，客场3比1力克马洛卡，终结了对手2009-10赛季联赛主场10连胜的纪录。

21日

2009-10赛季西甲联赛第23轮一场焦点战在伯纳乌球场展开争夺，皇家马德里主场6比2大胜比利亚雷亚尔。拉莫斯第200次代表皇马参加正式比赛，同时也是他第150次代表皇马出战西甲联赛。

在巴西联赛帕尔梅拉斯2比0战胜死敌圣保罗的赛后，两队球迷发生骚乱，一名球迷在郊外被射杀身亡，另有17人受伤。

22 日

意甲巴勒莫队前锋米科利向媒体承认，他是马拉多纳耳环的幕后买主。米科利表示，他当时委托了一名女子进行竞买，最终以 2.5 万欧元成功获得了马拉多纳佩戴过的一枚钻石耳钉。

穆里尼奥再次为他的疯狂举动付出了代价：在与桑普多利亚的比赛中，“狂人”对着转播镜头做了一个被手铐拷住的手势，还辱骂了主裁及第四官员。意大利足协宣布对他进行禁赛 3 场及罚款 4 万欧元的处罚，葡萄牙人因此将缺席与乌迪内斯、热那亚和卡塔尼亚的三场联赛。另外，中场休息时坎比亚索在球员通道内试图拳打对手，蒙塔里辱骂第四官员，两人也分别被禁赛 2 场。

23 日

一尊高达 10 米的 C·罗铜像出现在马德里市中心的一家购物广场外，不过 C·罗的铜像并没有穿皇马球衣，而是改穿葡萄牙国家队的球衣。原来这尊雕像是 C·罗所代言的耐克品牌为其铸造的，自然不能穿上阿迪达斯公司赞助的皇马球衣。

特里被评为切尔西俱乐部 2010 年 1 月最佳球员。

帕尔玛俱乐部与 36 岁的老将帕努奇共同发表声明提前终止合同。

普拉蒂尼为“黑豹”尤西比奥颁发欧洲足联授予的“主席奖”，以表彰这位老前辈为葡萄牙乃至欧洲足球带来的荣耀。

24 日

2009-10 赛季欧洲冠军联赛 1/8 决赛首回合开始两场角逐，巴塞罗那客场 1 比 1 战平斯图加特。伊布攻入他在欧冠首粒淘汰赛进球。

2009-10 赛季欧冠 1/8 决赛的一场焦点战中，国际米兰主场 2 比 1 力擒切尔西。开场不到 3 分钟，米利托攻入国际米兰 3 年来首粒欧冠淘汰赛进球，这也是国际米兰与英超球队近5场交锋首次破门。塞萨尔第200次代表国际米兰出场。国际米兰7年不胜英超球队的耻辱纪录终结。

25日

曼联的巴西中场安德森十字韧带撕裂，将无缘剩余赛季。

巴西队的帕托，荷兰队的布拉夫海德，葡萄牙队的纳尼，澳大利亚队的格雷拉，美国队的邓普西，韩国队的李青龙，新西兰队的瑞安・尼尔森，塞尔维亚队的米利亚什和斯洛文尼亚队的罗伯特・科伦身着赞助商为自己国家设计的球服亮相伦敦。

因女友瓦内萨与特里偷情一事被媒体揭露，曼城左后卫布里奇自感无法与特里在国家队共存，他宣布退出英格兰队，并放弃征战南非世界杯的机会。

26日

法国主帅多梅内克公布了最新一期国家队名单，波尔多中卫齐亚尼和马赛中场谢鲁首次入选，渴望重返国家队的维埃拉再次落选。

朴茨茅斯由于无力偿还7000万英镑的负债，正式被财政托管，同时被自动扣除9个联赛积分。

27日

意大利足协宣布了对国际米兰将帅处罚的"终审判决"，其中对穆里尼奥三场禁赛和坎比亚索两场禁赛不变，但为安抚国际米兰，蒙塔里的禁赛由两场改为一场。同时国际米兰球队顾问奥利亚里被禁赛至3月8日，球迷在比赛中针对裁判的暴力行为被罚款2.5万。此外，国际米兰拖延了与桑普多利亚一战下半场的开始时间，也被罚款5000欧元。

巴塞罗那与后卫皮克续约至2015年，为防止对手挖角，巴萨将皮克的违约金从5000万欧元提升至2亿。

曼联与门将范德萨续约一年，新合同至 2011 年 6 月，荷兰人的周薪也将涨至 9 万英镑。

中村俊辅离开西甲，他从西班牙人正式转回前东家横滨水手，转会费为 100 万欧元。

在英超第 28 轮比赛中，曼城客场以 4 比 2 战胜切尔西，“蓝军”37 个主场不败的纪录作古。

28 日

意甲第 26 轮开始 7 场角逐，罗马客场 2 比 2 被那不勒斯逼平，终结了联赛 7 连胜。

2009-10 赛季英格兰联赛杯决赛在温布利大球场展开争夺，曼联 2 比 1 逆转取胜阿斯顿维拉，成功卫冕，第 4 次夺得联赛杯冠军。

德甲联赛第 24 轮开始一场焦点对决，拜仁慕尼黑主场 1 比 0 力克汉堡，超过勒沃库森 2 分，近 57 轮首次独居积分榜首位，并以此向俱乐部成立 110 周年献礼。为庆祝球队建队 110 周年，拜仁慕尼黑发布了一件复古球衣，这也将是拜仁慕尼黑下赛季的主场球衣。652 天，92 周，21 个月，58 轮联赛，3 任主帅，见证了拜仁慕尼黑追赶联赛领头羊的艰辛历程。

三月

1 日

意大利国家队主教练里皮表示不会征召 AC 米兰后卫内斯塔进入南非世界杯名单。

2010 年南非世界杯 100 天倒计时晚会在南非的德班市国际会议中心举行，国际足联主席布拉特出席并发表了讲话。

世界著名的德勤会计事务所公布了一份关于世界足坛顶级俱乐部的年营业额的统计报告，皇马成为世界上首支年营业额超过4亿欧元的体育队伍。巴萨以3.66亿欧元超越曼联俱乐部，排名第二。

包括三名非洲卫星频道体育记者在内的一行21人在报道完一场足球比赛后的返程途中遭遇了武装分子袭击。除了三名记者被劫持外，一名尼日利亚记者腿部中弹。

2日

荷兰足协正式与现任荷兰国家队主帅范马尔维克续约2年，新的合同将在2012年欧锦赛后到期。

爱尔兰队在热身赛中0比2不敌巴西队，左后卫基尔巴尼与门将吉文第103次代表爱尔兰队出场，打破了斯汤顿保持的纪录。

由于特里身陷“友妻门”风波、费迪南德因伤缺阵，卡佩罗任命杰拉德出任英格兰队队长。

3日

效力于曼城队的球员迈克尔·约翰逊因涉嫌在酒吧中攻击一名曼联队的球迷而被拘捕。

德国足协公布了自己的世界杯奖金计划：如果德国队在南非世界杯上夺冠，每名球员将能得到25万欧元奖金。

西班牙队在法国巴黎举行的国际足球友谊赛中，客场以2比0战胜法国队，这也是法国队在法兰西大球场遭遇的最大比分失利。

4日

西班牙、英格兰和韩国公布了世界杯奖金标准，其中西班牙以总奖金1380万欧元在奖金榜上领跑，每名球员可分得60万欧元，而2008年西班牙队获得欧洲杯冠军后，总奖金只有 575 万欧元。

斯洛伐克国家队主力门将穆哈从波兰华沙列日自由转会至埃弗顿。

效力于巴拉圭第二级别联赛卡瓦列罗俱乐部 20 岁以下青年队的迭戈·坎特罗在一次训练中猝死，这也是自 2007 年以来在巴拉圭发生的第三起球员猝死事件。

5 日

曼联前锋欧文因脚踝伤势提前告别 2009-10 赛季。

切尔西宣布，葡萄牙右后卫博辛瓦因要进行膝盖手术，不仅提前告别了 2009-10 赛季，而且肯定无缘南非世界杯。

6 日

西媒《阿斯报》透露，2011 年 8 月 8 日皇马将在鸟巢为中国球迷奉上一场表演赛。促成皇马本次亚洲之行的是成龙基金会，他们开出每场 230 万欧元的天价，力压迪斯尼等对手，邀得皇马来华。依据皇马的传统，夏季热身赛历来只在美洲和亚洲之间交替，也就是说今年来亚洲，明年就该去美洲。然而，成龙却打破了这个百年俱乐部的陈规。

洛杉矶银河宣布，贝克汉姆在世界杯后将回到美国大联盟踢球。

德国《体育图片》统计了一组欧洲各大联赛上座率的数据，巴萨以场均 80075 人名列榜首。

西班牙《足球先生》杂志列举了 2009-10 赛季西甲新援中的 10 大水货，卡卡竟然排名第二，排名第一的是巴萨新援齐格林斯基。

阿森纳小将拉姆塞"被断腿"后，遭到多方谴责的"凶手"肖克罗斯向威尔士新星发去道歉短信，而阿森纳队员和球迷也已原谅了他。

德甲联赛第25轮开始6场角逐，拜仁慕尼黑客场1比1战平科隆。波多尔斯基打破了联赛中1426分钟的进球荒。

2009-10赛季英超联赛第29轮一场焦点战在莫里纽克斯球场展开争夺，曼联客场1比0小胜狼队，斯科尔斯英超百球绝杀建功。

7日

德甲联赛第25轮开始第8场角逐，勒沃库森客场2比3负于纽伦堡，2009-10赛季五大联赛最后不败“金身”告破。

曼联后卫布朗左脚第五跖骨断裂，将休战3个月，无缘南非世界杯。

巴西一位室内足球球员在一场友谊赛中被一根地板木戳中，最终抢救无效死亡。死亡的球员名为罗查・科斯塔，年仅23岁。23岁的罗查・科斯塔是瓜拉普阿瓦室内足球队的球员，他代表球队参加与帕尔梅拉斯的友谊赛，但在比赛中一块地板突然弹起刺穿了他的腿部最终插入腹部，导致该球员意外死亡。

巴洛特利拒绝了国际米兰开出的新约，这份新合同年薪为250万欧元，是他目前年薪的一倍。

波兰中部城市洛兹发生暴动事件，两支足球队球迷因为不满比赛结果而互相斗殴；警方虽赶到现场维持秩序，却和球迷发生冲突，造成11名警察受伤，另有5名闹事球迷被捕。

8日

在苏丹超级联赛一场比赛中，Al-Merriekh队的尼日利亚前锋恩杜兰斯・伊达霍尔在与队友的一次撞击中倒地不起，并最终失去了生命，年仅25岁。

一名喀麦隆足球运动员被指控在缅甸首都仰光使用伪造的假美钞，被判处9年有期徒刑。

9日

一名间谍在英格兰队对阵埃及队比赛之前，对温布利大球场的英格兰更衣室进行了窃听，长达六小时的录音甚至包括了卡佩罗为南非世界杯制定的战术。

2009-10赛季欧洲冠军联赛决赛用球“决战马德里”在皇马主场伯纳乌正式公布，该球由荷兰人奥尔乔特设计，主色调为红色和白色，其中红色代表着西班牙，白色代表皇马。球的样式与以往一样布满五角星，不过特别的一点是，由于2010年是阿迪达斯第10年赞助欧冠用球，因此每个星星上都印有最近10个赛季欧冠决赛的年份和举办地。

2009-10赛季欧洲冠军联赛决赛的7.5万张门票正式发售，其中参加决赛的两队将平分4.2万张，剩下2.3万张由欧足联分配。门票最高售价300欧元，最低售价90欧元。

一名叫做马克·查普曼的球员因在一场联赛中铲断对手的腿被送入监狱服刑6个月，他也成为足球历史上第一位为铲球犯规付出自由代价的球员。

前伊拉克国青队主帅哈基姆·沙基尔仅在伊拉克联赛石油队执教了5小时就宣布辞职，创造了一项足坛纪录。

2009-10赛季欧洲冠军联赛1/8决赛次回合打响。焦点战中拜仁慕尼黑客场2比3负于佛罗伦萨，总比分战为4比4，但拜仁慕尼黑凭借客场进球多杀进8强。第28分钟巴尔加斯抓住布特脱手的机会破门，将总比分追为2比2。下半场双方在11分钟内打进4球，先是约维蒂奇将总比分反超，接着范博梅尔将总比分追为3比3，约维蒂奇随后梅开二度，但罗本世界波将比分追为4比4。

10日

英国政府宣布向南非赠送4200万个避孕套，以响应世界杯东道国有关在世界杯期间提供10亿避孕套防控艾滋病的呼吁。

巴西球星埃莫森宣布退役。

欧洲体育杂志联盟(ESM)选出的2月欧洲月度最佳阵容揭晓。英超入选球员达到4人。ESM2月最佳阵容(433):洛里斯(里昂);埃弗拉(曼联)、特里(切尔西)、卢西奥(国际米兰)、海皮亚(勒沃库森);C·罗(皇家马德里)、坎比亚索(国际米兰)、罗纳尔迪尼奥(AC米兰);德罗巴(切尔西)、鲁尼(曼联)、罗本(拜仁慕尼黑)。

阿根廷乙级球队布朗上将队的罗曼·迪亚斯在面对暴力球迷威胁时掏出手枪,吓退了球迷。罗曼·迪亚斯在参加阿根廷乙级联赛对阵贝尔格拉诺防卫者队的比赛中表现不佳,比赛结束后一名球迷截住他,指责他在比赛中没有尽到职责。当球员们结束训练准备上车时,这几名球迷又冲了过来,恼怒异常的迪亚斯掏出手枪,吓得这几名球迷立刻离去。

2009-10赛季欧洲冠军联赛1/8决赛次回合在老特拉福德球场开始一场角逐,曼联主场4比0完胜AC米兰,总比分7比2打进8强。两回合总计净负5球的差距,也是米兰在欧冠淘汰赛阶段两回合遭遇的最大比分失利。

2009-10赛季欧洲冠军联赛1/8决赛次回合一场焦点战在伯纳乌球场展开争夺,皇家马德里主场1比1战平里昂,以总比分1比2惨遭淘汰,连续6年未能进入欧冠八强。

11日

梅西成为联合国儿童基金会(UNICEF)新的全球亲善大使。

2009-10赛季欧联杯1/8决赛首回合在都灵奥林匹克球场开始一场较量,尤文图斯主场3比1击败富勒姆,特雷泽盖打进3个月来个人首球。

德罗巴荣膺2009年非洲足球先生,这也是德罗巴职业生涯第二次荣膺此项荣誉。

马来西亚电信公司成为曼联的“电信合作伙伴”，双方签约 5 年。

12 日

《福布斯》公布了 2010 年世界富豪榜。由于经济回暖，切尔西老板阿布的身家从 2009 年的 85 亿美元激增至 112 亿，上升至全球第 50 位。不过在足球界阿布只能排在第二，因为英冠女王园林巡游者的掌控者米塔尔家族资产达到惊人的 287 亿美元，位列全球第 4 位。AC 米兰老板贝鲁斯科尼以 90 亿美元排在第 70 位，曼联的格雷泽家族以 24 亿美元排在第 400 位，皇马主席弗洛伦蒂诺以 19 亿美元位列第 536 位。

日本野村银行宣布加入曼联的所有权之争，他们将作为球迷团体“红色骑士”的坚强后盾，支持他们与格雷泽家族的斗争。

曼城官方宣布与曼彻斯特市议会、新东曼彻斯特三方达成协议，通过了一项包括扩容东土球场、建立新训练基地和运动医疗机构以及增设地铁站的诸多合作计划，这项协议总价值高达 10 亿英镑。

在意甲联赛第 28 轮中，国际米兰客场 1 比 3 被卡塔尼亚逆转，结束了连续 17 场不败战绩。佛罗伦萨客场 3 比 1 逆转那不勒斯，终结了那不勒斯 2009-10 赛季主场不败纪录，同时自 1995 年以来首次在圣保罗球场获胜。

13 日

在 2009-10 赛季意甲联赛第 28 轮中，尤文图斯主场 3 比 3 被锡耶纳逼平。皮耶罗开场 7 分钟梅开二度，这是他职业生涯第 300 球和第 301 球。

AC 米兰主场 1 比 0 力擒切沃，第 87 分钟，贝克汉姆带球导致左脚跟腱完全断裂，因康复期长达 6 个月，已无缘南非世界杯。

德甲联赛第 26 轮上演一场保级关键战，主场作战的柏林赫塔队在补时阶段被纽伦堡队绝杀，最终1比2落败。赛后，100多位情绪激动的球迷闯入球场追打球员并砸毁替补席。

14日

在巴西圣保罗州联赛第14轮中，科林蒂安2比1击败圣安德烈，比赛开场刚3分钟，罗纳尔多助攻登奇尼奥破门，这也是科林蒂安斯队成立百年来的第10000个入球。

15日

土耳其航空成为曼联的官方航空合作伙伴，在双方为期3年半的签约期内，“红魔”都将乘坐土航的航班前往客场参赛。

16日

在一场巴西乙级联赛结束后，主队卡内登斯球迷向客队维拉诺瓦的更衣室内投掷了一枚炸弹，造成客队后卫马塞洛大腿受伤，另有一名警察受伤，随后客队球员与球迷大打出手。

2009-10赛季欧洲冠军联赛1/8决赛次回合在伦敦斯坦福桥球场展开一场角逐，国际米兰客场1比0力擒切尔西，取得冠军联赛(1992年冠军杯改制后)淘汰赛客场首胜，以总比分3比1打进8强。第78分钟，埃托奥射进致胜一球，也打破了2010年个人俱乐部赛事进球荒。切尔西欧冠21个主场不败的纪录也被国际米兰打破。

17日

基斯林宣布与勒沃库森续约3年，新合同直至2015年。

拜仁慕尼黑与荷兰中场范博梅尔续约一年，新合同直至2011年6月。

18日

2009-10赛季欧联杯1/8决赛次回合全面打响，首回合3比1大胜的尤文图斯在客场1比4惨遭富勒姆逆转，以总比分4比5出局。

卡卡承认自己是带伤加盟皇马的,“我加盟时就患有运动型疝气症,正是因为如此才导致我很长时间都难以适应球队。”

一位 38 岁的法国球迷因抢救无效,不治身亡,该球迷是在 2 月 28 日圣日耳曼主场 0 比 3 不敌马赛的比赛中被客队球迷打至昏迷入院的。

19 日

曼联宣布与南非电信供应商 MTN 公司签署了一份为期三年半的赞助合同。

20 日

2009-10 赛季欧洲冠军联赛 1/4 决赛暨半决赛的抽签仪式在欧足联总部瑞士尼翁进行。结果 1/4 决赛中英超两队遭遇劲敌,曼联抽中拜仁慕尼黑,巴塞罗那与阿森纳冤家重逢,这两场比赛分别是 1999 年和 2006 年欧冠决赛的重演。而国际米兰则抽到 8 强中公认最弱的中央陆军,里昂和波尔多则将上演法甲德比,必然有一支法甲球队入围 4 强。

切尔西队长特里的父亲因在一家酒吧出售可卡因被捕。

2009-10 赛季德甲联赛第 27 轮开始 5 场角逐,拜仁慕尼黑客场 1 比 2 被法兰克福逆转,遭到欧战与联赛客场 2 连败,也是 2009 年 9 月以来联赛首败。打入第二球的费宁,在进球后公然脱下了自己的球裤庆祝。

《泰晤士报》推出了一年一度的英国体育权势人物 TOP100 榜单。由于恰逢世界杯年的影响,前 10 名中有 7 名来自足球圈,英格兰主帅卡佩罗更是当选为 NO. 1。该评选评估对英国体育影响最深的决策者、运动员、老板、经纪人或幕后人员,并根据候选人对各自体育项目以及其他项目的影响,对草根运动的影响,对全球的影响,以及对英国国家荣誉的帮助打分。

21 日

在 2009-10 赛季英超联赛第 31 轮一场焦点战中,曼联主场 2 比 1 力克利物浦，在积分榜上已领先阿森纳 2 分。

2009-10 赛季意甲联赛第 29 轮，AC 米兰主场 1 比 1 憾平那不勒斯，因扎吉攻入 2009 年 10 月以来的首粒联赛进球。国际米兰客场 1 比 1 战平巴勒莫，29 轮联赛战罢仅积 60 分，是 1998-99 赛季以来同期积分最低的领头羊。

2009-10 赛季西甲联赛第 27 轮继续进行，巴塞罗那客场 4 比 2 轻取升班马萨拉戈萨，梅西上演帽子戏法，还创造了一个点球。

22 日

英超联盟签订了一份巨额海外转播合同，未来三个赛季，英超每年都可以从海外电视转播中获得 4 亿英镑的收入，这个数字也是 2009-10 赛季的两倍。而每支球队每个赛季也将从联盟获得 2000 万的不菲分成。

国际足联执委会一致决定解除对伊拉克足协的制裁，这意味着伊拉克可以参加 4 月 23 日在多哈举行的亚洲杯抽签仪式，亚洲杯 16 强至此全部归位。

23 日

纽卡斯尔主力中卫斯蒂芬·泰勒与队友卡罗尔在训练场上大打出手，结果，被身高马大的卡罗尔打断了下巴。

西甲塞维利亚队与主教练希门内斯解约。

24 日

据《法国足球》统计，在 2009 年的“吸金榜”上，梅西高居第一，他的收入达到 3300 万欧元，其中 1000 万为年薪，400 万奖金，其他则来自广告。小贝排名第二，收入为 3040 万，C·罗以 3000 万名列第三。接下来是卡卡、亨利、小罗和伊布。教练方面穆里尼奥以 1300 万排名第一，曼奇尼 1200 万居第二，斯科拉里 950 万列第三，之后是克林斯曼和卡佩罗。而瓜迪奥拉只以 650 万排名第八，安切洛蒂仅以 570 万列第十一。

欧足联执委会在以色列特拉维夫召开会议，会议对 2009 年 9 月份通过的“财政公平竞争”法案进行补充更新，确定了 2010-11 赛季欧冠、欧联杯、欧洲超级杯的竞赛规则，以及确定并通过了其他一些决议。新规则规定，如果一名球员代表某支球队参加了欧冠或者欧联杯的第一轮、第二轮或第三轮资格赛，他可以在原有俱乐部被淘汰的情况下，获得代表另外一支球队参加欧冠及欧联杯小组赛及之后比赛的参赛资格。

25 日

世界杯组委会准备邀请贝克汉姆参加 2010 年世界杯开幕式。

2012 年欧洲杯预选赛进行了各小组抽签。在 2010 年 9 月 3 日进行的首轮比赛中，卫冕冠军西班牙队将在客场对阵列支敦士登队，第一小组中德国队则客场对阵比利时队，第七小组英格兰队主场迎战保加利亚队。抽签仪式原本定于 2 月进行，但当时由于 B 组（种子队俄罗斯，下同）、F 组（克罗斯亚）、G 组（英格兰）、H 组（葡萄牙）没有协调好赛程，因此欧足联为这四个小组延迟了抽签日期。

欧足联主席普拉蒂尼宣布将竞争下一任欧足联主席。

哈格里夫斯在遭遇膝伤 18 个月后，终于恢复了在曼联一线队的训练。

26 日

曼联与葡萄牙边锋纳尼续约至 2014 年。

塞维利亚确定原球队助理教练阿尔瓦雷斯为球队的新主帅，直到 2009-10 赛季结束。

在阿甲秋季联赛第 10 轮的国家德比中，博卡青年主场 2 比 0 完胜同城死敌河床，里克尔梅两度助攻，智利后腰梅德尔梅开二度，不过后者乐极生悲，在第 75 分钟染红被罚下。

德国足协就柏林赫塔爆发球迷骚乱一事作出判罚，主队将被处以5万欧元的罚款，此外赫塔也对参加骚乱的23名球迷禁赛3年。

英足总宣布对曼城主教练曼奇尼提出指控，因为曼奇尼在曼城与埃弗顿的比赛中与对方主帅莫耶斯起肢体冲突时离开了球场教练区域。对于莫耶斯，英足总只提出警告，没有正式指控。周中英超补赛，曼城主场0比2不敌埃弗顿，曼奇尼在比赛中一度失态，和对方主帅莫耶斯动起手来，随后主裁沃顿将两名主帅都罚上看台。

距世界杯开幕76天之际，南非所有举办世界杯比赛的体育场全部通过了国际足联最后的检查。

27日

巴赛罗那俱乐部董事会任命克鲁伊夫为荣誉主席，以表彰荷兰教父为球队作出的巨大贡献。

2009-10赛季英格兰足球超级联赛第32轮一场焦点战在斯坦福德桥球场展开角逐，切尔西主场7比1大胜阿斯顿维拉，兰帕德独中四元。

2009-10赛季意甲第31轮榜首大战在罗马奥林匹克球场打响，国际米兰客场1比2负于罗马，领先优势缩小到1分。

2009-10赛季德甲第28轮开始5场角逐，拜仁慕尼黑主场1比2被斯图加特逆转，该赛季首次联赛2连败和联赛主场首负。斯图加特上次德甲客场击败拜仁要追溯到1999年9月24日。

28日

前英格兰主帅埃里克森正式被科特迪瓦足协任命为国家队主帅。

29日

科特迪瓦各界举行了球场惨案一周年纪念活动。在2009年3月29日科特迪瓦队对阵马拉维队的世界杯预选赛中，仅能容纳 3.5 万人的科队主场涌入了超过 5 万名球迷，随后发生了球场踩踏事故，造成了 22 人死亡、130 人受伤的惨剧。

30 日

在一场阿根廷乙级联赛中，由于判罚问题，主裁阿马托、边裁雷布斯西尼与另一名边裁兰达在中场休息期间吵了起来。争吵中兰达指责两人收受了球队贿赂，恼羞成怒的阿马托和雷布斯西尼随即对兰达拳打脚踢，使后者左眼下方出现骨折，不得不被送往医院进行救治。比赛结束后，雷布斯西尼立即被警方逮捕，而参与殴打同僚的阿马托也被暂停裁判资格，他们将接受司法部门的调查。

马拉多纳因被自己养的狗袭击到脸部而不得不入院做了外科手术。

因演唱 1998 年世界杯主题曲《生命之杯》而走红全球的拉丁歌手瑞奇·马汀公开承认自己是同性恋。

2009-10 赛季欧洲冠军联赛 1/4 决赛首回合一场焦点战在安联球场展开争夺，曼联客场 1 比 2 不敌拜仁慕尼黑，鲁尼开场 64 秒闪电破门，里贝里进球扳平比分，奥利奇补时最后一秒绝杀助拜仁逆转。

墨西哥国家队主帅阿吉雷公布了首批备战世界杯决赛圈的 17 人名单，37 岁的老门将、参加过 1998 年和 2002 年两届世界杯的奥斯卡·佩雷斯再次入选。

《体育智慧》公布了一份“世界体育薪水年度报告”，该报告统计了全球各个职业联赛中薪水支出最多的球队，美国职棒联盟的纽约扬基队每年薪水支出最多，西甲两强皇家马德里和巴塞罗那的薪水支出位列第二、三位。

31 日

前德国国家队主力门将莱曼宣布在 2009-10 赛季结束后退役。

2009-10 赛季欧洲冠军联赛 1/4 决赛首回合在米兰梅阿查球场开始一场较量，国际米兰主场 1 比 0 力擒莫斯科中央陆军。马特拉齐第 400 次代表意大利俱乐部出场，使国米首发 11 人平均年龄达到 30 岁 267 天，创造了意甲球队欧冠最高龄首发纪录。

一名来自英国独立电视台的摄影师在欧冠 1/4 决赛阿森纳对阵巴塞罗那的比赛中不小心摔倒，撞伤头部，不幸丧生。

在“电话门”庭审中，根据辩方提供的新材料显示，国际米兰也不干净。辩护律师指出，在被监听的 5.1 万多条录音当中，同样也包括了莫拉蒂、法切蒂的通话记录，但却被人为过滤了。

四月

1 日

2009-10 赛季欧联杯 1/4 决赛首回合展开争夺，利物浦客场 1 比 2 不敌本菲卡，卡拉格第 621 次代表球队出场，力压阿兰·汉森成为出场次数队史第 8。雷纳第 250 次代表利物浦出场。

2 日

曼联宣布与巴西小将法比奥·达席尔瓦续约至 2014 年 6 月。

医生宣布，受枪击的巴拉圭前锋卡巴纳斯至少需要 18 个月的治疗恢复，这也宣告了卡巴纳斯世界杯梦想的破灭。

3 日

巴洛特利正式发布声明，向主帅穆里尼奥公开道歉。在向“狂人”道歉后，巴洛特利在连续 6 场联赛和欧冠被封杀后第一次回归大名单。而在随后进行的意甲第 32 轮中，国际米兰主场 3 比 0 轻取博洛尼亚，下半时巴洛特利打进一球。

尤文图斯客场 0 比 3 负于乌迪内斯，排名跌至第 7 位。尤文图斯高层、教练和球员赛后为自己糟糕的表现向球迷致歉。

AC 米兰客场 3 比 2 击败卡利亚里。18 岁的拉加楚成为卡利亚里俱乐部历史上最年轻的进球者。

2009-10 赛季英超第 33 轮一场焦点战在老特拉福德球场展开角逐，切尔西客场 2 比 1 击败曼联，反超曼联 2 分重登榜首。托特纳姆热刺客场 1 比 3 不敌桑德兰。开场仅 36 秒，达伦・本特就利用角球机会破门，创下了 2009-10 赛季英超最快进球纪录。

2009-10 赛季德甲第 29 轮迎来榜首大战，拜仁慕尼黑客场 2 比 1 战胜沙尔克 04，反超对方 1 分跃居榜首。

4 日

南非极右翼政治组织领导人尤金・特雷布兰奇遇害身亡，引起了人们对世界杯的安全问题的担忧。

5 日

纽卡斯尔提前 6 轮重返英超。

意甲利沃诺俱乐部解雇主帅科斯米。

在黎巴嫩联赛安古队与哈鲁夫队的比赛中，两队球迷发生激烈冲突，造成 1 人死亡，4 人受伤。

6 日

阿布扎比集团计划投入巨资，将曼城球场的容量从 47726 人扩展到接近 8 万人，从而打造成英超最大的球场。

在 2009-10 赛季欧冠 1/4 决赛次回合中，巴塞罗那主场 4 比 1 血洗阿森纳。梅西只用了42分钟便上演2009-10赛季的第4个帽子戏法，下半场再入1球，令自己成为欧冠历史上第8位单场完成大四喜的球员。国际米兰客场1比0击败莫斯科中央陆军，追平欧战5连胜的俱乐部纪录，以总比分2比0晋级，7年来首次打进欧冠半决赛，穆里尼奥成为首位带领3支不同球队打进冠军联赛4强的主教练。

7日

英国史上最年轻的足球裁判诞生，而且还是个女孩，这位名叫黛西·史密斯的小姑娘上月才满14岁，就获得了注册裁判员资格。

2009-10赛季欧冠联赛1/4决赛次回合一场焦点战在老特拉福德球场展开争夺，曼联主场3比2取胜拜仁慕尼黑。双方总比分4比4战平，拜仁凭借客场进球多优势晋级。英超球队7年来首度无缘欧冠四强。里昂客场0比1不敌波尔多，仍以总比分3比2晋级，法甲球队6年来首度进入欧冠四强。

8日

FIFA和索尼宣布了2010年南非世界杯3D转播的细节，该届杯赛将一共有25场比赛进行3D的转播。

德国足协公布调查结果，在上轮德甲中朝球迷掷水瓶的汉堡球员格雷罗被处以禁赛5场、罚款2万欧元的处罚。

9日

利物浦发布了2010-12赛季新款主场球衣，售价为42镑。这款球衣是复刻1989-90赛季款式，“红军”在那个赛季最后一次夺得了英格兰顶级联赛冠军。另外，新球衣胸前广告由嘉士伯改为渣打银行。

据《机要报》透露，2003年时任皇马体育主管的巴尔达诺曾拒绝将梅西吸纳到皇马青训营，当时梅西经纪人斯奇诺卡和父亲豪尔赫曾亲自飞抵马德里，希望皇马青训营能吸纳梅西，而青训主管马丁内斯也对梅西颇为看好，并向巴尔达诺极力推荐，但却遭到拒绝，理由是梅西瘦弱的身体不具备成为优秀球员的潜质，另外《机要报》还曝出博扬也曾被皇马拒之门外。

亚足联正式启动 2011 年亚洲杯官方网站，其中有中文语言可选。

英超公布了 3 月最佳评选，切尔西中场马卢达当选最佳球员，埃弗顿主帅莫耶斯荣膺最佳教练。

10 日

2009-10 赛季英超第 34 轮展开两场争夺，保级球队西汉姆联主场 1 比 0 力克桑德兰，被扣掉 9 分的朴茨茅斯提前 5 轮降级。

在 2009-10 赛季意甲第 33 轮中，佛罗伦萨主场 2 比 2 战平国际米兰，佛罗伦萨主帅普兰德利迎来执教第 500 场比赛。尤文图斯主场 1 比 0 战胜卡利亚里，布冯第 400 次在意甲亮相。

2009-10 赛季西甲第 31 轮一场焦点战在伯纳乌球场展开争夺，巴塞罗那客场 2 比 0 取胜皇家马德里，连续两个赛季"双杀"皇马，皇马 12 连胜也被终结。

西布罗姆维奇在 3 比 2 击败唐卡斯特后锁定了第二个英超直接升级的名额。

11 日

2009-10 赛季意甲第 33 轮开始 7 场角逐，罗马主场 2 比 1 击败亚特兰大，超过国际米兰 1 分，自 2007-08 赛季第 5 轮以来首次登上榜首。桑普多利亚主场 1 比 0 力擒热那亚，终结德比 3 连败历史。由于球场外围交通堵塞，此役开球时间延后了 15 分钟。

希腊帕纳辛奈科斯提前获得希腊足球超级联赛冠军。

蒙特拉就任罗马 14 岁以下少年队主帅。

12 日

尤文图斯的巴西前锋阿毛里获得意大利国籍,这也使他具备了代表意大利国家队征战的资格。

欧洲足联承诺,2012 年欧洲足球锦标赛价格将按照乌克兰人的平均工资确定,以让乌克兰老百姓看得起欧锦赛。

西班牙足球运动员协会向外界公布,因和国家体委、足协和联赛委员会通过谈判解决了拖欠球员工资的问题,原定于 4 月 16 日至 19 日举行的西班牙全体球员大罢工取消。

13 日

阿德巴约退出多哥国家队。由于多哥国家队在非洲遭遇到可怕的恐怖袭击,阿德巴约难以摆脱这件悲剧带来的打击,因此作出退出国家队的决定。

阿根廷春季联赛第 14 轮,博卡青年主场 4 比 0 击败兵工厂。36 岁的锋线老将帕勒莫打破僵局并梅开二度。凭借本场比赛的两粒进球,"疯子"帕勒莫成为博卡青年历史上的头号射手,220 个进球的总数超过了上世纪 30 年代的射手谢罗的 218 球。

西班牙足协公布了 2010 年国王杯决赛的举办场地,进入决赛的塞维利亚和马德里竞技将在巴塞罗那的诺坎普球场争夺最后的冠军。

黎巴嫩总理哈里里等 30 名黎政界要人在贝鲁特举行了一场口号为"我们都是队友"的足球赛,纪念该国内战爆发 35 周年,呼吁珍惜国内当前和平环境。

14 日

AC 米兰执行主席加利亚尼和主教练莱昂纳多共同向马尔蒂尼发出邀请,希望老队长能立刻复出,代表米兰参加 2009-10 赛季剩余比赛。

2009-10 赛季英超第 34 轮一场焦点战在白鹿巷球场展开角逐，托特纳姆热刺主场 2 比 1 战胜阿森纳，十年来首次在联赛中赢得北伦敦德比，范佩西则自 2009 年 11 月重伤以来首次回到赛场。

第 38 届意大利青年杯决赛第 2 回合在圣西罗球场展开角逐，AC 米兰青年队主场 2 比 0 击败巴勒莫青年队，以总比分 3 比 1 时隔 25 年后再度问鼎。

曼联主帅弗格森为《足球盛典》每年一度评选出的英格兰"足坛传奇奖"得主颁奖，而他 2010 年的颁奖对象正是他最欣赏的弟子——老特拉福德永久的"国王"坎通纳。

15 日

南非世界杯球票的本土柜面销售在 9 个主办城市正式拉开帷幕，不幸的是，有一位 64 岁的退休老球迷在买票过程中不幸被挤死。

英职业球员联盟公布了年度最佳球员候选名单。2009-10 赛季候选名单由 6 人缩减为 4 人，人选分别是鲁尼、法布雷加斯、德罗巴和特维斯，其中鲁尼和小法还同时入围最佳新秀名单。

欧洲体育媒体联盟评出的 3 月最佳阵容揭晓，范德萨（曼联）；阿尔维斯（巴塞罗那）、卢西奥（国际米兰）、维迪奇（曼联）；罗本（拜仁慕尼黑）、斯内德（国际米兰）、兰帕德（切尔西）、马卢达（切尔西）；梅西（巴塞罗那）、鲁尼（曼联）、库兰伊（沙尔克 04）。

欧冠奖杯移交仪式在马德里举行，仪式上皇马主席弗洛伦蒂诺从巴萨主席拉波尔塔手上接过奖杯。

16 日

在 2009-10 赛季西甲第 32 轮中，皇马做客 2 比 1 逆转阿尔梅里亚，20 年来首次客场击败对手。

英超利物浦队发表官方声明,美国老板希克斯和吉列特正式宣布布莱顿成为球队董事长,接手球队的销售工作。

曼联与效力球队 17 年之久的斯科尔斯续约一年,新合同到 2011 年 6 月截止。

17 日

在意甲第 34 轮一场焦点战中,国际米兰主场 2 比 0 战胜尤文图斯。第 75 分钟麦孔打进精彩世界波,他在禁区外大腿颠球挑过阿毛里后凌空抽射破门;补时阶段,埃托奥将比分锁定为 2 比 0。此役是穆里尼奥执教国际米兰的百场纪念,同时也是队长萨内蒂第 500 次出战意甲。

为推广切尔西 2010-11 赛季的主场新球衣,阿迪达斯特意请来世界著名的流行艺术家布莱克为其做宣传广告。

在 2009-10 赛季英超第 35 轮中,斯科尔斯第 93 分钟头球"绝杀"曼城,这也是他为"红魔"攻入的第 149 球,就此跻身老特拉福德史上十大射手行列。赛后爆发暴力事件,曼联新援马默·迪乌夫的哥哥比拉姆·迪乌夫在球场外惨遭曼城球迷群殴。

2009-10 赛季德甲第 31 轮开始第 7 场角逐,拜仁主场 7 比 0 血洗汉诺威 96,创造了 2005 年 8 月搬进安联球场以来 84 场联赛净胜球纪录。罗本上演加盟拜仁以来首个帽子戏法。克洛斯因肠胃不适未进大名单,无法庆祝他的德甲处子秀 10 周年。

18 日

在 2009-10 赛季英超第 35 轮中,阿森纳客场在 11 分钟内连丢 3 球,被维冈竞技 3 比 2 逆转。

伯明翰老板杨家诚通过英国最高法院发出传票,向前主席沙利文和高层高德等人索偿 700 万镑。指控内容是沙利文在执掌伯明翰期间在牺牲球会的利益下，以不正当手法令自己致富。

在 2009-10 赛季意甲第 34 轮开始最后 1 场角逐中，罗马“客场”2 比 1 逆转拉齐奥，追平了 2001-02 赛季卡佩罗领军时期 24 轮不败的俱乐部纪录。在赛后，托蒂做出了高举双手大拇指向下的讽刺动作。

19 日

德国足协与梅赛德斯-奔驰公司庆祝结成伙伴关系 20 周年。1990 年，西德队在意大利夺得世界杯冠军，同年双方正式成为合作伙伴关系。

纽卡斯尔在客场以 2 比 0 击败普利普斯，在联赛还剩下最后 2 轮结束的时候，领先第二名西布罗姆维奇 9 分，提前锁定 2009-10 赛季的英冠冠军。

20 日

由于冰岛火山爆发，欧洲实行航空管制，巴萨将士将不得不乘坐大巴奔赴意大利参加欧冠半决赛。

法国队几名球员卷入嫖妓丑闻，其中包括核心里贝里。

意反兴奋剂委员会公布了对佛罗伦萨前锋穆图的最终处罚意见，由于例行尿检呈阳性，穆图被禁赛 9 个月。

德国队头号门将阿德勒在训练中肋骨骨折，无缘南非世界杯。

2009-10 赛季欧冠半决赛首回合第一场上演，国际米兰主场 3 比 1 逆转巴塞罗那。这场胜利也让国际米兰的欧冠连胜纪录达到 6 场，创造了本队的纪录，同时也终结了巴萨欧冠 11 个客场不败的纪录。裁判鸣哨结束比赛后，巴洛特利脱下球衣扔在地上，表情愤怒地径自离场，还在走到球员通道附近时和看台上的球迷发生了争吵。

25 名西班牙各界名人合唱了一首歌曲，他们借此来号召人们继续帮助海地人民。作为西甲赛场上两个最出色的8号球员，卡卡和伊涅斯塔全都为海地人民献声。与此同时，拉莫斯、迭戈·弗兰和阿圭罗也都参与了这次活动。

21日

耐克公司为2010-11赛季准备的新款T90 TRACER比赛用球样式出炉。这款新球将用于英超（蓝色）、意甲（粉色）和西甲（红色）三个联赛，时间跨度为一年。

法国国脚里贝里被曝出因“招妓门”事件而被警方要求协助调查后，皇家马德里球星本泽玛也被卷入其中。

权威财经杂志福布斯公布了2010年世界20家顶级足球俱乐部价值排行榜。其中，来自英超的曼联队以18.35亿美元（11.9亿英镑）的总价值力压皇马、巴萨、拜仁、米兰排名榜首。

巴西杯1/8决赛，桑托斯8比1狂扫瓜拉尼，罗比尼奥梅开二度，内马尔一人独进5球。此役是罗比尼奥代表桑托斯出战的第200场比赛，他在比赛中身穿200号球衣亮相。

在索尔斯克亚的率领下，曼联预备队提前两轮夺得北区联赛冠军，这也是曼联预备队时隔4年重夺这一荣誉。

朴茨茅斯公布了俱乐部财务托管报告，军港最终欠债高达1.19亿。尽管打入足总杯决赛，但由于负债之高，英足总对其下达了禁止参加2010-11赛季欧联杯的命令。

22日

《福布斯》杂志公布了最新一期球员收入排行榜，贝克汉姆继续高居榜首。35岁的小贝年收入大约为4000万美元，其中大部分来源于赞助商。不过2010年对小贝来说是不走运的一年，由于无缘南非世界杯，他因此失去不少赞助商的支持。排在球员收入榜第二位的是C·罗，他的年收入大约为

3000 万美元，其中年薪就高达 1200 万欧元。

秘鲁首都利马的一所监狱举办世界杯赛，球员全部来自这所监狱中的囚犯，他们身着世界杯参赛队球衣参加比赛，并角逐出自己的冠军。

马尔蒂尼和他的妻子因被指控逃税与贿赂而接受了质询。

23 日

在第 11 届北京国际汽车展上，中国民族品牌车企"奇瑞"宣布梅西为其品牌代言人。

南非世界杯专卖戒指亮相，这批戒指制作于哥伦比亚的布卡拉曼加，将被作为世界杯特许商品出售，售价从 2500 美元至 25 万美元不等。

拜仁慕尼黑元老绍尔宣布在赛季结束后辞去助教职位，结束与球队 18 年的"感情"。

24 日

纽卡斯尔队长、35 岁的巴特宣布退役。

2009-10 赛季意甲第 35 轮开始首场角逐，国际米兰主场 3 比 1 逆转亚特兰大。上半时，亚特兰大前锋蒂里博基首开记录，终结国际米兰 1 月 9 日以来联赛主场连续 660 分钟不失球的纪录。下半时，齐沃也攻入转会国际米兰 3 个赛季以来的首粒进球。

2009-10 赛季西班牙足球甲级联赛第 34 轮一场焦点战在诺坎普球场展开争夺，巴塞罗那主场 3 比 1 取胜赫雷斯，此战获胜后，巴萨拿到 87 分，追平自己 2008-09 赛季创造的西甲积分纪录。

皇家马德里客场 2 比 1 取胜萨拉戈萨，皇马第 50 分钟打破僵局，C·罗纳尔多小禁区左侧横传，替补上场的劳尔轻松推射破门，这也是他为皇马打入的第228粒联赛进球，超过了迪·斯蒂法诺成为皇马历史上为球队打进联赛进球第二多的队员，同时这也是他为皇马打进的最后一球。

25日

2009-10赛季英超第36轮一场焦点战在斯坦福德桥球场展开争夺，切尔西主场7比0大胜斯托克城，卡卢上演帽子戏法。

2009-10赛季意甲第35轮开始最后1场较量，罗马主场1比2被桑普多利亚逆转，终结联赛6连胜和24轮不败，该轮获胜的国际米兰因而以2分优势重回榜首。托蒂打进2009年11月22日上演帽子戏法以来首粒运动战进球，卡萨诺助攻帕齐尼扳平比分，终场前帕齐尼再下一城“绝杀”罗马。

2009-10赛季苏超第35轮，格拉斯哥流浪者取胜提前夺得冠军。

英格兰职业球员联盟公布了2009-10赛季最佳球员的评选结果，曼联前锋鲁尼当选年度最佳球员，这也是连续第四个赛季由一名“红魔”球员获此殊荣。另外，阿斯顿维拉中场米尔纳被评为年度最佳新秀。另外英超年度最佳阵容也浮出了水面：门将：哈特（伯明翰）；后卫：伊万诺维奇（切尔西）、维尔玛伦（阿森纳）、邓恩（阿斯顿维拉）、埃弗拉（曼联）；中场：瓦伦西亚（曼联）、弗莱彻（曼联）、法布雷加斯（阿森纳）、米尔纳（阿斯顿维拉）；前锋：鲁尼（曼联）、德罗巴（切尔西）。

26日

德甲汉堡俱乐部官方宣布，解雇主帅拉巴迪亚。

前拜仁慕尼黑著名射手、效力于荷甲费耶诺德的马凯宣布：将在2009-10赛季结束之后正式告别绿茵场。

阿根廷河床著名球星奥特加发生车祸，他驾驶的轿车不慎与一辆公交车相撞，所幸的是奥特加和他的三个朋友都安然无恙，没有受伤。

澳大利亚发布了南非世界杯的主场队服。新队服由绿色和金色组成，材料来自于再生塑料瓶，采用当前最先进环保技术。而澳大利亚队和赞助商这一创举也将载入足球史册。

皇家马德里俱乐部在其官方网站宣布，队长劳尔由于右脚踝关节的伤势，将告别 2009-10 赛季剩余比赛。

27 日

德甲沙尔克 04 俱乐部官方宣布签约梅策尔德。这位 29 岁的德国国脚后卫，将于 2010 年夏零身价告别西甲巨人皇家马德里，效力沙尔克 04 队至 2013 年。

2009-10 赛季欧冠半决赛次回合先赛一场，拜仁做客 3 比 0 轻松横扫里昂，以总比分 4 比 0 昂首晋级决赛，奥利奇上演帽子戏法。德国球队 8 年来首度进入决赛，这也是拜仁继 2001 年后再度进入决赛。

俄罗斯莫斯科迪纳摩足球俱乐部解除主教练科别列夫的职务，改由黑山籍的博若维奇接替。

阿根廷国家队主教练马拉多纳公布了参加同海地队热身赛的球员名单，近来一直丑闻缠身的河床队球星奥特加意外地被召入国家队。

28 日

国际足联公布了最新一期的国家队排名，巴西队超越西班牙队成为新的世界第一，西班牙队位居次席，葡萄牙队超越荷兰队进入三甲。

福勒与澳大利亚帕斯光荣俱乐部签约一年，35 岁的前利物浦名将此前效力于北昆士兰，但双方的合同因财政原因作废，多家球队对他发出了邀请，最终他选择了帕斯。

2009-10 赛季欧冠半决赛次回合，国际米兰 0 比 1 负于巴塞罗那，但仍以总比分3比2晋级，1972年以来首次打进欧冠决赛。米利托兄弟同时登场，在欧冠史上首次“兄弟阋墙”，这也是欧战史上的第4次。

卡塔尔宣布，如能成功获得2022年世界杯举办资格，将耗资4亿美元兴建9座具备降温功能的体育场。

29日

卡佩罗拒绝了尤文图斯的执教邀请。

拜仁俱乐部就里贝里的禁赛处罚提出上诉，希望能减少停赛场次，好赶上欧冠的冠亚军决赛。里贝里在欧冠半决赛第一回合中因为对里昂前锋利桑德罗恶意犯规，被主裁判红牌罚下，欧足联在审查录像后做出决定，对里贝里在欧洲赛事中禁赛三场。

正在马德里宣传自己新作《罗宾汉》的澳大利亚影星拉塞尔·克罗，拜访了皇家马德里队的总部，并参观了球队的训练。

2009-10赛季欧联杯半决赛次回合结束，马竞和富勒姆淘汰各自对手会师决赛。马竞在加时赛内客场2比2战平利物浦，并凭借客场进球多晋级决赛。富勒姆主场2比1逆转汉堡，首次进入欧战决赛。

英国《星期日泰晤士报》公布了2010年英格兰和爱尔兰足坛主帅财富榜，英格兰主帅卡佩罗以身家3400万英镑高居第一，英冠伊普斯维奇主帅罗伊·基恩以3000万位居第二，他的恩师弗格森以2400万排名第三。切尔西主帅安切洛蒂以2100万紧随爵爷之后，排在第五的是爱尔兰队老帅特拉帕托尼，温格以1700万位居第六，曼城主帅曼奇尼和利物浦主帅贝尼特斯分列第八和第九位。

30日

在2009-10赛季德甲第33轮中，凭借托马斯·穆勒上演帽子戏法，拜仁慕尼黑主场3比1轻取波鸿，提前锁定本队历史上第22个德甲冠军。柏林赫塔客场 1 比 1 战平勒沃库森，成为首支降级队。

皇马正副队长劳尔和古蒂提出索要 1900 万欧元的遣散费。

鲁尼荣膺英足球记者协会评选出的 2010 年度最佳球员，他得到超过 80％的选票，成为第八位获此荣誉的曼联球员，德罗巴和特维斯分居二、三位。

热刺中场贝尔获得英超 4 月最佳球员，阿斯顿维拉主帅奥尼尔当选月度最佳教练。

在英超第 37 轮中，伯恩利客场 1 比 2 不敌伯明翰，这也是该队输掉的 2009-10 赛季第 17 个客场比赛，创造了英超新纪录。

一座被命名为“终极足球杀手”的雕像在伦敦亮相，并由科特迪瓦国家队主教练埃里克森为其揭幕。这座雕像融合了 10 位世界顶级球星的特质：普约尔的头发、克劳奇的身高、哈维的眼睛、马尔蒂尼的下巴、巴拉克的面颊、德拉普的手臂、塞萨尔的手掌、C·罗的双腿、梅西的左脚和亨利的右脚。造价高达 2.7 亿英镑。

五月

1 日

在 2009-10 赛季意甲第 36 轮中，AC 米兰主场 1 比 0 战胜佛罗伦萨，提前锁定意甲前四，获得了参加 2010-11 赛季的欧冠联赛的资格。小罗打进了 3 个月以来的首个联赛进球。

巴黎圣日耳曼凭借前锋霍阿劳在加时赛的进球，1 比 0 击败摩纳哥成功捧起法国杯。

贝尔格莱德一家法院作出宣判：一名足球流氓因试图谋杀一名警察未遂，被判入狱10年。这名叫米希奇的足球流氓在2007年末的一场贝尔格莱德红星的比赛中，试图强迫一名警察将荧光棒吞下，当时他只有18岁。米希奇在2008年被判入狱10年，但此后最高法院推翻该判决，将此案发回重审。此番再次被判入狱10年，米希奇也决定再次上诉。

加泰罗尼亚地方法院驳回了埃托奥向巴萨索要300万欧元的分手费的请求。

韩国队主帅许丁茂公布了与厄瓜多尔队进行友谊赛的30人大名单，安贞焕再度入选国家队。

英国《泰晤士报》公布了2010年英国体坛富豪榜前十名单，维冈竞技俱乐部老板惠兰以1.9亿英镑位列榜首，贝克汉姆以1.25亿英镑也位列其中。

2日

英格兰教头麦克拉伦率领特温特首夺荷甲冠军。

在2009-10赛季英超第37轮中，利物浦主场0比2不敌切尔西，彻底无缘下赛季欧冠赛事，比赛中利物浦首次身着中文球衣进行比赛。赫尔城客场2比2战平维冈竞技，提前一轮成为继朴茨茅斯和伯恩利之后的第三支英超降级队。

在洪都拉斯首都特古西加尔巴进行的一场足球比赛中，双方球迷爆发了冲突，6人遇难。

3日

德国队主帅勒夫宣布不会带沙尔克04前锋库兰伊前往南非，同时他否认自己是由于个人恩怨拒绝库兰伊。

4日

日本足协放弃了2018年世界杯的申办工作，而把重心转移到争取2022年世界杯的举办权上。

2009-10赛季西甲第36轮，巴萨主场4比1大胜特内里费，以93分创造西甲3分制以来的积分纪录，原92分的纪录由皇家马德里在1996-97赛季所创。同时这是巴萨2009-10赛季联赛第29场胜利，超越了1987-88赛季皇家马德里创造了的28个胜场纪录。几天之前皇家马德里也将2009-10赛季联赛胜利场次提升到了29场，现在巴萨和皇家马德里共享这项纪录。

曼联官方宣布鲁尼荣膺2010年巴斯比爵士年度最佳“红魔”球员奖。与此同时，曼联官网宣布，“红魔”U-18队前锋威廉·基恩荣膺年度最佳新秀奖。

5日

继英超预备队联赛北区冠军后，索尔斯克亚又率领曼联预备队在点球大战中力克南区冠军阿斯顿维拉，夺得预备队总决赛桂冠。

纳尼以65%的总得票率当选曼联4月最佳球员，打破了鲁尼在2010年对这一奖项的垄断。

欧足联公开驳回了拜仁的上诉请求，这也使里贝里将无缘欧冠决赛。

6日

国际米兰凭借米利托的进球，客场1比0力克罗马，第6次夺得意大利杯冠军，而罗马则输球又输人，第88分钟，替补出场的托蒂对巴洛特利恶意犯规被罚下。在主裁里佐利鸣哨结束比赛后，双方球员再次发生冲突，随后球迷冲进场内，坎比亚索遭到追打。

2009-10赛季英超第29轮进行了2场补赛，在一场决定第四名的直接交锋中，热刺客场1比0力克曼城，提前锁定欧冠资格。

在2009-10赛季法甲第36轮中，马赛主场3比1战胜雷恩，提前2轮夺得联赛冠军，这也是马赛继1992年之后时隔18年再次夺得法甲冠军。

在2009-10赛季西甲第36轮中，C·罗上演加入皇家马德里的首个帽子戏法。

德国队主帅勒夫公布了参加南非世界杯32人名单，巴德斯图贝尔和奥戈首次入选德国队。

曼联官网评选出了2009-10赛季俱乐部最佳扑救，范德萨在曼联客场挑战博尔顿的比赛中，飞身扑出博尔顿中场姆安巴的射门，获得了26.8%的选票，荣膺赛季最佳扑救。

7日

在荷兰杯决赛第二回合中，阿贾克斯客场4比1大胜费耶诺德，以两回合6比1的总比分夺得球队史上第18个荷兰杯冠军。

阿根廷队在一场热身赛中主场4比0大胜海地队，但老将帕勒莫在进球后被球迷投掷的鞭炮炸伤。

1994年世界杯最佳射手、俄罗斯人萨连科希望卖掉自己的金靴奖杯，换取50万美元来偿还债务。

8日

2009-10赛季德甲进行了最后1轮角逐，拜仁慕尼黑客场3比1轻取柏林赫塔，以5分优势夺冠。拜仁边锋罗本以平均2.52分获得《踢球者》杂志评出的赛季最佳。

韩国女足公布了亚洲杯名单，引发极大争议的“韩国伪娘”朴恩善落选。韩媒透露，朴恩善落选并不是因为害怕中国方面要向亚足联申诉，而是由于球员状态不佳。

在英格兰西南部的切尔滕纳姆，两支球队连续踢了 35 个小时，双方最后的比分被定格在 333 比 293！这场比赛本计划踢满 40 个小时，不过一场不期而至的倾盆大雨突然搅局，出于场地安全的考虑，球赛当时被迫中止了，但这场球赛仍打破了之前 33 小时的吉尼斯世界纪录。双方的 36 名球员都来自附近教堂，根据规则每名球员必须一次性上场踢 3 个小时，然后会有 5 分钟的休息和换人时间，所有参赛者都不得离开球场。这场比赛的收入将捐助给印度贫困儿童建立小学。

一名在克罗地亚联赛效力的球员突发心脏病猝死在球场。这名球员叫图基奇，效力于马拉多斯特，他在同索科拉的一场比赛中拼抢后倒地不起。当值主裁认为图基奇假摔，还向他出示了黄牌，但此后图基奇一直无法起身，主裁才感到事情不对，立刻呼叫医护人员进场。在抵达医院后不久，医生就宣布图基奇医治无效，不幸去世。

德罗巴当选切尔西 2009-10 赛季最佳球员，阿什利·科尔在主场对阵桑德兰的入球则被评选为赛季最佳进球。

里皮作出最终决定，将托蒂排除在意大利队的世界杯名单之外。

在布拉特的调和下，非洲足联同意解除禁止多哥参加未来两届非洲国家杯的处罚令。

墨西哥再次发生球员被枪击事件，效力于乙级联赛的梅萨在一次抢劫中被击中头部致死。

9 日

在 2009-10 赛季意甲第 37 轮中，AC 米兰虽然客场 0 比 1 负于热那亚，但由于桑普多利亚该轮战平巴勒莫，AC 米兰提前锁定前三，将直接参加欧冠小组赛。

在 2009-10 赛季英超最后一轮中，切尔西主场 8 比 0 狂扫维冈，以 1 分优势力压曼联第 4 次夺得顶级联赛冠军。此役上演帽子戏法的德罗巴以 29 球成为 2009-10 赛季英超最佳射手。

沙尔克 04 队锋线球星库兰伊宣布将在 2009-10 赛季结束后，自由转会至莫斯科迪纳摩俱乐部，双方签约 3 年。

阿根廷前锋利桑德罗凭借出色表现，获得 2009-10 赛季法甲最佳球员，欧塞尔主帅让·费尔南德斯战胜马赛主帅德尚和波尔多主帅布兰克当选年度最佳教练，里昂门将洛里斯蝉联最佳门将，巴黎圣日耳曼老将马克莱莱获得终身成就奖。

10 日

日本足协直接公布了参加南非世界杯的 23 人名单，他们也是 32 强中第一个公布正式名单的球队。小野伸二、小笠原满男两大明星中场双双落选。

罗马队长托蒂为在意大利决赛中怒踢巴洛特利的不冷静行为付出了代价，意大利体育仲裁委员会宣布对他处以意大利杯赛禁赛 4 场的处罚，巴洛特利也被处以停赛 1 场的处罚，理由是指责比赛工作人员。

前德国国脚施奈德在拜耳竞技场举行了告别赛，对阵双方是勒沃库森与施奈德全明星队。

继包揽英职业球员协会、英记者协会两项年度最佳之后，鲁尼又将英超年度最佳球员的大奖揽入怀中，热刺主帅雷德克纳普则当选英超最佳教练。

韩国球员李青龙获得博尔顿 2009-10 赛季最佳球员和年度最佳新人两项大奖。

英格兰主帅卡佩罗因为一家网游做代言遭到媒体一致炮轰。游戏名为《卡佩罗 11 人》，带有博彩性质，在进行游戏之前，玩家需要先支付 29.99－199.99 镑的费用，然后根据英格兰球员在比赛中的表现进行打分，进而获得奖金。同时亮相的还有“卡佩罗指数”游戏，这是依据卡佩罗过去两年收录的数据来给球员打分。

尤文图斯决定上诉，争取夺回被剥夺的 2005-06 赛季意甲冠军头衔。

11 日

西汉姆联宣布解雇意大利主帅佐拉。

富勒姆主帅霍奇森被英格兰联赛教练协会评选为年度最佳主帅。

前英格兰队主帅麦克拉伦离开荷甲新科冠军特温特，宣布将在 2010-11 赛季执掌德甲沃尔夫斯堡教鞭。

12 日

巴西足协直接宣布了南非世界杯 23 人参赛名单，小罗、帕托最终落选。

《踢球者》评出了德甲年度最佳阵容，令人意外的是，冠军拜仁慕尼黑仅有罗本和拉姆两人入选。

美国向国际足联提交了 2018 年及 2022 年世界杯的申办书，该申办书共有 1250 页，重达 873 公斤。

13 日

2009-10 赛季欧联杯落幕，凭借加时赛中弗兰的绝杀，马竞 2 比 1 力克富勒姆夺冠。这也是他们自 1962 年夺得欧洲优胜者杯后，再度夺得欧战冠军。

经过了一年的纠缠和六个月的艰苦谈判，AC 米兰主席贝鲁斯科尼和妻子维罗尼卡达成离婚协议。

利物浦宣布门将雷纳荣膺赛季球队最佳球员，巴西小将卢卡斯被评选为赛季最佳新秀。

荷兰国家队队长、35 岁的老将范布隆克霍斯特宣布在南非世界杯结束后退役。

前阿森纳队长亚当斯出任阿塞拜疆加巴拉俱乐部主教练。

14 日

保加利亚队队长贝尔巴托夫宣布退出国家队。

欧洲体育媒体联盟公布了欧洲 4 月最佳阵容，其中打入欧冠决赛的国际米兰有塞萨尔、萨穆埃尔、麦孔和斯内德 4 人入选，而英超只有兰帕德一人。

继荣膺“圣西罗绅士奖”后，帕托又获得球迷评出的“AC 米兰赛季最佳球员”。

阿迪达斯正式发布了“史上最轻”的足球战靴 F50 adiZero，梅西与比利亚参加了此款战靴的首发活动。

15 日

英冠球队斯旺西城确认，22 岁的前利物浦前锋伊德里扎伊猝死。

英格兰足总杯决赛在温布利大球场展开角逐，切尔西 1 比 0 力克朴茨茅斯，史上首次夺得双冠王。德罗巴打进致胜一球，比赛中切尔西 6 中门框。

德国杯决赛在柏林奥林匹克球场打响，拜仁慕尼黑 4 比 0 大胜不莱梅，第 15 次夺得该项赛事冠军，第 8 次加冕国内“双冠王”。

在 2009-10 赛季意甲最后一轮中，AC 米兰主场 3 比 0 击败尤文图斯，主客场双杀“斑马军团”，小罗梅开二度。赛后，AC 米兰主帅莱昂纳多宣布离任。乌迪内斯前锋迪纳塔莱以 29 球夺得赛季金靴。

在 2009-10 赛季法甲最后一轮中，里尔客场 1 比 2 负于洛里昂，仅排名第 4，痛失欧冠资格，里昂幸运地反超里尔 2 分夺得亚军。勒芒、布洛涅、格勒诺布尔三队降级。马赛前锋尼昂以 18 球荣膺金靴。

在 2009-10 赛季西甲最后一轮中，塞维利亚客场 3 比 2 险胜阿尔梅里亚，第 94 分钟，替补出场的 90 后小将罗德里打进压哨球，帮助塞维利亚惊险杀入欧冠资格赛。

16 日

因指责西班牙队试图贿赂裁判，以便在南非世界杯中取得好成绩，英足总主席特里斯曼被迫辞职。

2009-10 赛季意甲最后 1 轮，国际米兰客场 1 比 0 击败锡耶纳，力压罗马 2 分夺冠，追平了尤文 1931-1935 年意甲 5 连冠纪录。米利托的进球助国际米兰夺冠。比赛当天恰逢国际米兰老板莫拉蒂 65 岁生日。

2009-10 赛季西甲第 38 轮，巴塞罗那主场 4 比 0 大胜瓦拉多利德，获得史上第 20 个西甲冠军，同时 99 分的积分也创造了欧洲五大联赛积分新纪录。梅西梅开二度，追平了罗纳尔多在 1996-97 赛季创造的西甲 34 球、各项赛事 47 球的巴萨单赛季进球纪录。

入室抢劫利物浦队长杰拉德的嫌犯威尔逊被捕，这名 22 岁的犯罪嫌疑人被判处 7 年 4 个月监禁。两年半前，杰拉德妻子库兰在家中遭到一伙蒙面歹徒的袭击，当时杰拉德正在随队征战欧冠。歹徒入室后撬开杰拉德家的保险箱，将 300 万镑的现金洗劫一空，一名歹徒还威胁要带走杰拉德夫妇当时年仅 1 岁和 3 岁的两个女儿。

17 日

刚刚降入德乙的柏林赫塔宣布聘请前斯图加特主帅巴贝尔出任球队新主帅。

法国足协宣布，波尔多主帅布兰克将于世界杯后正式接过法国队主帅多梅内克的教鞭，双方签约两年。

前总统克林顿出任美国申办2018/2022年世界杯名誉主席。

米利托以35.6%支持率，击败队友斯内德，当选《罗马体育报》评出的国际米兰赛季最佳球员。

俄罗斯足协公布了拟承办2018年或2022年世界杯足球赛比赛的14座城市名单。其中半决赛将分别设在圣彼得堡和莫斯科，决赛将在莫斯科举行。

国际足联道德委员会开始着手调查俄罗斯与西班牙试图贿赂裁判、在申办2018年和2022年世界杯中舞弊的传闻。

18日

德国足协宣布，国家队队长巴拉克因伤退出世界杯。

在巴萨夺冠庆典上，梅西罕见地爆出粗口。西班牙《世界报》透露，因在国家队表现不佳，梅西一直遭受祖国媒体的批评，这让他忍无可忍。

荷兰教练艾德沃卡特宣布出任俄罗斯国家队新帅，双方签约4年。

国际体育仲裁法庭宣布，维持欧足联对里贝里停赛三场的处罚。

19日

正在法国备战世界杯的巴拉圭队在训练基地遭遇窃贼，小偷在一位工作人员的房间偷走了价值11万美元的财物。

20日

比利亚以4000万欧元正式从瓦伦西亚转会至巴萨，双方签约4年，违约金高达2亿欧元。

塞维利亚2比0战胜马德里竞技，第5次捧得国王杯冠军。

尤文图斯宣布，刚从桑普卸任的德尔内里正式出任球队主教练一职，双方签订了一份为期2年的合约。

安德雷·阿涅利出任尤文图斯历史上第25任主席。

阿根廷主帅马拉多纳公布了参加南非世界杯最终23人大名单。

2010年度金足奖10人候选名单公布，他们是贝克汉姆、布冯、德罗巴、埃托奥、杰拉德、吉格斯、普约尔、劳尔、西多夫、托蒂。

21日

欧足联公布了执法欧冠决赛的当值主裁判，英国人韦伯被委以重任。

继特里上演"友妻门"后，他的哥哥保罗也续演了这一出闹剧。保罗是英格兰低级联赛拉什顿钻石的一位业余球员，但他同样给队友、球队门将戴尔戴上了"绿帽"，戴尔25岁的未婚妻琳茜公开承认与保罗有奸情。

西班牙主帅博斯克公布了参加南非世界杯的23人终极名单，其中巴萨7人，皇家马德里5人，而此前不被看好的巴萨门将巴尔德斯，最终顶掉了比利亚雷亚尔的洛佩斯，成为球队第三门将。同时，比利亚雷亚尔中场塞纳、费内巴切前锋古伊萨两名2008年欧洲杯夺冠的主力落选。

阿根廷主帅马拉多纳在出席世界杯名单发布会时开车撞倒了一名摄影记者，并从他的小腿上碾了过去。撞了人后，马拉多纳还冲着倒地的摄影记者大骂。

2009-10赛季率阿根廷青年人夺冠的博尔吉就任博卡青年新帅。

阿森纳签下摩洛哥国脚查马克。

AC米兰宣布与老将因扎吉续约至2011年6月。

22日

第55届欧洲冠军杯决赛在马德里伯纳乌球场打响，国际米兰2比0击败拜仁慕尼黑，在阔别欧洲冠军45年后第3次举起奖杯，并成为首支加冕“三冠王”的意大利球队。继意大利杯决赛和意甲收官战打进致胜球后，米利托又包办了此役2粒进球，当选本场最佳球员。队长萨内蒂第700次代表国际米兰出场。7年之内两夺欧冠冠军，让穆里尼奥成为第三位率两支不同球队捧起欧冠奖杯的主教练，前两位纪录创造者分别是奥地利人哈佩尔和德国人希斯菲尔德。国际米兰取胜，也让意甲以0.131分的微弱优势保住欧洲第三联赛的地位。梅西以8球获得2009-10赛季欧冠金靴。

贝克汉姆以体育大使的身份赶赴阿富汗慰问英国士兵，而他访问的赫尔曼德省则是塔利班的大本营。然而，在这次访问的前一天，塔利班曾对坎大哈机场进行了一次突然袭击，一名英国士兵遇难，据称他们当时的目标就是小贝。

C·罗雕像在葡萄牙里斯本科伦坡购物中心亮相。

23日

因为持续不断的胃病，拉斯·迪亚拉临时退出了法国队世界杯大名单，阿森纳中场迪亚比幸运搭上末班车。

南非中场贾利被查出患有心脏病无缘世界杯。

日本队主帅冈田武史宣布世界杯后离任。

“臭名昭著”的挪威籍国际裁判赫宁因未能通过最终考核而无缘世界杯执法，他随即宣布退出国际赛事执法。

在英冠附加赛中，布莱克浦3比2战胜卡迪夫，自1971年以来首次打入英格兰顶级联赛。

拜仁与法国中场里贝里续约至 2015 年 6 月。

南非历史上最大的球场足球城球场正式剪彩开幕，并举行了一场比赛来热身。比赛吸引了 76000 人到现场观战，造成了巨大的交通堵塞。

24 日

特维斯荣膺曼城年度最佳球员，博亚塔则当选年度最佳新秀。

卡塔尼亚主帅米哈伊洛维奇离任。

圭多林就任乌迪内斯新帅，这也是他第二次执教该队。

25 日

葡萄牙队在热身赛上被世界排名第 117 位的佛得角 0 比 0 逼平，比赛中，主场球迷纷纷倒戈为对手加油。

西班牙队主帅博斯克下达禁令，禁止球员在世界杯期间使用微博、Facebook 等公共网络社交站点。

蒂加纳接替布兰克，出任波尔多新主帅。

阿明·费就任汉堡新帅，双方签约两年。

尤文图斯临时主帅扎切罗尼离任。

国际足联前主席阿维兰热因病入院。

有“黑帕瓦罗蒂”之誉、准备在世界杯开幕式上献唱《希望》的南非著名男高音歌唱家恩特舍贝（Siphiwo Ntshebe）因患脑膜炎去世，年仅 34 岁。

26日

皇家马德里主教练佩莱格里尼下课。

巴萨公布了夏季亚洲行计划，他们将先于8月4日在韩国首尔与K联赛全明星队进行首站比赛，8月8日移师鸟巢与北京国安交手。

国际米兰与萨内蒂和斯坦科维奇续约至2014年6月。

多特蒙德前锋巴里奥斯正式改籍，代表巴拉圭征战世界杯。

意大利媒体票选出了两位世界杯居家好男人，国际米兰门将塞萨尔和尤文图斯中场马尔基西奥当选。

塞维利亚扶正临时主帅阿尔瓦雷斯。

希腊前锋耶卡斯从勒沃库森转会至法兰克福，转会费为100万欧元。

桑普多利亚任命迪卡洛出任球队新帅，而当时迪卡洛从切沃下课还不到四小时。

巴西总统卢拉为巴西国家队举行壮行活动。

27日

塞尔维亚高中锋日吉奇从瓦伦西亚转投至伯明翰，转会费为600万英镑。

荷兰队主帅范马尔维克公布了参加南非世界杯23人最终名单，阿贾克斯后卫阿尼塔、费耶诺德后卫弗拉尔、埃因霍温中场恩格拉尔和阿尔克马尔前锋伦斯4人最终落选。

欧足联"工资帽"政策出台，从2012年开始，老板们将被限制每年最多只能向其俱乐部投入4500万欧元，这意味着像阿布那样将切尔西数亿欧元债务一笔划掉的情况将不会被允许出现。

阿根廷罗萨里奥中央队的球迷巴勃罗因无法忍受球队降级而自杀身亡。

谢丽尔的经纪公司通过微博宣布已与切尔西后卫阿什利·科尔离婚。

曼联宣布，墨西哥前锋赫尔南德斯已获得劳工证，他将在 2010 年夏季转会窗口开启时加盟“红魔”。

28 日

德国队主教练勒夫宣布，拉姆将接替受伤的巴拉克成为球队世界杯期间的队长，拉姆也成为德国队历史上最年轻的队长。

法国击败了意大利和土耳其，获得 2016 年欧洲杯主办权。

英格兰队主帅卡佩罗拒绝了国际米兰的执教邀请。

29 日

国际足联表示在对前英足总主席特里斯曼的调查后，没有发现任何关于西班牙与俄罗斯试图在申办 2018 年世界杯舞弊，并试图贿赂裁判的有关证据，决定不再进一步追究此事。

前巴西国家队主帅斯科拉里宣布辞去乌兹别克斯坦缔造者俱乐部主帅职务。

欧足联主席普拉蒂尼现身意大利都灵，出席了海瑟尔惨案 25 周年纪念日活动。

加纳队公布了参加南非世界杯 23 人最终名单，埃辛因伤落选。

在奥地利因斯布鲁克蒂沃利 NEU 球场，凭借洛伦特终场前头球绝杀，西班牙队3比2险胜沙特阿拉伯队，险些终结十连胜。

意大利教练协会揭晓了2009-10赛季最佳教练奖，刚刚辞掉AC米兰教鞭的莱昂纳多力压国际米兰主帅穆里尼奥获得这一殊荣。

30日

喀麦隆队公布了参加南非世界杯23人最终名单，曾因炮轰喀麦隆传奇巨星米拉大叔、声称要退出世界杯的埃托奥回心转意，最终入选。

欧洲17岁以下青年足球锦标赛决赛结束。英格兰队2比1逆转击败西班牙队，以5战全胜的成绩首次夺冠。西班牙队队长帕科以6球荣膺赛事金靴。

热刺中场莫德里奇与球队续约6年，他的新周薪高达8万英镑，成为了俱乐部周薪最高的球星之一。

皇家马德里总经理巴尔达诺宣布伊瓜因为非卖品。

31日

穆里尼奥就任皇家马德里新主帅，双方签约4年，“狂人”年薪高达1000万欧元。

尤文图斯副经理贝特加离任。

南非世界杯官方主题曲出炉，《Waka Waka(This Time For Africa)》成为最后赢家。

作为以对抗体育界猝死为主题的“心底经典比赛2010”活动的一部分，皇家马德里元老队与AC米兰元老队在伯纳乌球场举行了一场友谊赛，最终皇家马德里元老队以4比3获胜。

来自 10 个阿拉伯国家的 36 名球迷，在卡塔尔首都多哈组成两支球队，踢了一场持续 42 小时 5 分钟的足球赛，刷新了刚在印度创造的用时最长足球赛的吉尼斯纪录。

六月

1 日

《体育情报》公布了 2009-10 赛季欧洲五大联赛总入场人数的数据，德甲首次超过 1300 万大关，从而超越英超，成为欧洲入场人数最多的联赛。

德国媒体爆料称，拜仁慕尼黑曾在 2008 年欧洲联盟杯半决赛第二回合对阵圣彼得堡泽尼特的比赛中涉嫌操纵比赛。

阿森纳宣布，与威尔士新星拉姆塞续签一份长期合同。

意大利左后卫莫利纳罗从尤文图斯转会至德甲斯图加特，转会费为 400 万欧元。

巴西中场辛普利西奥从巴勒莫自由转会至罗马，双方签约 3 年。

前德国国脚阿萨莫阿从沙尔克 04 自由转会至升班马圣保利，双方签约 2 年。

皇家马德里发售 2010-11 赛季的主客场球衣。新球衣最大的特色是，正面以左胸队徽为中心散发出光芒，与其“银河舰队”的身份非常切合。

2 日

国际足球历史和统计协会公布了最新一期的俱乐部排名，新科欧洲冠军国际米兰从此前的第三，追上巴塞罗那并与其并列榜首。此外值得一提的是，曼联退出了前十，跌至第 13 位，皇家马德里上升十位，排名第 24 位，AC

米兰则跌出 50 名开外。

曼联与美国金融巨子 Aon 达成赞助协议，后者将以 8000 万英镑买断曼联胸前广告 4 年。

意大利国家队队长卡纳瓦罗告别尤文图斯，与阿联酋阿尔·阿赫利签约两年。

澳大利亚队公布了参加世界杯的 23 人最终名单，他们也是最后一支公布参赛名单的球队。

巴西队公布了参加世界杯 23 名球员的球衣号码，卡卡众望所归地得到了象征核心的 10 号球衣。

英足总宣布主帅卡佩罗将留任到 2012 年。

狼队签入伯恩利前锋斯蒂芬·弗莱彻，转会费为 700 万英镑，这也创造了狼队转会费新纪录。

《马卡》报宣布梅西当选 2009-10 赛季西甲最佳球员，C·罗排名第二。

3 日

西汉姆联任命格兰特为球队新主帅。

利物浦宣布主帅贝尼特斯离任。

英足总公布了参加世界杯 23 名球员的球衣号码，鲁尼得到了欧文曾经身披的 10 号战袍，列侬得到了贝克汉姆的 7 号球衣。

欧洲体育媒体联盟评选出了 2009-10 赛季最佳阵容，意甲和英超各有 4 人入选。门将：塞萨尔（国际米兰）；后卫：麦孔（国际米兰）、特里（切尔西）、卢西奥（国际米兰）；中场：阿尔维斯（巴塞罗那）、法布雷加斯（阿森纳）、兰帕德（切尔西）、斯内德（国际米兰）；前锋：罗本（拜仁慕尼黑）、鲁尼（曼联）、梅西（巴塞罗那）。

4 日

佛罗伦萨主帅普兰德利离任，同时宣布任命米哈伊洛维奇为球队新帅。

里奥·费迪南德因伤势严重，提前告别 2010 年世界杯，主帅卡佩罗只得急调热刺中卫道森入队。

阿根廷媒体称，足球流氓和国家队同机前往南非。该消息称这批足球流氓中大部分是大学生和博卡球迷，与马纳多纳、阿根廷足协主席格隆多纳关系甚密，还有消息显示是贝隆出资帮助这批流氓前往南非的。

由于朝鲜队世界杯名单没有按规定上报三名守门员，国际足联发表声明对朝鲜队进行制裁，他们要求报名的前锋金明元只能担任门将。

前皇家马德里主帅舒斯特尔出任土耳其劲旅贝西克塔斯新帅。

5 日

法国队在友谊赛中主场 0 比 1 不敌中国队，多梅内克执教国家队已达 76 场，超越传奇教练伊达尔戈，成为史上执教法国队场次最多的主帅。

尼日利亚中场米克尔因伤退出南非世界杯。

德国后卫杰罗姆·博阿滕从汉堡转会至曼城，转会费为 1100 万英镑，双方签约五年。

国际米兰与前锋米利托签订新约，阿根廷人的年薪提高到税后 500 万欧元，这也使他获得埃托奥之外队中第二高薪。

6日

国际足联公布了世界杯前16场比赛的主裁判安排。乌兹别克斯坦裁判伊玛托夫成为揭幕战裁判,穆宇新被确定为边裁第一替补。

在南非约翰内斯堡市郊的马库隆球场,朝鲜队在热身赛中1比3负于尼日利亚队。中场休息时尼日利亚球迷推倒球场大门发生踩踏事件,一名警察因此受到重伤。

7日

皇家马德里与阿根廷前锋伊瓜因续约三年,新合约直至2016年6月。

巴西队在热身赛中客场5比1大胜坦桑尼亚队,卡卡时隔一年后再次为国家队进球。而主力门将塞萨尔则因背伤两年来首次缺席巴西队比赛。

8日

葡萄牙足协宣布曼联中场纳尼因锁骨伤势发生恶化,不得不提前告别南非,从未代表过葡萄牙出战的本菲卡中场阿莫林火线入替。

一位60岁荷兰球迷在参观南非马拉维湖时不幸溺毙身亡,荷兰球迷决定在世界杯开幕后臂戴黑纱来纪念他。

前皇家马德里后卫、西班牙U-17国家队助理教练卡兰卡宣布出任穆里尼奥的助手。

西班牙队在热身赛中6比0横扫波兰队,23岁的法布雷加斯迎来第50场国家队比赛,他也成为西班牙历史上达此场次最年轻的球员。

9日

国际足联第60届大会在约翰内斯堡开幕,国际足联主席布拉特表示将争取再连任四年。

一场国际热身赛在南非的比德韦斯特球场进行，葡萄牙队 3 比 0 大胜莫桑比克队。此役是葡萄牙队有史以来第 500 场比赛，前锋丹尼打入了球队史上第 800 个进球。

巴西前锋阿德里亚诺从弗拉门戈自由转会至罗马，双方签约 3 年。

曼城宣布 6 名合同到期的球员离队，一线队的三人是保加利亚边锋彼得罗夫、巴西老将西尔维尼奥和津巴布韦前锋本贾尼。球队同时宣布与法国中场维埃拉续约一年。

国际足联允许智利前锋苏亚索服用“神秘药物”。此前，国际足联反兴奋剂委员会曾一度怀疑苏亚索使用禁药，并威胁要禁止他参加世界杯，但智利足协用科学证明，他们使用的药物只是帮助苏亚索尽快恢复左腿伤患。

贝尼特斯就任国际米兰新帅，双方签约两年。

10 日

由于“天安号沉没事件”引发了韩朝紧张关系，韩国有关部门表示，南非世界杯期间，韩国将不再向朝鲜提供免费的电视转播信号。

南非世界杯官方演唱会在约翰内斯堡索韦托的奥兰多球场举行。

澳大利亚宣布退出 2018 年世界杯的申办，将集中全力申办 2022 年世界杯。

国际足联拒绝了阿根廷前锋特维斯、阿圭罗和霍纳斯·古铁雷斯在球衣背后印昵称、外号或名字而非姓氏的请求。

因 13 岁的曾孙女泽纳尼在车祸中身亡，前南非总统纳尔逊·曼德拉确定将不出席世界杯开幕式及首场南非队与墨西哥队的比赛。

11日

南非世界杯揭幕战在约翰内斯堡打响，最终东道主南非队1比1战平墨西哥队，延续了东道主参加揭幕战不败的定律，南非中场查巴拉拉被评为当场最佳球员。继1982年、1990年、1994年、1998年和2006年后，南非主帅佩雷拉第6次率队亮相世界杯，从而超越米卢蒂诺维奇，成为率队参加世界杯决赛圈次数最多的主帅。

在南非世界杯A组第二场小组赛中，法国队0比0战平乌拉圭队。第81分钟洛德伊罗飞铲萨尼亚得到第二张黄牌被罚下，这也是南非世界杯首张红牌。赛后乌拉圭队前锋弗兰被评为当场最佳球员。此役亨利超越齐达内，成为法国史上第一个4次参加世界杯的球员。

罗马宣布与主赞助商WIND公司续约3年，合同为1650万欧元。

澳大利亚队第三门将布拉德·琼斯宣布，为了照顾生病的儿子，他将不参加世界杯，国际足联因此特批澳大利亚临时召入阿德莱德联队门将加莱科维奇。

12日

南非世界杯B组第1轮一场比赛在伊丽莎白港市的曼德拉湾球场进行，韩国队2比0取胜希腊队。第7分钟，奇诚庸任意球传至禁区内，无人防守的李正秀远点近距离垫射空门入网。第52分钟，朴智星单刀推射破门扩大比分，这也是他连续三届世界杯破门。赛后韩国队中场朴智星被评为当场最佳球员。

南非世界杯B组第1轮另一场比赛在约翰内斯堡市的埃利斯公园球场进行，阿根廷队1比0力克尼日利亚队。海因策接角球头球打进致胜一球。赛后尼日利亚队门将恩耶马被评为当场最佳球员。

南非世界杯C组第1轮在勒斯滕堡皇家巴福肯球场展开首场角逐，英格兰队1比1战平美国队。开场仅212秒，英格兰就取得梦幻开局！赫斯基禁区弧顶背身传球，杰拉德在克拉克下铲前外脚背弹射破门。第 40 分钟，邓普西远射，格林俯身抱球却意外脱手，美国队幸运追平比分。赛后美国队门将霍华德被评为当场最佳球员。

13 日

南非世界杯 C 组第 1 轮第 2 场比赛在波罗瓜尼市莫卡巴球场进行，斯洛文尼亚队 1 比 0 力克阿尔及利亚队，取得史上首场世界杯胜利。下半时，阿尔及利亚前锋加扎勒替补出场 15 分钟后累计 2 张黄牌下场。第 79 分钟，约基奇左路低传，科伦推射远角，球从阿尔及利亚门将沙乌希手边溜过贴门柱入网。赛后斯洛文尼亚队中场科伦被评为当场最佳球员。

南非世界杯 D 组第 1 轮首战在比勒陀利亚洛夫托斯球场进行，加纳队 1 比 0 力克塞尔维亚队。下半时，塞尔维亚队中卫卢科维奇累计 2 张黄牌被罚下，此后替补库兹曼诺维奇禁区内手球，加纳队前锋吉安操刀打进该届世界杯首个点球，赛后吉安被评为当场最佳球员。塞尔维亚队队长斯坦科维奇则创造了代表三个不同的国家队参加世界杯的纪录。

南非世界杯 D 组第 1 轮另一场比赛在德班市德班球场进行，德国队 4 比 0 大胜澳大利亚队。第 8 分钟，穆勒右侧传中，波多尔斯基劲射破门。第 26 分钟，拉姆右路传中，克洛斯头槌再下一城。第 56 分钟，卡希尔背后铲倒施魏因斯泰格被红牌直接罚下。第 67 分钟，波多尔斯基突破传球，穆勒扣过齐佩菲尔德后劲射破门。第 70 分钟，厄齐尔左侧传中，卡考轻松推射破门。赛后德国队前锋波多尔斯基被评为当场最佳球员。此役德国队全场完成 530 次传球，是 1966 年世界杯后该队在世界杯比赛中的最高纪录。

国际足联着手调查不明去向的 8000 张球票。在韩国队与希腊队比赛中，可容纳 42486 人的伊丽莎白港球场只坐了 31513 人，而官方尚未卖出的球票仅为 3000 张，剩余的 8000 张球票不知去向。

罗塞尔赢得巴塞罗那主席大选。数据显示，罗塞尔获得了高达 61.35％的选票，另两个候选人贝内迪托和英格拉分获 14.09％和 12.29％的得票率，而拉波尔塔指定的接班人费雷尔仅获得10.08%的选票。

葡萄牙边锋夸雷斯马从国际米兰转会至土耳其贝西克塔斯，转会费为730万欧元。

14日

南非世界杯E组第1轮一场比赛在约翰内斯堡的足球城球场进行，荷兰队2比0力克丹麦队。下半场开场仅34秒，范佩西左路传中，S·鲍尔森远点头球解围，球打中队友阿格后偏转入自家大门，这也是该届世界杯首个乌龙球。第85分钟，斯内德直传，埃利亚单刀射门打中右侧立柱弹回，库伊特补射入网。赛后荷兰队中场斯内德被评为当场最佳球员。

南非世界杯E组第1轮另一场比赛在布隆冯丹的自由州球场进行，日本队1比0力克喀麦隆队。第39分钟，松井大辅右路传中，本田圭佑小禁区左侧近距离破门。第86分钟，喀麦隆队球员姆比亚远射打中横梁。赛后日本队中场本田圭佑被评为当场最佳球员。

南非世界杯F组第1轮首战在开普敦绿点球场进行，卫冕冠军意大利队1比1战平巴拉圭队。第39分钟，托雷斯任意球斜传禁区，阿尔卡拉斯头球破门，1比0，此后布冯因背伤被换下。第63分钟，佩佩左侧开出角球，德罗西后点半凌空推进空门，1比1。赛后巴拉圭队后卫阿尔卡拉斯被评为当场最佳球员。

因服用兴奋剂给切尔西造成损失，瑞士联邦法院判罚罗马尼亚前锋穆图赔付蓝军1720万欧元。

15日

南非世界杯F组第1轮第2场比赛在勒斯滕堡皇家巴福肯球场展开较量，斯洛伐克队1比1战平新西兰队。第50分钟，斯洛伐克队打破僵局，维特克在门前7米处顶出弹地球入左下角，1比0。慢镜显示，在谢斯塔克传球瞬间，维特克处在越位位置。补时第3分钟，斯梅尔茨转身右脚起球，里德门前头球扳平比分,1 比 1。新西兰队拿到世界杯参赛史上第 1 分。赛后新西兰队后卫里德被评为当场最佳球员。

南非世界杯 G 组第 1 轮第 1 场比赛在伊丽莎白港曼德拉湾球场进行,葡萄牙队 0 比 0 战平科特迪瓦队。开场不久,C·罗远射击中门柱,未能打破 2009 年 2 月以来个人国家队球荒。下半时,德罗巴伤愈替补出场。赛后葡萄牙队前锋 C·罗被评为当场最佳球员。此役西芒因在赛前同 C·罗发生争吵,被主教练奎罗兹迫于压力压制在替补席上。

南非世界杯 G 组第 1 轮第 2 场比赛在约翰内斯堡的埃利斯公园球场进行,巴西队 2 比 1 取胜朝鲜队。赛前两队演奏国歌时,朝鲜球员郑大世泪流满面,让全世界球迷为之感动。巴西队在第 55 分钟打破僵局,埃拉诺直传,麦孔禁区右侧近乎零角度直接破门。第 72 分钟巴西队扩大比分,罗比尼奥直传,埃拉诺推射远角入网。朝鲜队在第 89 分钟扳回一城,郑大世头球摆渡,志尹南突入禁区劲射破门。赛后巴西队后卫麦孔被评为当场最佳球员。

在南非世界杯小组赛巴西队与朝鲜队的比赛前,埃利斯公园球场的国际足联雇工突然罢工,讨要拖欠他们的 700 兰特工资,为此当地警方出动了大批警察。

曼联官方宣布塞尔维亚左边锋托西奇转会至莫斯科中央陆军,转会费为 800 万英镑,双方签约 5 年。

16 日

拜仁慕尼黑与意大利前锋托尼解约。

南非世界杯 H 组第 1 轮第 1 场比赛在内斯普利特的姆博贝拉球场进行,智利队 1 比 0 战胜洪都拉斯队。第 34 分钟伊斯拉禁区右侧传中,门多萨铲球解围打在博塞豪尔身上偏转入网。智利队在本土外取得 60 年来的世界杯首胜。赛后智利队前锋桑切斯被评为当场最佳球员。

南非世界杯 H 组第 1 轮第 2 场比赛在德班球场进行，西班牙队 0 比 1 爆冷不敌瑞士队。第 52 分钟，德尔迪约克突入禁区在闪躲卡西利亚斯时摔倒，但跟进的费尔南德斯射门被皮克挡下，费尔南德斯再射入网。赛后瑞士队中场费尔南德斯被评为当场最佳球员。

南非世界杯 A 组第 2 轮首战在比勒陀利亚洛夫托斯球场进行，乌拉圭队 3 比 0 完胜东道主南非队。上半时，弗兰远射破门。下半场，南非门将库内铲倒苏亚雷斯，被红牌罚下，弗兰主罚点球命中，成为南非世界杯首位梅开二度的队员。阿尔瓦罗·佩雷拉补时再下一城。赛后弗兰被评为当场最佳球员。

2010-11 英超赛季赛程公布，新赛季的英超联赛将于 8 月 14 日开幕。

经核磁共振检查显示，布冯腰椎间盘突出，提前告别了南非世界杯。

17 日

澳大利亚队中场卡希尔被停赛一场，没有受到国际足联的追加处罚。

南非世界杯 B 组第 2 轮首战在约翰内斯堡足球城球场进行，阿根廷队 4 比 1 击败韩国队。比赛当天是韩国队完成世界杯处子秀 56 年纪念日。上半时，梅西任意球造成朴周永自摆乌龙，随后，伊瓜因头球扩大比分。半场结束前，李青龙从德米凯利斯脚下断球，单刀扳回 1 分。第 76 分钟梅西的补射击中门柱弹回，伊瓜因推入空门，但此球有越位嫌疑。第 80 分钟阿圭罗传中，伊瓜因头球破门上演帽子戏法。赛后伊瓜因被评为当场最佳球员。

南非世界杯 B 组次轮第 2 场比赛在布隆方丹自由州球场进行，希腊队 2 比 1 逆转尼日利亚队，结束了参加世界杯无进球无积分的历史。第 16 分钟乌切任意球斜吊门前，希腊队门将措瓦斯受到干扰扑错方向，球在他左侧弹地入网，尼日利亚 1 比 0 领先，这也是该届杯赛第一次任意球直接破门。第 33 分钟尼日利亚队球员萨尼·凯塔脚蹬对手被红牌罚下。第 44 分钟萨尔平迪斯抽射打中对方球员后变线入网，1 比 1。第 59 分钟尼日利亚队错失良机，奥巴西打空门偏出，第 71 分钟乔利斯大力低射造成恩耶马脱手，托罗西斯补射破门，帮助希腊队逆转对手。赛后尼日利亚队门将恩雅马被评为当场最佳球员，这是他连续两场在输球后被评为全场最佳球员。

南非世界杯 A 组第 2 轮第 2 场比赛在莫卡巴球场展开，法国队 0 比 2 负于墨西哥队。赛前在奏法国国歌时，埃弗拉热泪盈眶。第 64 分钟墨西哥队打破僵局，马克斯直传，拖后的阿比达尔造越位失败，埃尔南德斯单刀晃过法国队门将洛里后射入空门，这也是墨西哥在世界杯决赛圈的第 50 粒入球。第 79 分钟，巴雷拉突入禁区被阿比达尔绊倒，布兰科点球锁定胜局。赛后墨西哥队前锋埃尔南德斯被评为当场最佳球员。此役，多梅内克也创造了一个耻辱的纪录：他成为 80 年来第一位率队输给墨西哥队的法国队主帅，也让法国队连续 44 年对墨西哥没有失球的纪录作古。

桑普多利亚门将卡斯特拉齐自由转会加盟国际米兰，双方签约 2 年。

AC 米兰门将斯托拉里转会至尤文图斯，转会费为 500 万欧元。

国际足联否认了参加世界杯的四名朝鲜队球员在南非下落不明。据罗马尼亚国家电视一台报道，这些朝鲜队的球员们是害怕输球后回国被罚做矿工，因此避免回到朝鲜。

18 日

南非世界杯 D 组第 2 轮第 1 场比赛在伊丽莎白港的曼德拉湾球场进行，德国队 0 比 1 不敌塞尔维亚队。第 36 分钟，克洛斯吃到第二张黄牌被罚下。1 分钟后塞尔维亚队右路发动攻势，克拉西奇传中，日吉奇后点回摆，约万诺维奇禁区内凌空扫射破门。下半场，波多尔斯基罚失点球，他也成为德国队 28 年来在世界杯上第一个罚失点球的球员。赛后塞尔维亚队门将斯托伊科维奇被评为当场最佳球员。

南非世界杯 C 组第 2 轮第 1 场比赛在埃利斯公园球场展开，美国队 2 比 2 战平斯洛文尼亚队。上半场斯洛文尼亚队依靠比尔萨的左脚远射和柳比扬基奇的单刀2比0领先易边。美国则在第48分钟由多诺万突入禁区小角度劲射扳回1分。第82分钟阿尔蒂多尔头球摆渡,无人防守的布拉德利捅射扳平比分。第86分钟多诺万任意球传中,埃杜门前推射破门,但马里裁判鸣哨判美国球员犯规在先,进球无效。从慢镜看,这是个误判。赛后美国队中场多诺万被评为当场最佳球员。

南非世界杯C组第2轮第2场比赛在开普敦绿点球场开战,英格兰队0比0闷平阿尔及利亚队,追平了该队连续7场世界杯不败的纪录。英格兰队门将詹姆斯则以39岁321天的高龄成为世界杯史上第七年长的出场球员和最老的处子秀球员。赛后英格兰左后卫阿什利·科尔被评为当场最佳球员。赛后,一名冲进英格兰球员更衣室的球迷被逮捕,该球迷不仅与贝克汉姆发生了争吵,还与某个球员发生了冲突。

19日

南非世界杯E组第2轮第1场比赛在德班球场进行,荷兰队1比0击败日本队,成为32强中第一支晋级16强的球队。斯内德下半时远射攻入致胜一球。赛后斯内德被评为当场最佳球员。

南非世界杯D组第2轮第2场比赛在勒斯滕堡皇家巴福肯球场进行,澳大利亚队1比1战平加纳队。该场是非洲球队在世界杯上的第100场比赛。第11分钟,加纳队门将金森扑任意球脱手,霍尔曼补射首开记录。第24分钟,科威尔门线手球吃到争议红牌,吉安点球扳平比分。赛后,加纳队前锋吉安再次被评为当场最佳球员。

南非世界杯E组第2轮第2场比赛在比勒陀利亚的洛夫托斯球场进行,喀麦隆队1比2负于丹麦队,成为首支出局球队。喀麦隆队第10分钟取得领先,韦伯左路传中,无人防守的埃托奥低射破门。丹麦队第33分钟扳平比分,凯尔长传,罗梅达尔禁区右侧传中,本特纳铲射空门入网。第61分钟,丹麦队逆转,本特纳直传,罗梅达尔禁区右侧晃过马库恩后左脚弧线球射远角入网。赛后,丹麦队中卫阿格被评为当场最佳球员。比赛中,两位丹麦球迷赤裸上身举着丹麦国旗绕场一周,直到主席台前才被拦住,这也是世界杯史上的第一例裸奔。

法国足协副主席格雷特宣布开除辱骂法国队主帅多梅内克的前锋阿内尔卡。

法国足协公布了 2010-11 赛季法甲赛程，新赛季将于 8 月 7 日开始，是欧洲五大联赛中最先开战的联赛，到 2011 年 5 月 29 日结束。

20日

南非世界杯 F 组第 2 轮第 1 场比赛在布隆冯丹的自由州球场进行，巴拉圭队 2 比 0 力克斯洛伐克队。第 27 分钟，巴里奥斯直传，贝拉在对方两名球员的夹防中捅射破门。第 86 分钟，保罗·达席尔瓦传球，里韦罗斯禁区边缘劲射扩大比分。赛后，巴拉圭队中场贝拉被评为当场最佳球员。

南非世界杯 F 组第 2 轮第 2 场比赛在内斯普利特的姆博贝拉球场进行，意大利队 1 比 1 战平新西兰队。为了悼念在赛前刚刚去世前意大利球星罗伯特·罗萨托，意大利全队臂缠黑纱出战。罗萨托是 1970 年世界杯意大利队的球员。新西兰队第 7 分钟取得领先，卡纳瓦罗解围对方任意球失误，斯梅尔茨从他身后杀出捅射破门。第 29 分钟，亚昆塔点球扳平比分。赛后，意大利队中场德罗西被评为当场最佳球员。

南非世界杯 G 组第 2 轮第 1 场比赛在约翰内斯堡足球城球场进行，巴西队 3 比 1 击败科特迪瓦队，两战两胜提前出线。门将塞萨尔第 50 次代表国家队出场，上半时，法比亚诺在卡卡助攻下，终结 2009 年 9 月以来个人国家队进球荒。下半场，法比亚诺再下一城，但他破门前的两次手球都逃过了裁判法眼。此后卡卡又助攻埃拉诺得分。科特迪瓦队则由德罗巴扳回一分。终场前卡卡累计 2 张黄牌下场，这张红牌也使巴西队在世界杯历史上追平了由阿根廷队保持的 10 张红牌的纪录。赛后，巴西队前锋法比亚诺被评为当场最佳球员。

法国队球员集体罢练，抗议足协驱逐前锋阿内尔卡。事后法国足协官员、领队瓦伦丁宣布辞职。而被开除的阿内尔卡宣布永久退出法国队。

加纳足协重新召回因炮轰主帅而被开除的中场蒙塔里。

2009-10 赛季西乙联赛结束最后一轮争夺,大力神紧随皇家社会、莱万特一起升入 2010-11 赛季西甲。

21 日

英格兰队前队长特里"纠集"多名队友,兵谏卡佩罗。不过这场闹剧最终以切尔西队队长道歉告终。

南非世界杯 G 组第 2 轮第 2 场比赛在开普敦绿点球场开战,葡萄牙队 7 比 0 狂胜朝鲜队,朝鲜两连败后提前出局。第 29 分钟梅勒莱斯首开记录。第 53 分钟西芒再下一城。3 分钟后,阿尔梅达冲顶入网,将比分扩大为 3 比 0。第 60 分钟 C·罗反越位后回传,蒂亚戈破门。第 81 分钟李光川解围失误,刚出场的列德松凌空抽射攻入第 5 球。第 87 分钟列德松前场抢断,C·罗挑过朝鲜门将李明国,球落在 C·罗后背后又滚到他面前,C·罗顺势推入空门,结束了 16 个月的国家队进球荒。第 89 分钟蒂亚戈头球锁定 7 比 0 的胜局。赛后,该场奉献一传一射的 C·罗连续两场被评为当场最佳球员。

南非世界杯 H 组第 2 轮第 1 场比赛在曼德拉湾球场进行,智利队 1 比 0 击败瑞士队。开场仅 1 分钟,智利队前锋苏亚索因蹬踏吃到黄牌,这也是该届杯赛最快的黄牌。第 30 分钟瑞士中场贝赫拉米肘击对方球员被红牌罚下。第 49 分钟,桑切斯的远射打在队友冈萨雷斯身上折射入网,但此球被判越位在先。第 74 分钟马克·冈萨雷斯头球打破僵局,这个进球也让瑞士队的世界杯不失球纪录停留在 559 分钟。赛后,替补上场并打进全场惟一进球的马克·冈萨雷斯被评为当场最佳球员。

南非世界杯 H 组第 2 轮第 2 场比赛在埃利斯公园球场进行,西班牙队 2 比 0 战胜洪都拉斯队。第 17 分钟皮克长传,比利亚突入禁区晃过查韦斯后劲射远角入网。第 51 分钟,纳瓦斯回传禁区前沿,比利亚劲射打中查韦斯后偏转入网，2 比 0。第 62 分钟比利亚罚失点球，错过了上演帽子戏法的机会，这也是西班牙队在世界杯历史上罚丢的首个点球。不过凭借这两个进球，比利亚仍追平了西班牙人在世界杯上的进球纪录(5 球)。赛后比利亚被评为当场最佳球员。

自南非世界杯足球赛开赛以来，警方逮捕了 120 名参与赌球的嫌疑人，涉案金额达到 9000 万美元。

22 日

在南非世界杯 A 组末轮中，法国队 1 比 2 负于南非队，仅积 1 分垫底出局，南非队积 4 分，但因净胜球不及墨西哥队，成为世界杯历史上首支小组赛结束后即被淘汰的东道主。上半时，南非队中场库马洛与前锋姆费拉各下一城，法国队中场古尔库夫肘击对手吃到红牌。下半场，南非队前锋姆费拉射中门柱，法国队则由替补马卢达追回一分，避免了再遭 2002 年小组赛零进球的耻辱。赛后，姆费拉被评为当场最佳球员。法国队主帅多梅内克执教世界杯场次达到 10 场，追平了伊达尔戈保持的法国队主帅纪录。

A 组另一场比赛，乌拉圭队 1 比 0 击败墨西哥队，以 2 胜 1 平不失 1 球的战绩拿到小组第一，这也是该队自 1990 年世界杯以来第一次小组出线。第 43 分钟卡瓦尼右路传中，苏亚雷斯后点头球破门。赛后，乌拉圭队前锋苏亚雷斯被评为当场最佳球员。同样，墨西哥队也创造了一个奇迹：自 1994 年以来他们已连续 5 次杀入淘汰赛，仅次于德国、巴西、意大利和阿根廷队。

在南非世界杯 B 组末轮中，阿根廷队 2 比 0 击败希腊队，以全胜战绩获得小组第一。此役阿根廷队轮换多达 7 人，贝隆伤愈复出，米利托与阿圭罗搭档锋线。梅西成为阿根廷队历史上最年轻的世界杯队长。第 77 分钟德米凯利斯接角球补射打破僵局，第 84 分钟梅西射中门柱，3 分钟后梅西射门造成对方门将脱手，替补帕勒莫补射锁定胜局。赛后梅西被评为当场最佳球员。贝隆比赛中共传出 132 脚精准球，创造了世界杯历史上单场精准传球次数的最高纪录，其中 28 脚是传给梅西的。

B 组另一场比赛，韩国队 2 比 2 战平尼日利亚队，以小组第二晋级，这是他们在本土之外举行的世界杯中首度杀入淘汰赛。第 12 分钟，奥迪亚右路传中，乌切抢在车杜里之前推射破门。第38分钟，奇诚庸左路任意球传中，李正秀远点小角度抢射将比分扳平。第49分钟，朴周永任意球直接破门，帮助韩国队反超比分。第69分钟，雅库布点球扳平。赛后，朴智星被评为当场最佳球员。

一名韩国球迷为庆祝球队在南非世界杯小组赛中出线而跳入河中，不幸溺水身亡。

23日

在南非世界杯C组末轮中，英格兰队1比0力克斯洛文尼亚队，获得小组第二晋级，米尔纳助攻迪福绝杀建功。赛后迪福被评为当场最佳球员。

C组另一场比赛中，美国队1比0击败阿尔及利亚队，凭借进球数优势力压英格兰队夺得小组头名。开场不久，阿尔及利亚队前锋杰布尔射中横梁。此后美国中场邓普西射进一球，但被判越位在先。下半场，邓普西射中门柱，多诺万补时阶段上演绝杀。此后阿尔及利亚队长叶海亚累计2张黄牌被罚下。赛后多诺万被评为当场最佳球员。

在南非世界杯D组末轮中，德国队1比0力克加纳队。世界杯上首次出现兄弟各位其主的奇观，弟弟热罗姆·博阿滕效力德国队，而哥哥凯文·普林斯·博阿滕效力加纳队。下半时，厄齐尔远射攻入致胜一球。德国队积6分反超对手以小组头名出线，加纳队凭借净胜球优势压过澳大利亚队，成为首支出线的非洲球队。赛后德国队中场厄齐尔被评为当场最佳球员。

D组另一场比赛中，澳大利亚队2比1力克塞尔维亚队，两队双双出局。下半场卡希尔和霍尔曼在4分钟内连入2球，终场前潘特利奇为塞尔维亚队扳回一城。最后时刻，卡希尔禁区内明显手球未被判罚。赛后卡希尔被评为当场最佳球员。

马卢达向媒体披露了法国队罢训的经过，并向全体法国人民表示道歉。

24日

在梅西23岁生日(6月24日)这天，马拉多纳向他送上了一件特制的球衣，上有马拉多纳亲笔签下的祝福："送上我的爱与赞美，梅西，你的教练，迭戈(10)。"

在南非世界杯 F 组末轮比赛中，意大利队 2 比 3 负于斯洛伐克队，积 2 分小组垫底出局，成为史上第 4 支小组出局的卫冕冠军，斯洛伐克队积 4 分以小组第二出线。上半场，德罗西后场传球失误，维特克首开记录。下半时，夸利亚雷拉射门被斯科特尔从门线上挡出，此后维特克梅开二度。意大利队迪纳塔莱随后追回一分。终场前，斯洛伐克队替补科普内克破门，将比分扩大为 3 比 1。补时阶段，夸利亚雷拉吊射将比分追为 2 比 3。赛后，斯洛伐克队前锋维特克被评为当场最佳球员。

F 组另一场比赛中，巴拉圭队 0 比 0 战平新西兰队，以小组第一晋级，新西兰队 3 战不败惋惜出局。赛后，巴拉圭队前锋圣克鲁斯被评为当场最佳球员。

在南非世界杯 E 组末轮中，荷兰队 2 比 1 击败喀麦隆队，以小组头名出线。上半时，范佩西攻入个人该届杯赛首球。下半场，范德法特禁区内手球，埃托奥主罚点球扳平比分。第 73 分钟，喀麦隆队主帅勒冈用老国脚里戈贝特·宋替换下恩库卢，宋也凭借这场比赛的登场亮相，成为喀麦隆乃至非洲足球历史上，第一位在四届世界杯上都有出场的非洲球员。罗本此后替补出场，这也是拜仁边锋在这次世界杯的首次亮相。第 83 分钟罗本射中门柱，亨特拉尔补射得分。赛后范佩西被评为当场最佳球员。

E 组另一场比赛中，日本队 3 比 1 战胜丹麦队，获得小组第二出线。第 17 分钟本田圭佑任意球直接破门。第 30 分钟远藤保仁的直接任意球再次破门，此后远藤保仁的一次任意球还打中立柱。第 81 分钟，托马森主罚点球被扑出，他随即补射入网，1 比 2，这也是托马森打进的国家队第 52 粒入球，追平了保尔·尼尔森的国家队进球纪录。第 87 分钟本田圭佑传中，冈崎慎司射入空门。赛后本田圭佑被评为当场最佳球员。

为弄清法国队耻辱出局的原因，法国总统萨科齐取消了 G20 峰会前的重要会议，与亨利在爱丽舍宫进行了面谈。萨科奇在办公室还颁布声明称，不发给球员奖金。

切尔西与刚刚被法国队开除的阿内尔卡续约一年，新合同直至2012年6月。

希腊队主帅雷哈格尔宣布辞职。

25日

在南非世界杯G组末轮中，巴西队0比0战平葡萄牙队，两队分居小组一、二名携手出线。巴西队中卫卢西奥第15次代表巴西队出战世界杯，追平了球王贝利的纪录。上半场主裁阿琼迪亚就出示了7张黄牌，巴西队后腰梅洛甚至因为情绪失控而被提前换下。赛后C·罗被评为当场最佳球员。

E组另一场比赛中，科特迪瓦队3比0击败朝鲜队，两队双双出局，朝鲜队以3战全败净负11球在32强中垫底。第11分钟德罗巴头球破门被判越位。第14分钟亚亚·图雷推射破门。第17分钟罗马里克远射击中立柱。第20分钟博卡左路传中，德罗巴停球转身后劲射打中横梁，罗马里克补射空门破网。终场前卡劳门前凌空垫射锁定胜局。这样，第一次在非洲大陆举行的世界杯赛，非洲球队整体"疲软"已经成为现实，6支非洲球队仅有加纳队出线。赛后德罗巴被评为当场最佳球员。

在南非世界杯H组末轮中，西班牙队2比1胜智利队，两队分居小组一、二名。第24分钟阿隆索直传左路，智利门将布拉沃出击抢在托雷斯之前铲球解围，但被比利亚45米外吊射空门得手。这也成为世界杯历史上距离最远的吊射。同时凭借这个进球，比利亚超越劳尔、布特拉格诺、耶罗和莫伦特斯，成为西班牙队在世界杯决赛圈入球最多的球员，他还成为第一位在世界杯和欧洲杯两项大赛上，进球达到10个的西班牙球员。第37分钟比利亚妙传，伊涅斯塔禁区前推射扩大比分，这也是该届世界杯的第100球。埃斯特拉达则在回防时绊倒托雷斯得到第二张黄牌被罚下。第47分钟，米拉尔为智利队扳回一分，他禁区前劲射打中皮克后偏转入网。赛后伊涅斯塔被评为当场最佳球员。

H组另一场比赛中，瑞士队未能把握住机会，0比0与洪都拉斯队闷平后两队双双出局。此战后世界杯小组赛全部结束，进入16强的球队中仅有6支欧洲球队，是自1930年世界杯以来最少的一次。

曼联中场斯科尔斯宣布将在 2010-11 赛季结束后退役。

意大利队队长卡纳瓦罗和中场加图索宣布退出国家队。

阿莱格里宣布就任 AC 米兰新帅，双方签约 2 年。

26 日

南非世界杯 1/8 决赛第 1 场比赛在伊丽莎白港纳尔逊·曼德拉湾球场进行，乌拉圭队 2 比 1 力克韩国队，自 1970 年以来首次打进世界杯八强。开场仅 4 分钟，韩国前锋朴周永任意球中柱。第 8 分钟，弗兰横传，苏亚雷斯后点推射入网，1 比 0。第 68 分钟，李青龙头球攻门扳平比分，同时打破了乌拉圭队该届杯赛不失球金身。第 80 分钟，弗兰右侧角球被顶出，洛德伊罗头球点到左侧，苏亚雷斯右脚弧线球击中远门柱内侧弹进，2 比 1。赛后苏亚雷斯被评为当场最佳球员。

南非世界杯 1/8 决赛第 2 场比赛在勒斯滕堡皇家巴福肯球场进行，加纳队 2 比 1 淘汰美国队杀进八强，追平了 1990 年喀麦隆队和 2002 年塞内加尔队保持的非洲球队最佳战绩。上半时，普林斯·博阿滕攻入加纳队该届世界杯首粒运动战进球。下半场，多诺万点球扳平比分。加时赛第 93 分钟，吉安凌空抽射打进致胜一球。赛后加纳队中场阿尤被评为当场最佳球员。

在塞内加尔北部城市马塔姆，球迷在观看乌拉圭队与韩国队比赛时，因看台突然坍塌导致 11 名球迷不幸丧生。

27 日

南非世界杯 1/8 决赛第 3 场比赛在布隆方丹的自由州球场进行，德国队 4 比 1 大胜英格兰队。第 20 分钟，克洛斯铲射破门，这也是他第 50 个国家队进球。第 32 分钟波多尔斯基扩大比分。第 37 分钟厄普森扳回一城。第 38 分钟，比赛出线重要争议，兰帕德禁区弧内挑过诺伊尔打中横梁弹地而出，回放显示皮球明显越过门线，但裁判未予判罚进球有效。第 52 分钟兰帕德任意球直接射门又打中横梁。第 67 和 70 分钟，托马斯·穆勒反击中梅开二度为德国队锁定胜局。赛后，托马斯·穆勒被评为当场最佳球员。而卡佩罗则宣布不会从英格兰队帅位上主动引咎辞职。

英德大战后，国际足联委员会召开了一个小时的紧急会议，但否决了安装电子眼及在足球内装置电子芯片的可能性。

世界杯1/8决赛第4场比赛在约翰内斯堡的足球城球场进行，阿根廷队3比1击败墨西哥队，梅西助攻处于越位位置的特维斯先拔头筹，伊瓜因扩大比分，特维斯再度破门锁定胜局，埃尔南德斯为墨西哥扳回一城挽回颜面。赛后，特维斯被评为当场最佳球员。

28日

南非世界杯1/8决赛第5场比赛在德班上演，荷兰队2比1击败斯洛伐克队，取得了开赛以来的四连胜，同时也创造了该队在世界杯上的最佳开局。第18分钟斯内德后场50米斜长传，罗本突破后门前低射破门。第84分钟斯科特尔背后高抬腿侵犯亨特拉尔被判犯规，但就在他抗议时，范布隆克霍斯特快开任意球吊入禁区左侧，库伊特抢在门将穆哈之前头球回敲，斯内德推射扩大比分。补时第4分钟维特克点球扳回一分。赛后斯内德连续第3次被评为当场最佳球员。

南非世界杯1/8决赛第6场比赛在约翰内斯堡埃利斯公园球场开战，巴西队3比0轻取智利队。第35分钟胡安接麦孔的角球头槌首开记录。3分钟后卡卡禁区前直塞，法比亚诺反越位晃过门将打空门得手。第59分钟拉米雷斯中线断球长驱直入后横敲，罗比尼奥弧线球贴门柱入网。赛后罗比尼奥被评为当场最佳球员。

法国足协主席埃斯卡莱特斯宣布辞职，他也成为法国世界杯闹剧中的第一个“牺牲品”。

阿根廷边锋迪马利亚从本菲卡转会至皇家马德里，转会费为2500万欧元，双方签约6年。

国际足联南非世界杯前方总部失窃，7 座大力神杯的复制品和一些官方小饰物被盗。

国际足联主席布拉特为在南非世界杯中裁判出现的失误向英格兰和墨西哥两队致歉。

29 日

布拉特“警告”法国总统萨科齐不要过多干涉法国足协的内部事务，不然国际足联将会在全球范围内对法国队实施“禁赛”。

南非世界杯 1/8 决赛第 7 场比赛在比勒陀利亚洛夫托斯球场展开，巴拉圭队通过点球大战中 5 比 3 淘汰日本队，历史性杀入八强。双方 120 分钟内战成 0 比 0，点球大战中前两轮双方全部命中，第 3 轮里韦罗斯为巴拉圭队再下一城，驹野友一的劲射却打中横梁。随后两轮巴拉圭队弹无虚发，最终取胜晋级。赛后本田圭佑被评为当场最佳球员。

南非世界杯 1/8 决赛最后一场在开普敦绿点球场展开，西班牙队 1 比 0 力克葡萄牙队。第 63 分钟，哈维脚后跟妙传，比利亚将球打入。第 89 分钟葡萄牙队后卫科斯塔因肘击卡普德维拉被红牌罚下。赛后哈维被评为当场最佳球员。

国际足联公布了南非世界杯 1/8 决赛后的留任裁判组名单，在阿根廷队和墨西哥队比赛中将特维斯越位球误判为有效的意大利金哨罗塞蒂、在英德大战中将兰帕德好球吹掉的乌拉圭裁判拉里昂达以及他们所率领的裁判组都被遣送回国。

英超维冈竞技俱乐部宣布签下阿根廷大学生队前锋博塞利，双方签约 4 年。

30 日

国际足联辟谣称英德战主裁被杀系谣传。此前南非当地某电视台播报新闻称,执法英德之战的主裁拉里昂达被人连开数枪击中后当场死亡,终年43岁。

国际足联纪律委员会驳回了加纳申请免除中场球员阿尤禁赛一场的申诉,阿尤将无缘与乌拉圭的1/4决赛。

巴拉圭球迷在首都亚松森庆祝球队史上首次杀进世界杯八强,然而庆祝活动却演变成了暴力事件。

西班牙国脚大卫·席尔瓦从瓦伦西亚转会至曼城,转会费为2900万欧元,双方签约4年。

普兰德利正式与意大利足协签订了一份为期4年的执教合同。

尼日利亚总统乔纳森下令禁止国家队在未来两年里参加国际比赛。

墨西哥队主帅阿吉雷辞职。

德科宣布退出葡萄牙国家队。

七月

1日

乌拉圭队申请更换主裁得到国际足联批准。之前,国际足联指定执法乌拉圭队同加纳队之战由英国人韦伯主哨,但在英德大战中,乌拉圭籍主裁拉里昂达误判兰帕德的远射未过门线,英格兰队错失扳平良机,并在下半场崩盘。国际足联则听从建议,调换了葡萄牙人本科伦卡执法此战。国际足联还公布了其他三场1/4决赛的裁判名单,日本主裁西村雄一将执法巴西队同荷兰队之战,乌兹别克人伊尔马托夫主哨德国队同阿根廷队之战,危地马拉人巴特雷斯执法巴拉圭队同西班牙队之战。

鲁尼和杰拉德决定退出一次作秀活动。这一名为“A:3K”的活动原定在7月17日进行，由鲁尼、杰拉德和法布雷加斯、C·罗、德罗巴、比利亚一起竞争，每人出场费高达50万英镑。但因为英格兰队在世界杯上的糟糕表现，两人认为此时参加这样的活动不合时宜，而这项活动也因两人的退出而被推迟到2011年夏天。

霍奇森就任利物浦新帅，双方签约3年。

巴塞罗那为新任主席罗塞尔举行就职典礼。

尤文图斯宣布签下后卫博努奇和中场马丁内斯。博努奇从巴里加盟，转会费为1550万欧元，双方签约5年；马丁内斯从卡塔尼亚加盟，转会费为1200万欧元，双方签约4年。

意大利主帅普兰德利确定布冯为国家队新队长，他同时表示会征召两名坏小子卡萨诺和巴洛特利入队。

澳大利亚中场布雷西亚诺从巴勒莫自由转会至拉齐奥。

热那亚免费签入前锋托尼。

2日

南非世界杯1/4决赛第1场比赛在伊丽莎白港市曼德拉湾球场进行，荷兰队2比1逆转巴西队。第8分钟，罗比尼奥就接阿尔维斯左路传球推空门得手，但被判越位在先。2分钟后，梅洛直塞，罗比尼奥插上推射得分。第52分钟，斯内德右路斜传禁区内，梅洛头球解围时误入自家球门，1比1。这也是巴西队在世界杯上的第一个乌龙球。第68分钟，罗本开出右侧角球，库伊特头球后蹭，斯内德头球破门反超比分。第74分钟，梅洛恶劣踩踏罗本被红牌罚下，这张红牌也使巴西队以11张红牌成为世界杯上得到红牌最多的球队。赛后斯内德被评为当场最佳球员。

巴西队被淘汰后,一名海地的巴西球迷跳到一辆飞驰的汽车前,自杀身亡。

南非世界杯1/4决赛第2场在约翰内斯堡进行,乌拉圭队1比1战平加纳队,点球大战4比2胜出。上半场补时阶段,蒙塔里远射打破僵局。第55分钟弗兰任意球破门扳平比分。加时赛补时最后阶段,加纳队必进球被守在门线上的苏亚雷斯用手挡出,乌拉圭队被判罚点球加红牌!但吉安主罚的点球打中横梁,乌拉圭队起死回生进入点球大战。点球大战中,穆斯莱拉两度扑出加纳队点球,乌拉圭队最终4比2胜出,40年来首度杀进世界杯四强。赛后弗兰被评为当场最佳球员。

以色列球员贝纳永从利物浦转会至切尔西,转会费为600万英镑,双方签约3年。

尤文图斯宣布从罗马签下边后卫马尔科·莫塔,双方签约4年。

国际足联责令尼日利亚总统乔纳森收回禁止尼日利亚国家队参加国际比赛的禁令。

葡萄人桑托斯出任希腊国家队新帅。

布兰克正式出任法国国家队新帅,双方签约2年。

日本中场中村俊辅和前锋大久保嘉人宣布退出国家队。

科特迪瓦中场亚亚·图雷从巴塞罗那转会至曼城,转会费为2800万英镑,双方签约5年。亚亚·图雷周薪高达22万英镑,创下了英超薪水新纪录。

沃尔夫斯堡从德乙柏林赫塔签入德国国家队主力后卫弗雷德里希,转会费为200万欧元,双方签约3年。

前丹麦巨星米歇尔·劳德鲁普就任马洛卡新帅。

巴塞罗那任命“传奇门将”苏比萨雷塔为俱乐部新任技术总监。

意大利足协宣布对意甲外援政策进行重大调整:从 2010-11 赛季开始,意甲每支球队在一个赛季里,引进非欧盟球员的数量将从过去的两名缩减为一名。

3 日

南非世界杯 1/4 决赛第 3 场在开普敦绿点球场进行,德国队 4 比 0 大胜阿根廷队,连续三届世界杯闯进半决赛。此役克洛斯第 100 次代表德国队出场。德国全队则以 25 岁 113 天的平均年龄创造了 40 年来世界杯八强球队最年轻出场纪录。开场仅 157 秒,施魏因斯泰格开出左侧任意球,托马斯·穆勒头球抢点,球击中阿根廷队门将罗梅罗小腿后弹进大门,这创造了该届世界杯最快进球。第 35 分钟伊瓜因打进一球,但被判越位。第 67 分钟波多尔斯基禁区内横推,克洛斯打空门得手。第 74 分钟施魏因斯泰格底线回敲,弗雷德里希抢射再进一球。第 89 分钟克洛斯梅开二度,打破了盖德·穆勒保持的德国队 14 个世界杯进球纪录。赛后,德国队中场核心施魏因斯泰格被评为当场最佳球员。

南非世界杯 1/4 决赛最后一场在约翰内斯堡埃利斯公园球场进行,西班牙队 1 比 0 战胜巴拉圭队。第 57 分钟巴拉圭队获得点球,但卡多索主罚却被门将卡西利亚斯扑出。仅过了 39 秒,西班牙队获得点球,阿隆索射进被判重罚,结果第二次被对方门将比利亚尔扑出。第 83 分钟比利亚补射打进绝杀,他也以 5 球追平布特拉格诺 1986 年创造的西班牙球员单届进球纪录。赛后,伊涅斯塔被评为当场最佳球员。

基于鼓励进攻的原则,国际足联将巴西中场梅洛在巴荷大战中的乌龙球,改判为斯内德的进球。

尼日利亚足协痛下“杀手”,将主席鲁鲁和副主席乌格布拉姆双双解雇,希望总统就此撤销对国家队的禁赛处罚。

葡萄牙主帅奎罗斯宣布剥夺C·罗的国家队队长袖标,阿尔维斯出任新队长。

克鲁伊夫宣布不再担任巴塞罗那俱乐部名誉主席一职。

英格兰队后卫卡拉格宣布退出国家队。

韩国队主帅许丁茂辞职。

意大利著名的"光头裁判"科利纳就任欧足联的裁委会主席。

4日

国际足联纪律委员会做出最终裁决,不会对乌拉圭手球"英雄"苏亚雷斯进行追加处罚。

韩国队后卫车杜里从法兰克福转会至苏超凯尔特人,双方签约两年。

C·罗在官方主页上向公众宣布他已成为父亲。其某密友宣称,孩子母亲已接受了C·罗给予的巨额封口费,不会公开自己的身份。

阿联酋阿尔·阿赫利宣布,任命前利兹联教练奥莱利为新任主帅,同时该队还签入了意大利队前队长卡纳瓦罗。

哥伦比亚警方缴获了一个由可卡因做成的仿制大力神杯。这座"大力神杯"高36厘米,原本被寄往西班牙。整座仿制大力神杯由11千克可卡因制成,做得惟妙惟肖,通体还被涂成了金色。

巴西足协宣布主帅邓加下课。

5 日

国际足联和《法国足球》杂志联合宣布将世界足球先生和金球奖(传统的欧洲足球先生)评选合二为一。合并之后的国际足球首个大奖"国际足联金球奖"获得者将于 2011 年 1 月诞生。

国际足联官方公布了一份南非世界杯最佳 11 人名单,西班牙占据了四席,卡普德维拉、皮克、拉莫斯和比利亚均在其中。而在该评分系统中,德国后卫拉姆得分最高。令人意外的是,杰拉德、吉尔伯托·席尔瓦、川岛永嗣三名无缘半决赛的球员也入选了该阵容。

国际足联公布了两场南非世界杯半决赛的裁判名单,乌拉圭队 VS 荷兰队由乌兹别克名哨伊尔马托夫主吹,德国队 VS 西班牙队焦点之战由匈牙利主裁卡萨伊执法。

德国足协公布了 2010-11 赛季德甲赛程,新赛季将于 8 月 20 日开幕,比以往赛季推迟两周进行;12 月 18 日进行完第 17 轮比赛后联赛进入冬歇期。2011 年 1 月 15 日开始第 18 轮联赛,2011 年 5 月 14 日结束。揭幕战中拜仁慕尼黑将在主场迎战沃尔夫斯堡。

一名德国球迷在一家酒吧里枪击了两名意大利球迷,导致一死一伤。

保加利亚前锋博季诺夫从曼城转会至帕尔玛。

法国边锋戈武从里昂自由转会至希腊帕纳辛奈科斯,双方签约 3 年。

伦敦奥组委主席塞巴斯蒂安·科请求 2012 年伦敦奥运会别禁止呜呜祖啦。

6 日

南非世界杯第 1 场半决赛在开普敦绿点球场开战,荷兰队 3 比 2 击败乌拉圭队,继 1978 年之后再入决赛。第 18 分钟荷兰队范布隆克霍斯特左路距门 35 米处怒射击中远门柱入网。第 41 分钟弗兰禁区前抽射扳平比分。第

70分钟斯内德禁区边缘右脚抽射，球碰对方球员后变线滚入远角，2比1。3分钟后库伊特左路传中，罗本门前头球破门锁定胜局。伤停补时第2分钟，乌拉圭队由佩雷拉再扳1分。赛后斯内德被评为当场最佳球员。

迫于国际足联的压力，尼日利亚政府正式解除了对国家队在未来两年内禁止参加国际比赛的禁令。

前山东鲁能泰山队主帅图拔科维奇与伊朗德黑兰钢铁队签约，新赛季将执教该队。

由于南非电力行业工会与南非国家电力公司的谈判已取得突破性进展，原计划的电力工人罢工行动被取消，世界杯半决赛得以照常进行。

英冠球队米德尔斯堡从格拉斯哥流浪者签下了该队前锋博伊德。博伊德是苏超进球纪录保持者，共打进了164球。

7日

南非世界杯半决赛第2场在德班球场进行，西班牙队1比0力克德国队，历史性打进决赛。德国则创造98场世界杯参赛新纪录。此役，德国队的穆勒累计黄牌停赛。开场4分钟，一名球迷手拿呜呜祖啦冲入场内。第73分钟哈维左侧开出角球，普约尔甩头攻门打进致胜一球。赛后，哈维被评为当场最佳球员。

巴塞罗那宣布，将队中的乌克兰中卫齐格林斯基售回其前东家顿涅茨克矿工，转会费为1500万欧元，比一年前买进时缩水了1000万欧元。

阿森纳宣布从法甲洛里昂签下了法国中卫科斯切尔尼，转会费为1000万英镑。

国际足联对炮轰主裁的塞尔维亚主帅安蒂奇禁赛4场并罚款1.05万欧元。

巴西弗拉门戈门将布鲁诺向警方投案自首，他涉嫌杀害了自己的前女友艾丽莎·萨穆迪奥。

8日

前意大利国门、国际米兰门将托尔多宣布退役。

国际足联宣布由英格兰裁判韦伯执法世界杯决赛西班牙队与荷兰队一战，两名助理裁判也同样来自英格兰，分别是卡恩和马拉基。

2014年巴西世界杯会徽发布。

热那亚从布拉加签入了在世界杯上表现出色的葡萄牙国门爱德华多。

丹麦后卫克凯尔从巴勒莫转会至沃尔夫斯堡，转会费为1200万欧元，双方签约4年。

塞尔维亚前锋约万诺维奇从比利时标准列日自由转会至利物浦。

超过3000万德国观众在电视机前收看了德国队与西班牙队之战，创下德国足球转播的收视纪录。

9日

国际足联公布了南非世界杯金球奖的10名候选球员和3名最佳新秀候选人，打进决赛的西班牙队和荷兰队共有包括伊涅斯塔、哈维、比利亚；罗本、斯内德五人入围。两支在半决赛中失利的德国队和乌拉圭队则有施魏因斯泰格、厄齐尔和弗兰入围。阿根廷队的梅西和加纳队的吉安占据了另两个名额。德国队的托马斯·穆勒、墨西哥队的多斯桑托斯和加纳队的阿尤将竞争最佳新秀这一殊荣。

意大利第一裁判罗塞蒂宣布退役。由于在世界杯1/8决赛中将阿根廷队越位进球吹为有效，导致墨西哥队出局，罗塞蒂备受指责，并被取消了意甲的执法资格，将从乙级联赛重新起步，对于这种奇耻大辱，罗塞蒂愤而退役。

德国助理教练弗里克表示，由于在与西班牙队的比赛中背部受伤，克洛斯将缺席与乌拉圭队的三四名之战，这也使克洛斯无缘追平罗纳尔多保持的世界杯 15 球纪录。

加纳警方发言人证实，加纳队与乌拉圭队一战中，一名加纳女球迷因吉安罚丢加时赛最后一刻的那个点球而猝死。据她的老公回忆，这名 32 岁的女子阿瑟度在吉安罚丢点球之后，叫了一声就瘫倒在床上，“哦，阿萨莫阿（吉安的名字）！”成了她留在世上的最后一句话。

欧足联主席普拉蒂尼在南非一家餐厅吃饭时晕倒，经检查为血糖指数偏低。

奥博豪森水族馆的章鱼哥保罗做出最新预测，它认为德国队将战胜乌拉圭队，获得季军。而在随后的决赛预测中，保罗选择了西班牙队，这也是它在该次世界杯中首次预测非德国队的比赛。

10 日

南非世界杯三四名决赛在曼德拉湾球场展开角逐，德国队 3 比 2 力克乌拉圭队，连续两届杯赛获得季军。第 19 分钟施魏因斯泰格远射造成穆斯莱拉脱手，托马斯·穆勒补射首开记录。第 28 分钟卡瓦尼接苏亚雷斯妙传，单刀扳平比分。第 51 分钟里奥斯传中，弗兰抽射破门帮助乌拉圭队反超。第 56 分钟博阿滕右路传中，扬森后点头球破空门扳平比分。第 81 分钟厄齐尔开出右侧角球，赫迪拉头球攻门锁定胜局。赛后托马斯·穆勒被评为当场最佳球员。

西班牙足协宣布，不会邀请一些西班牙国家队的重要历史人物出席决赛，其中包括球队历史最佳射手劳尔（44 球）和出场次数纪录保持者苏比萨雷塔（126 场）。

英国 BBC《新闻之夜》披露，尼日利亚队涉嫌在世界杯上踢假球。

朝鲜国脚郑大世从日本川崎前锋转会至德乙波鸿，双方签约两年。

日本后卫长友佑都被东京 FC 租借至意甲升班马切塞纳一年。

意大利足协正式宣布，因 2009 年夏天在米利托和莫塔两桩球员交易上，国际米兰与热那亚俱乐部涉嫌违规操作，对国际米兰主席莫拉蒂和热那亚主席普莱奇奥西分别做出停职 3 个月和停职 6 个月的处罚，两家俱乐部也分别被罚款 45000 欧元和 90000 欧元。

11 日

南非世界杯决赛在约翰内斯堡足球城球场打响，西班牙队在加时赛中 1 比 0 击败荷兰队，历史上首次夺冠。90 分钟内双方 0 比 0 战平。第 103 分钟，海廷加防守伊涅斯塔时领到第二张黄牌被罚下。第 116 分钟法布雷加斯助攻，伊涅斯塔禁区内停球抽射破门。最终西班牙队凭借此球绝杀荷兰队，成为第 8 支世界杯冠军球队，同时也是首支在欧洲以外地区夺冠的欧洲球队。赛后伊涅斯塔被评为当场最佳球员。

荷兰队队长范布隆克霍斯特宣布退役。

国际足联官方宣布，南非世界杯金球奖由乌拉圭球员弗兰获得，他也成为世界杯历史上首个无缘决赛的金球奖获得者，斯内德与比利亚分获二、三名。打进 5 球但有 3 次助攻的托马斯·穆勒荣膺金靴奖，同时德国小将还获得了最佳新秀奖，同进 5 球的比利亚和斯内德再次分享二、三名。西班牙门将卡西利亚斯则荣获“金手套奖”。

由于财政问题，意大利联邦银行和森西家族最终达成接管协议，如果有买家接手罗马俱乐部，经营了 17 年之久森西家族必须要离开。

12 日

世界杯冠军西班牙队乘机抵达马德里。在巴拉哈斯机场，有上万名“斗牛士”球迷为他们的英雄接风。西班牙队夺得世界杯后，国内球迷率先进行了狂欢，但不幸地是乐极生悲。据当地警方介绍，在狂欢中有两人死亡百人受伤，还有数十人因闹事被抓。

13 日

乌拉圭足协宣布与功勋主帅塔巴雷斯续约。

国际足联数据最佳阵容出炉，世界冠军西班牙队 5 人入选；分别是后卫拉莫斯、卡普德维拉、普约尔，中场布斯克茨以及前锋比利亚；亚军荷兰队有范博梅尔和斯内德入选；季军德国队有拉姆、诺伊尔和托马斯·穆勒 3 人入选；殿军乌拉圭队也有 1 人入选，不过并非是得到金球奖的弗兰，而是凭借手球成名的苏亚雷斯。决赛打进致胜一球的伊涅斯塔未能入选。

罗本高票当选 2009-10 赛季德甲最佳球员，他的队友施魏因斯泰格获得第二名；托马斯·穆勒获得赛季最佳新人；拜仁主帅范·加尔以 0.5%的微弱优势夺得最佳教练。

14 日

国际足联发布了南非世界杯的官方排名，卡佩罗执教的英格兰队位列第 13 位，这是该队 13 次参加世界杯中最差的一次排名，此前英格兰队的最差成绩是 1958 年瑞典世界杯的第 11 位。

热刺与老帅雷德克纳普续约至 2013 年。

美职足球大联盟纽约红牛宣布，正式签下巴萨法国籍前锋亨利。

勒沃库森宣布巴拉克加盟，双方合同期为 2 年，后者年薪高达 600 万欧元。

15 日

FIFA 官方公布了南非世界杯的最佳阵容，冠军西班牙队成为最大赢家，除 6 名球员入选最佳阵容外，博斯克还当选了最佳主帅。入选最佳 11 人的西班牙球员包括卡西利亚斯、普约尔、拉莫斯、伊涅斯塔、哈维以及比利亚；季军德国队则有拉姆及施魏因斯泰格入选；打入决赛的荷兰队仅有斯内德入围；另外这份名单还包括巴西后卫麦孔以及乌拉圭射手弗兰。由于该阵容是由网友投票选出，因此出现了一个有趣的现象——整条防线竟然有三名右后卫（拉姆、麦孔、拉莫斯）入选。

16 日

33 岁的法国前锋亨利宣布从国家队退役。英格兰前锋赫斯基也在同日宣布退出国家队。

南非警方公布了世界杯期间记录在案的犯罪事件总数，在 10 个举办场馆内、场馆外 1.5 公里区域内，南非警方共查获了 994 起犯罪事件，但没有任何的人员伤亡。

南非足协宣布本土教练莫西马内成为巴西名帅佩雷拉的继任者，双方签约 4 年。

曼联公布了 2010-11 赛季新款主场球衣，新球衣的灵感来自 20 世纪 70 年代，由红衣、白裤和黑袜组成，且球衣自 2002 年以来第一次采用“V”字领的设计。

巴塞罗那宣布，俱乐部已获得了包括凯克萨银行在内的多家西班牙银行的贷款，累计金额高达 1.55 亿欧元。

切尔西的巴西后卫贝莱蒂宣布回国加盟弗鲁米嫩塞。

17 日

巴西边卫阿德里亚诺从塞维利亚转会至巴萨，转会费为 950 万欧元。

巴勒莫宣布将乌拉圭前锋卡瓦尼租给那不勒斯一年,那不勒斯拥有1600万欧元的优先购买权。

伊布宣布重返国家队,此前瑞典队在南非世界杯预选赛被淘汰后,失望的伊布称代表瑞典参加友谊赛无法激起他的比赛热情,宣布暂时退出国家队。

巴西帕尔梅拉斯宣布斯科拉里出任球队主帅一职,这是巴西老帅辗转欧亚赛场8年后首次回巴西执教。

曼城宣布,意大利前国脚隆巴多正式加入球队教练组,与主帅曼奇尼一起调教球队。

18日

沃尔夫斯堡以800万欧元签下克罗地亚前锋曼季茹基奇。

19日

南非世界杯决赛用球以7.4万美元的价格被拍卖,所拍得的全部款项将被用于曼德拉基金会在非洲进行艾滋病的防治工作。

20日

南美足坛再次发生暴力事件,一名球员面对裁判的点球三次重罚决定,终于忍无可忍,几乎将主裁掐得窒息。这场比赛发生在智利。当时踢后卫的佩德罗索在禁区内犯规,主裁米兰达毫不犹豫地判罚点球。随即荒诞的一幕开始,米兰达让对手将这个点球先后罚了四次,这也让佩德罗怒火丛生。随后在一次恶意犯规后,佩德罗索抢在米兰达向他出示第二张黄牌之前,从后面紧紧地掐住主裁的脖子长达数秒,在被队友迅速拉开后,佩德罗索开始满场追逐米兰达,直到自己被警察带离现场。事后佩德罗索已主动与球队解约。

利物浦官方宣布乔·科尔加盟。

通过计算机分析来评判球员表现的“卡佩罗指数”曝光,感觉受辱的英格兰国脚公开呼吁让主帅卡佩罗辞职。

21日

里贝里、本泽玛等法国球星“嫖宿幼女案”于巴黎重新启动，里贝里和本泽玛在接受传讯后被法国警方的扫黄组暂时拘留。

2010-11 赛季西甲赛程正式出炉。在 8 月 29 日联赛首轮，皇家马德里将赴客场挑战马洛卡，而卫冕冠军巴萨也将在客场出战桑坦德竞技。

FIFA 推迟裁判改革。国际足球协会理事会将在威尔士的卡迪夫召开会议，一名国际足联官员确认：“该次会议的惟一议题是继续对在门线后加派一名裁判进行试验。”

德国足协宣布与德国队主教练勒夫以及他的三名助手续约两年。

拜仁慕尼黑主席赫内斯宣布退出德国职业联盟主席竞选，而改由拜仁的财务主管霍夫纳来参选。

在南非世界杯上独揽金靴和最佳新秀两项大奖的拜仁小将穆勒再获殊荣，他荣膺了 2010 年德国巴伐利亚州的体育特别奖，该奖项每年一度，用以表彰运动员们在比赛中的突出贡献。

现任 K 联赛庆南 FC 队的主教练赵广来表示，他已接受韩国足协的邀请，将正式成为新一届韩国国家队的主教练。

22日

国际足联宣布，经国际足球协会理事会（简称 IFAB）召开会议研究决定，2010-11 赛季的欧冠联赛将会增加额外的两名助理裁判。而这一裁判制度也将会出现在亚足联主席杯、法国联赛杯和欧洲超级杯的赛场以及巴西队和墨西哥队的友谊赛上。但会议中并未提及任何关于门线技术的决定。

智利职业联赛管理机构宣布，对裁判施暴的球员佩德罗索被处以禁赛27场的严厉处罚。其中20场是判罚他试图勒死主裁判，5场是因为他还有第二次尝试企图，2场则是因为红牌正常停赛。此禁令将延伸到全球范围内有效。

乌超劲旅顿涅茨克矿工宣布，阿森纳前锋爱德华多正式加盟，双方签约4年，转会费为600万英镑。

23日

在一场巴西国内联赛后，前巴西队主教练莱昂因与一名记者发生争执，甚至袭击对方，事后他与三名戈亚斯球员一起被带到警察局调查。

英足总勒令卡佩罗暂停一切与执教英格兰队无关的商业活动。

在南非世界杯上红得发紫的“章鱼帝”保罗再次受到了礼遇，西班牙卡瓦利诺市市长在奥博豪森水族馆参观时，正式赠送给保罗一件印有它名字的西班牙球衣和青铜像。

AC米兰与34岁的意大利国脚赞布罗塔续约到2012年夏天。

日本鹿岛鹿角宣布，韩国国家队主力后卫李正秀将转会到卡塔尔阿尔萨德，世界杯上李正秀曾打进2球。

因世界杯战绩不佳，朝鲜足协主席文在哲被迫引咎辞职，朝鲜对外贸易部部长李龙男成为新任足协主席。

24日

曼联宣布与塞尔维亚后卫维迪奇续约4年，新合同周薪将高达9万镑。

纽约红牛与热刺进行了一场热身赛，首次为红牛亮相的亨利攻入加盟美国职业大联盟后的首球，他在第26分钟为球队首开记录，下半场基恩和贝尔分别破门，帮助热刺 2 比 1 逆转。

25 日

科林蒂安队主帅梅内塞斯宣布接受巴西足协的邀请，出任巴西国家队新帅。

曼城宣布签下塞尔维亚国脚科拉罗夫，合约期为 5 年。

西甲马洛卡由于财政问题被取消欧联杯的参赛资格，由比利亚雷亚尔取代该队的席位。

皇家马德里名誉主席迪·斯蒂法诺由于心脏衰竭呼吸困难被送进医院。

26 日

劳尔正式宣布告别伯纳乌。在皇家马德里 16 年的职业生涯中，劳尔共为球队出场 741 场，打进 323 球，均创造了皇家马德里的历史纪录。其中西甲出场 550 场，进球 228 个；国王杯出场 37 场，进球 18 个；欧冠出场 135 场，进球 66 个。此外，劳尔在丰田杯(2 球)、欧洲超级杯(1 球)、西班牙超级杯(7 球)、世俱杯(2 球)等赛事中共进球 12 个。

土耳其球队贝西克塔斯正式宣布前皇家马德里队副古蒂加盟，双方签约 2 年，古蒂的年薪为 270 万欧元。

27 日

巴西队新任主帅梅内塞斯公布了最新一届国家队名单，卡卡、法比亚诺、塞萨尔、麦孔等大将均落选。

意大利足协公布了 2010-11 赛季意大利杯的分组对阵方案，首轮将于 2010 年 8 月 8 日开打，2011 年 5 月 29 日进行冠亚军决赛。另外，2011 年是意大利独立 150 周年，意大利足协为此决定将为新赛季杯赛冠军颁发两个冠军奖杯，除意大利杯外，另外颁发一个“统一杯”。

国际米兰队长萨内蒂荣膺第19届“西雷阿职业球员楷模奖”，这也是该奖项首次授予外籍球员。

日本足协副主席小仓纯二接替犬饲基昭，成为日本足协新一任主席。

28日

沙尔克04俱乐部宣布，皇家马德里前队长劳尔正式加盟，双方签下为期2年的合同。

阿根廷足协宣布马拉多纳将不再担任阿根廷国家队主教练一职。

西班牙网坛一哥纳达尔成为家乡球队西甲马洛卡的股东。

西甲联盟首席执行官佩雷斯宣布创办西班牙职业足球联盟杯（LFP杯），这项赛事将是在亚洲长期举办的赛季前的系列热身赛，以此与英超抢夺亚洲市场。西甲联盟将安排三支球队出访东南亚，与承办赛事的当地一支球队一起打小型锦标赛，不过巴萨与皇家马德里因赛事紧密，至少未来两年内不会出现在该项赛事上。

29日

2010-11赛季意甲赛程正式公布，新赛季意甲将在8月28日开始，到2011年5月22日结束，冬歇期时间将从2010年12月19日至2011年1月6日。

澳大利亚足协递交了2015年亚洲杯的承办申请书，这也是申办第16届亚洲杯的惟一国家。

30日

经过与AC米兰高层谈判之后，原本计划离开“红黑军团”的加图索宣布留队。

前德国国脚博比奇时隔11年后重返发迹地斯图加特，出任俱乐部体育主管。

31 日

西甲和意甲均宣布，新赛季的每个周末将安排一场联赛在适合亚洲观众收看的时间段进行，这也意味着亚洲和中国球迷无须熬夜，即能看到皇家马德里、巴萨或米兰双雄的比赛。

皇家马德里与斯图加特均官方宣布：德国国脚赫迪拉正式转会皇家马德里，转会费为 1400 万欧元，他将得到一份为期 5 年、年薪 300 万欧元的合同。

欧洲 U-19 锦标赛闭幕，在决赛中东道主法国队 2 比 1 逆转西班牙队夺冠，这也是法国队第 7 次获得欧洲 U-19 锦标赛冠军。

39 岁的英格兰国门詹姆斯告别朴茨茅斯，转会至英冠布里斯托尔城，双方签约一年。

法国后卫布姆松加盟帕纳辛奈科斯，希腊豪门为此向里昂支付了 500 万欧元转会费。

八月

1 日

利物浦宣布重新签回 5 月份清洗掉的左后卫奥雷里奥，此次双方签约 2 年。

2 日

第 14 届倍耐力杯在巴尔的摩结束争夺，国际米兰 3 比 0 击败曼城，新主帅贝尼特斯取得开门红。

第 4 届酋长杯结束争夺，阿森纳主场 3 比 2 战胜凯尔特人，以 1 胜 1 平进 4 球积 8 分的战绩 4 年内 3 夺酋长杯。

德国电信杯展开决赛，沙尔克 04 以 3 比 1 逆转拜仁慕尼黑夺冠，蒿俊闵此役首发出任右后卫。第 6 分钟索萨传中助攻穆伊奇得手，拜仁慕尼黑 1 比 0 领先。第 24 分钟埃杜击中远门柱，劳尔跟上补射打入在沙尔克 04 的处子进球，1 比 1。2 分钟后埃杜将比分反超。第 33 分钟劳尔在 3 名后卫包夹下挑射偷袭得手，3 比 1。而在早些时候结束的三四名决赛中，汉堡 3 比 0 大胜科隆，夺得季军。

巴萨全队乘坐飞机飞赴韩国首尔，正式开启亚洲之行的征途。

3 日

罗伯特·巴乔复出出任意大利足协技术部主管。

西班牙中卫普约尔通过博客宣布，将再为国家队效力 2 年，直至 2012 年欧洲杯结束。

比利亚雷亚尔宣布从瓦伦西亚签下 31 岁的国脚马切纳，转会费为 220 万欧元。

4 日

国际足联就世界杯两支杀进决赛的球队开出了罚单，理由是两支球队在决赛中表现野蛮，犯规过多。其中冠军西班牙队收到 6000 英镑的罚单，亚军球队荷兰队则为 9000 镑。7 月 13 日那场决赛，当值主裁韦伯共掏出了 14 张黄牌和 1 张红牌，德容还曾在一次飞踹阿隆索的胸口后逃脱了红牌。该场比赛也创造了世界杯决赛历史上得牌最多的比赛纪录。

拜仁慕尼黑宣布，荷兰球星罗本将因伤休战至少两个月。在发表官方声明后，拜仁慕尼黑俱乐部主席鲁梅尼格甚至怒骂荷兰队不顾球员伤病，让罗本在世界杯上匆忙复出，他认为荷兰队是导致罗本重伤的“元凶”，鲁梅尼格还表示不排除将上告国际足联。

在劳尔离开皇马后，C·罗终于如愿以偿地穿上了 7 号球衣，而古蒂的

14 号球衣则将由阿隆索使用。在曼联成名的 C·罗加盟皇家马德里前，无论是在俱乐部还是国家队，一直都身着 7 号战袍。2009 年夏天来到皇家马德里后，由于 7 号被劳尔占据，C·罗不得已穿起了 9 号球衣。在劳尔离开后，C·罗早早结束假期赶回队中，就是希望在这场“7 号争夺战”中抢得先机，现在他终于得偿所愿了。

朝鲜否认国家队主帅金正勋在世界杯后被发配去建筑工地进行强制劳动的消息。

5 日

在亚洲行首场比赛中，巴萨 5 比 2 战胜韩国 K 联赛明星队，迫于主办方的合同压力，梅西以并不理想的身体状态踢了 15 分钟并梅开二度，避免了球队因违背合同而赔偿巨额违约金。

德甲球队汉诺威 96 与当地的地区业余球队多尔贝根进行了一场季前热身赛，由于双方实力的差距，最终汉诺威 96 以 30 比 0 狂胜对手。

佛罗伦萨宣布核心球员约维蒂奇膝盖十字韧带撕裂，将至少远离赛场 6 个月。

英超博尔顿俱乐部宣布正式与克罗地亚前锋克拉什尼奇签约，合同期为 2 年。

西甲劲旅马德里竞技官方宣布签下比利亚雷亚尔后卫戈丁，双方签约 5 年。

6 日

卡卡完成左膝半月板手术，将休战 4 个月。

法国队新帅布兰克公布了 8 月 11 日与挪威热身赛的 22 人大名单，这也是他上任后的第一份名单，没有任何一名南非世界杯的法国国脚入围此次大名单。

已降入英冠的朴茨茅斯在英国高等法院的庭审中赢得了与英国税务部以及海关总署的生死官司，避免了宣告破产的命运。

7日

意大利新任主帅普兰德利公布了他的首期国家队名单，巴洛特利和阿毛里受到了国家队第一次征召，而卡萨诺则自2008年欧洲杯之后首次获得为国效力的机会。

由罗比尼奥领军的桑托斯以3比2的总比分击败维多利亚，夺得巴西杯冠军，罗比尼奥的租借合同正好于当天到期，这也成了他在桑托斯的告别赛。

拜仁宣布同托马斯·穆勒续约至2015年。

8日

德国超级杯打响，拜仁慕尼黑2比0完胜沙尔克04，夺得新赛季的首座桂冠。

英格兰队主帅卡佩罗公布了新一届国家队的大名单，以备战主场与匈牙利队的友谊赛。值得一提的是，此番卡佩罗首次召入阿森纳两名小将——威尔希和吉布斯，同时富勒姆前锋萨莫拉也是第一次入选国家队。

葡萄牙中场德科从切尔西自由转会至巴甲球队弗鲁米嫩塞，双方签约两年。

韩国门将李云在退出国家队，结束了其长达16年的国脚生涯。

9日

2010-11赛季英格兰社区盾杯在温布利大球场展开角逐，曼联3比1力克切尔西，创纪录地第18次夺得该项赛事桂冠。

布莱克本门将罗宾逊、曼联中卫布朗宣布从英格兰队退役。

德国《踢球者》杂志公布，罗本以 445 票当选 2009-10 赛季德甲最佳球员，拜仁主帅范·加尔当选最佳教练。

10 日

国际米兰宣布与老队长萨内蒂续约至 2013 年 6 月 30 日，同时与锋线大将米利托续约至 2014 年 6 月 30 日。萨内蒂已为“蓝黑军团”效力 15 年，出战达 700 场，仅次于前队长贝尔戈米的 758 场。萨内蒂的原合同在 2011 年到期，如今续约两年，按照他近几个赛季的出勤率以及状态，打破贝尔戈米的纪录完全不成问题。值得一提的是，8 月 10 日是萨内蒂 37 岁的生日，球队选择这个时候与他续约，无疑是最好的生日礼物。

拉齐奥宣布从圣保罗签下巴西新科国脚中场埃尔纳内斯，转会费 1350 万欧元。

奥尼尔辞去了维拉主帅职务，预备队主帅麦克唐纳将出任代理主帅。据媒体猜测，奥尼尔辞职是因为他与俱乐部老板莱勒的关系十分紧张，后者不愿给球队投资。

英格兰队主帅卡佩罗在世界杯后首次公开对球迷表示歉意，他认为球员的疲劳情况令他们的失败命运在大赛之前就已经注定了。

在日本 J2 联赛横滨 FC 击败冈山雉的比赛中，43 岁的主队射手三浦知良攻入一球，这也让他在连续 18 个赛季中都收获进球，同时凭借这粒入球，横滨 FC 以 2 比 0 击败了对手。

11 日

据多哥媒体证实，2009 年效力于深圳队的多哥籍外援昌盖因心脏病突发于 8 月 8 日病逝，而这天正是这位曾征战过德国世界杯的后卫 32 岁的生日。

新一届意大利队在伦敦与科特迪瓦队进行了一场热身赛，但最终意大利队0比1告负，延续2010年不胜战绩。

新帅梅内塞斯带领的巴西队客场2比0完胜美国队。

皇家马德里在官网确认，球队将签下效力于切尔西的葡萄牙后卫卡瓦略，转会费为800万欧元。

12日

法国队作客1比2不敌挪威队，布兰克的国家队主帅处子秀以失利告终。

曼联宣布，与葡萄牙吉马拉雷斯俱乐部达成协议，将签下该队的年轻前锋贝贝，转会费为740万英镑。

斯托克城以800万英镑签下桑德兰的特立尼达和多巴哥前锋琼斯，这也打破了该队引援的转会费纪录。

13日

英格兰队在热身赛中2比1力克匈牙利队，赛后卡佩罗语出惊人，他宣布国家队大门从此向小贝关闭："欧洲杯预选赛上我不会再招入贝克汉姆，他真的老了。"就在卡佩罗宣布弃用小贝的同一天，后者在洛杉矶恢复了训练。

尤文图斯的丹麦中场波尔森正式宣布加盟利物浦，转会费为540万英镑，丹麦人将穿上"红军"28号球衣。

14日

贝肯鲍尔杯在慕尼黑安联球场开战，皇家马德里在点球战中以4比2战胜拜仁慕尼黑，捧走奖杯。

第10届TIM三角赛在巴里结束，最终国际米兰积5分第6次夺冠；AC米兰1胜1负，积3分获亚军；尤文图斯积1分垫底。

曼城正式宣布从国际米兰签下意大利神童巴洛特利，转会费为 2300 万英镑。双方签订了一份为期 5 年、周薪 5.5 万镑的合同。

切尔西宣布正式签下巴西国脚拉米雷斯，转会费约为 1800 万英镑，双方签约 4 年。

博卡青年俱乐部与队中核心里克尔梅续约 4 年。

雷恩中场勒穆瓦纳在联赛中遭对方猛烈冲撞，导致其肾脏被震裂成三部分，因此休战半年。

15 日

2010-11 赛季英超拉开战幕，揭幕战中热刺主场与曼城互交白卷。而作为新赛季最早亮相的豪门，切尔西主场 6 比 0 狂胜升班马西布罗姆维奇，展现了卫冕冠军的凶猛，“魔兽”德罗巴上演帽子戏法。6 比 0，不仅是切尔西在英超首轮的最大比分胜利，同时也打破了英超历史上首轮最悬殊比分。

阿森纳宣布与主帅温格续约 3 年，新合同到 2014 年 6 月结束。

国际足联主席布拉特在接受《德国周刊》采访时表示，“我们正在考虑从世界杯第一阶段就取消平局和加时赛，一旦 90 分钟内交战双方打成平局，就将直接进行点球决战。”

16 日

皇家马德里将预备队球员特巴尔以 100 欧元的价格卖给西乙球队赫罗纳，这也创造了 2010 年世界职业足坛转会费新低。

17 日

曼联在英超首轮最后一战中主场 3 比 0 完胜升班马纽卡斯尔。吉格斯替补打进一球，这也让他在首战便延续了自己每个赛季在英超都有进球的纪录。

欧足联公布了2009-10赛季球员最佳评选的候选12人名单。门将、后卫、中场以及前锋位置上都有3名候选人。候选名单由打进上赛季欧冠16强的主教练提名，上赛季夺得欧冠冠军的国际米兰成为最大赢家，分别有塞萨尔、卢西奥、麦孔、斯内德以及米利托5人入围。该次评选结果将于8月26日在摩纳哥举行的新赛季欧冠小组赛抽签仪式上揭晓。

18日

德国中场厄齐尔从不莱梅转会至皇家马德里，转会费为1500万欧元。

2010-11赛季欧冠资格赛第4轮进行了首回合争夺。热刺客场爆冷，2比3不敌瑞士伯尔尼青年人。这是热刺48年来的首场欧冠赛事。

法国足协对国家队在南非世界杯上发生的罢训事件召开听证会，经过讨论，法国足协最终宣布：对阿内尔卡禁赛18场国际比赛，埃弗拉5场，里贝里3场，图拉朗1场，阿比达尔则幸运逃过处罚。

曼城官方宣布了巴洛特利的号码，意大利小将新赛季将身披45号球衣参赛，这和他在国际米兰的球衣号码一样，同时曼城将威尔士前锋贝拉米租借至卡迪夫城。

19日

曼城宣布，正式购入效力于阿斯顿维拉的英格兰中场米尔纳，双方签约5年，转会费为1600万英镑。同时作为交易的一部分，原曼城中场球员爱尔兰将被送往维拉。

欧洲权威数据公司OPTA体育和国际足联下属的职业球员研究所共同发表了一份联合报告，该报告对2009-10赛季的欧洲联赛进行了分析总结，最终得出西甲是世界最佳联赛。该报告对射门次数、助攻、传球、过人以及被对手侵犯、抢断与拦截5项作出了评估。而在这5项中，西甲的统合得分高居第一，英超第二，法甲第三，德甲与意甲分列第四与第五。

20 日

南美解放者杯决赛次回合结束，巴西国际主场 3 比 2 逆转墨西哥瓜达拉哈拉，以 5 比 3 的总比分在 5 年内第 2 次夺冠，这样巴西国际将代表南美参加年底的世俱杯。

21 日

德甲 2010-11 赛季揭幕战打响，拜仁慕尼黑主场 2 比 1 险胜沃尔夫斯堡，在各项比赛中主场对狼堡 10 连胜。该届德甲创造了 197 个国家电视转播的新纪录。

阿根廷新帅巴蒂斯塔公布了最新一期国家队大名单，以备战 9 月 7 日与西班牙的友谊赛。落选世界杯的国际米兰两将萨内蒂与坎比亚索双双回归。

热刺主帅老雷德克纳普确认了前阿森纳队长加拉即将加盟的消息。

37 岁的前荷兰国脚戴维斯加盟英冠水晶宫，他将在两年后再次重返绿茵场。

章鱼保罗将再续世界杯之缘，投身英格兰 2018 年世界杯的申办活动。

切尔西 21 岁的后卫哈钦森宣布退役，严重的膝伤已困扰了这名小将三个赛季，他因此无奈作出了退役决定。

22 日

继首轮 6 比 0 大胜西布罗姆维奇后，卫冕冠军切尔西在 2010-11 赛季英超第 2 轮中再演六球“屠城”的好戏，这次他们是在客场 6 比 0 轻取维冈竞技，此番德罗巴上演了助攻帽子戏法。从 2009-10 赛季倒数第 3 轮开始，切尔西 7 比 0 胜斯托克城，2 比 0 击败利物浦，8 比 0 大胜维冈竞技，加上本赛季首轮主场 6 比 0 胜西布罗姆维奇，又一个 6 比 0。这样，“蓝军”取得了跨赛季的联赛 5 连胜，而在这 5 场比赛中，他们竟然攻入 29 粒进球，这创造了英超史上一支球队在连续 5 场比赛中的进球之最。

意大利超级杯在梅阿查球场展开角逐，国际米兰3比1逆转战胜罗马，夺得冠军，超级杯的夺冠次数超越尤文图斯，追平了AC米兰(5次)。

西班牙超级杯次回合在诺坎普球场展开，回到主场的巴萨4比0完胜塞维利亚，以总比分5比3成功卫冕，并且第9次夺得该项赛事的桂冠。

塞尔维亚边锋克拉西奇从莫斯科中央陆军转会至尤文图斯，转会费为1500万欧元。

23日

升班马纽卡斯尔主场6比0狂屠维拉，而这也是2010-11赛季英超第2轮的第三场6比0。

第20届贝鲁斯科尼杯在米兰圣西罗球场展开，尤文图斯在点球决战中以5比4击败AC米兰，第9次捧杯。

前意大利国脚、37岁的老将帕努奇宣布退役。

24日

2010-11赛季英超第2轮最后一战，曼城主场3比0完胜利物浦，自2005年4月以来首胜对手。

因在前往观看意大利超级杯途中涉嫌盗窃和毁坏公共设施，有多达300名罗马球迷接受了佛罗伦萨警方的调查。

25日

欧冠附加赛(资格赛第4轮)次回合，不莱梅90分钟内客场1比3落后于桑普多利亚，双方总比分战成4比4，比赛进入加时赛，最终加时赛上不莱梅再入1球，以总比分5比4晋级。另一场焦点战中，塞维利亚主场爆冷3比4负于布拉加，以总比分3比5被对手“双杀”出局。

在第32届伯纳乌杯上，皇家马德里主场2比0轻取佩纳罗尔，成功捧杯。这是皇家马德里在新赛季前的最后一场热身赛，同时也是两队参加的第一届洲际杯的50周年纪念赛。

在巴西联赛一场地区德比中，发生了裁判砍杀球员的暴力场面，最终造成一死一重伤的惨剧。此役当值主裁查韦斯只有26岁，显然，很多球员并没有把他放在眼里。下半场查韦斯判罚巴雷拉队员达·席尔瓦犯规，引发了对方的强烈不满，其他球员迅速围了上来，其中包括达·席尔瓦24岁的弟弟弗朗西斯科。查韦斯感到巨大的压力，他突然从口袋掏出一把刀，猛地向达·席尔瓦刺过去，接着查韦斯又连刺弗朗西斯科数刀。由于伤势过重，达·席尔瓦在送往医院的路上不幸身亡，而他的弟弟也身受重伤。巴西警方以故意伤害罪正式起诉查韦斯。

里昂宣布与波尔多中场核心古尔库夫达成转会协议，转会费为2200万欧元，除此之外，波尔多还可能收到450万欧元的浮动转会费。

法国队前队长埃弗拉通过其律师宣布，他将就法国足协纪律委员会因世界杯罢训事件对他做出的禁赛处罚提起上诉。

26日

欧冠附加赛（资格赛第4轮）次回合再赛5场，热刺主场4比0完胜瑞士伯尔尼青年人，以总比分6比3晋级正赛，克劳奇上演帽子戏法。阿贾克斯主场2比1胜基辅迪纳摩，以总比分3比2晋级，这也是荷甲巨人自2005-06赛季以来首次回归欧冠正赛。

第45届甘珀杯在诺坎普展开，巴萨90分钟内1比1战平AC米兰，在点球中，巴萨3比1胜出并夺冠。

由于坚持“封杀”BBC，曼联主帅弗格森被罚款6万英镑。

尤文图斯宣布，利物浦中场阿奎拉尼将以租借形式加盟球队1年。

国际足联发表官方声明，他们已收到了朝鲜足协的回信，称朝鲜足球队并没有受到批斗。

27日

2010-11赛季欧冠小组赛抽签暨2009-10赛季欧冠颁奖仪式在蒙特卡洛举行。具体抽签结果为A组：国际米兰、不莱梅、托特纳姆热刺、特温特；B组：里昂、本菲卡、沙尔克04、特拉维夫工人；C组：曼联、瓦伦西亚、格拉斯哥流浪者、布尔萨；D组：巴塞罗那、帕纳辛奈科斯、哥本哈根、喀山红宝石；E组：拜仁慕尼黑、罗马、巴塞尔、克卢日；F组：切尔西、马赛、莫斯科斯巴达、日利纳；G组：AC米兰、皇家马德里、阿贾克斯、欧塞尔；H组：阿森纳、顿涅茨克矿工、布拉加、贝尔格莱德游击。

在欧冠小组赛抽签的同时，还进行了2009-10赛季的颁奖仪式，各项最佳穿插在抽签仪式中进行，冠军国际米兰成为自1998年欧冠颁奖创立以来，首支包揽所有最佳头衔的球队。塞萨尔当选最佳门将，麦孔当选最佳后卫，斯内德当选最佳中场，米利托则囊括最佳前锋和最佳球员两项大奖。这也是自1998年国际米兰的罗纳尔多和2007年AC米兰的卡卡当选欧冠最佳球员后，意甲球员第三次染指该项荣誉。

法国队主帅布兰克公布了球队备战2012年欧洲杯预选赛的21人名单，包括门将洛里斯和中场马卢达在内的9名南非世界杯罢训球员回归。

欧足联公布了欧洲超级杯的执法主裁，来自瑞士的布萨卡最终当选。

希腊帕尼奥尼奥斯队的球迷为了阻止同城死敌雅典AEK借用自己的主场进行欧联杯比赛，竟不惜毁掉自家的球场。

28日

尤文图斯宣布队中的巴西球星迭戈将以1550万欧元转会沃尔夫斯堡，同时，尤文还宣布成功从那不勒斯租借意大利国脚中锋夸利亚雷拉，租借费用为450万欧元，在赛季结束后，尤文还将拥有以1050万欧元收购夸利亚雷拉的优先权。

亚足联主席哈曼决定退出国际足联主席的竞选，并且表示将支持布拉特连任国际足联主席。

葡萄牙边锋西芒正式宣布退出国家队，外界普遍认为他与C·罗的矛盾是导火线。

29日

在2010-11赛季英超第3轮比赛中，曼联主场3比0轻取西汉姆联。鲁尼打破了长达1109分钟的进球荒。曼联也凭借这场胜利，成为英超成立以来第一支总积分突破1500分的球队。

AC米兰正式宣布，以先租后买的方式签下了巴萨的瑞典中锋伊布拉希莫维奇。

2010-11赛季意甲揭幕战在乌迪内斯弗留利球场打响，结果做客的热那亚1比0力克乌迪内斯。

2010-11赛季西甲联赛揭开战幕，揭幕战中毕尔巴鄂客场1比0力克大力神。

利物浦宣布，成功签下葡萄牙中场梅勒莱斯，转会费为1400万欧元。

西甲升班马大力神从尤文图斯免费签入法国前锋特雷泽盖。

罗马宣布，签下国际米兰的阿根廷中卫布尔迪索，双方签约4年，转会费为800万欧元。

30日

2010-11赛季西甲首轮全面展开，卫冕冠军巴塞罗那客场3比0完胜桑坦德竞技，迎来开门红，而皇家马德里则出师不利，客场0比0闷平马洛卡。

罗本因伤提前告别2010年,他原本10月份复出的计划被迫推迟到2011年年初。

曼联正式任命前瑞典球星安德森为斯堪的纳维亚区的球探,他将负责向弗格森推荐这一地区的优秀球员。

31日

2010-11赛季意甲首轮结束了最后1场角逐,卫冕冠军国际米兰客场0比0战平博洛尼亚,这也是自1987年以来国际米兰首次在揭幕战中没有进球。

前尤文图斯主帅扎切罗尼出任日本国家队新帅。

不莱梅宣布签下前曼联球员、法国后卫西尔维斯特。

巴西前锋罗比尼奥从曼城转会至AC米兰,转会费为1800万欧元,双方签约4年。同时AC米兰将前锋博列洛租借至罗马一个赛季。此外,格鲁吉亚老将卡拉泽则自由转会至热那亚。

意大利中场卡莫拉内西从尤文图斯自由转会至斯图加特,双方签约一年。此外,尤文图斯还与法国边卫泽比纳解约,同时宣布从那不勒斯和阿森纳分别租来后卫里纳乌多和特劳雷。

荷兰前锋亨特拉尔从AC米兰转会至沙尔克04,转会费为1500万欧元。此外,沙尔克04还从马竞签入中场胡拉多,转会费为1300万欧元。

伯明翰宣布成功租借巴萨中场赫莱布,此外,伯明翰还签下了莫斯科斯巴达队长、捷克国脚吉拉内克以及智利国脚博塞茹尔。

皇家马德里将荷兰边卫德伦特租借至升班马大力神。

加纳前锋吉安从雷恩转会至桑德兰，转会费为1300万镑。

利物浦从富勒姆引入后卫孔切斯基，转会费为400万镑。

阿森纳中场新星威尔希尔因卷进一桩伤人案件被捕。当时威尔希尔与3名朋友在大街上打伤了一名当天过21岁生日的少女金姆，导致后者前臂骨折入院。

巴萨宣布与马里中场凯塔续约至2014年6月，后者的毁约金由原来的9000万欧元升至1亿欧元。

前皇家马德里著名前锋莫伦特斯宣布退役。

九月

1日

热刺正式签下皇家马德里的荷兰中场范德法特，转会费为800万英镑，双方签约4年。

2日

德国国家队主教练勒夫宣布，巴拉克仍将继续担任德国队的第一队长，拉姆则将作为第二队长。

欧足联宣布，在欧足联主办的比赛中将禁止球迷携带呜呜祖拉进场。

巴西豪门科林蒂安百年庆典活动中发生悲剧，一名21岁的女球迷惨遭庆祝大巴碾压身亡。

3日

葡萄牙主帅奎罗斯正式收到了葡萄牙反兴奋剂机构的处罚，他因辱骂反兴奋剂机构的工作人员而受到6个月的禁赛处罚。

切尔西左后卫阿·科尔与歌星妻子谢丽尔的离婚案开庭，女方将在夫妻共同财产出售后分得450万英镑。

4日

2012年欧洲杯预选赛展开首轮争夺，法国队主场爆冷0比1不敌白俄罗斯队，客队的基斯利亚克最后时刻上演绝杀。

5日

利物浦为效力球队14年之久的老将卡拉格举办了一场纪念赛，参赛球队是默西塞德郡德比双方利物浦和埃弗顿。据悉，两队的参赛球员都是由卡拉格邀请而来，其中还有一些是他曾经的队友，比如墨菲、杰拉德、路易斯·加西亚、欧文、赫斯基等。而当天共有35000名球迷到安菲尔德捧场。比赛中卡拉格分别代表比赛双方各打入一球，而最终利物浦4比1获胜。

6日

法国足协宣布辞退前法国队主帅多梅内克，其解职原因是“严重的不当行为”。

英国《世界新闻报》惊曝，曼联球星鲁尼在妻子科琳怀孕期间招妓鬼混，时间跨度长达几个月。

意大利国家电视台因欧洲杯预选赛上遗漏卡萨诺头球扳平比分的直播，公开向卡萨诺道歉。

以巴萨前锋比利亚为原型的一幅宽度达44米的巨大肖像画出炉，这创造了世界上最长人物肖像画新的吉尼斯纪录。

8日

2012年欧洲杯预选赛小组赛进入第2轮，法国队做客挑战波黑队，最终以 2 比 0 获胜。

在一场国际热身赛中，阿根廷队主场 4 比 1 大胜西班牙队。

据英国国家通讯社报道，丹麦传奇球星小劳德鲁普被诊断出患上淋巴癌。

9 日

阿斯顿维拉宣布，任命前利物浦主帅、法国人霍利尔为球队新任主教练。霍利尔曾在 2000-01 赛季，率领利物浦夺得了英格兰足总杯、联赛杯、欧洲联盟杯、欧洲超级杯和社区盾杯 5 项冠军，堪称当年的“五冠王”。此次执教维拉，也是赋闲三年的霍利尔正式重返英伦。

皇家马德里公布了俱乐部在 2009-10 赛季的财年报表。报告显示，“银河战舰”在 2009-10 赛季的收入高达 4.423 亿欧元，相比之前一个赛季 4.073 亿欧元的收入，增幅达到 8.6%。此外，他们的负债净额则由 3.267 亿欧元下降到 2.446 亿欧元。不过皇家马德里此次并没有透露俱乐部的负债总额。而根据全球四大会计师事务所之一的德勤会计师事务所的调查，皇家马德里现已成为全球第一支单赛季收入超 4 亿欧元的球队。

10 日

据来自德国的权威网站 Sport＋Markt 的报告显示，巴塞罗那已成为全欧洲球迷最多的俱乐部，人数多达 5780 万，这一数字比排名第二的皇家马德里足足高出了 2650 万，曼联（3060 万）、切尔西（2140 万）、拜仁慕尼黑（2070 万）和阿森纳（2030 万）分居第 3 至 6 位。而作为上赛季三冠王，国际米兰的球迷人数仅为 1750 万，排名第 8。其余三家入围的意甲球队中，拥有 1840 万支持者的 AC 米兰排名第 7，尤文（1310 万）和罗马（600 万）分列第 10 和第 19 位。此外，在本土球迷所占比例中，乌克兰基辅迪纳摩以 47%的比例成为冠军，叨陪末座的竟是切尔西，“蓝军”的本土球迷数量只占球迷总数的 6%。

葡萄牙足协宣布解雇国家队主帅奎罗斯。

法国足协驳回了埃弗拉的上诉并维持原判，前法国队队长仍将被处以国家队禁赛5场的处罚。

11日

英超联盟宣布了8月各项最佳的获奖人选，曼联老将斯科尔斯当选最佳球员，最佳教练则归属于切尔西主帅安切洛蒂。

12日

2010-11赛季英超第4轮全面展开，曼联补时阶段连丢两球，客场3比3被埃弗顿逼平，此役是曼联主帅弗格森执教生涯的第700场英超比赛。

2010-11赛季西甲第2轮，卫冕冠军巴萨爆出冷门，他们主场0比2不敌升班马大力神，客队新援巴尔德斯独中两元。

据阿根廷《奥莱报》报道，曼城球星特维斯的哥哥马丁内斯以及另一位亲人卡洛斯·贝隆分别被判监禁16年，原因是他们曾在两年前试图持枪抢劫运钞车。

13日

贝克汉姆在时隔180天后伤愈复出，他替补登场帮助洛杉矶银河队3比1战胜水手队。

14日

据意大利著名体育商业资讯公司StageUp的调查，过去的7年中，欧足联共向79支球队分发了37亿欧元的巨额奖金。在过去7年奖金收入总排名中，前三位全部是英超俱乐部，分别是曼联2.165亿、切尔西2.158亿、阿森纳1.891亿。国际米兰则凭借上赛季的出色表现，以1.745亿欧元的总收入从第8位攀升到第4位。第5位为里昂，总收入为1.679亿，这得益于他们在过去七年中从没有缺席过欧冠联赛。巴萨以微弱的劣势排在第6位，收入为1.677亿。拜仁、利物浦、AC米兰和皇家马德里分列7至10位。

15 日

2010-11 赛季欧冠小组赛首轮拉开战幕,国际米兰和曼联双双被对手逼平,后者还付出飞翼瓦伦西亚骨折的惨重代价。

在"伊布效应"的帮助下,AC 米兰欧冠季票的销售额创下 10 年来新高,已卖出 53260 张。

曼联传奇球星斯蒂尔斯打算将 1966 年世界杯冠军奖牌卖掉,以改善生活,据估计这块奖牌的价值在 10 万至 15 万英镑之间。

16 日

在土耳其甲级联赛第 3 轮萨姆松帕队和梅尔辛队的比赛中上演球场暴力,梅尔辛队的主教练尤克赛尔·耶斯洛瓦后腰部位连中两刀,幸好抢救及时,脱离了生命危险。值得一提的是,此次行凶的不是别人,正是耶斯洛瓦的弟弟,也是所执教球队中的球员穆拉特·耶斯洛瓦,官方宣称是由于个人原因引起的这场惨剧。

17 日

2010-11 赛季欧联杯小组赛进行了首轮较量。西甲球队中,卫冕冠军马竞、塞维利亚以及比利亚雷亚尔悉数落败;4 支意甲球队更是无一胜绩,尤文、那不勒斯、桑普皆被逼平。

西班牙法院判决,巴萨需向西班牙最大的收费电视运营商 Sogecable 再支付 2670 万欧元,加上此前的赔付,这笔罚款高达 8000 多万欧元。这桩商业合同源于前主席努涅斯时期,不过在拉波尔塔任内被粗暴取消,导致双方对簿公堂。原合约规定,巴萨应将 2003 至 2007 年的所有比赛收入交给 Sogecable,但巴萨只上交了来自欧足联电视转播的收益,而少交了广告和肖像权等收入。最终法庭勒令巴萨必须支付这五年间赞助商应得的 4930 万补偿,外加 16%的税率,金额高达 5720 万。但 Sogecable 并未满足,在二审判决中,法院最终又追加了对巴萨的处罚。

18 日

据英国《太阳报》报道，效力于英超的两名墨西哥球员贝拉和萨尔西多在墨西哥队1比0击败哥伦比亚队的友谊赛后，找了14名妓女和1位人妖，举行了盛大的淫乱派对。据墨西哥媒体报道，曼联前锋埃尔南德斯也参加了此次派对。

19 日

2010-11赛季德甲展开了第4轮的较量，卫冕冠军拜仁慕尼黑主场0比0被科隆逼平后，已经在联赛中连续270分钟未能取得进球，同时也遭遇到33年来最差的联赛开局。

2010-11赛季西甲第3轮，皇家马德里客场2比1力克皇家社会，取得新赛季首场客场胜利。第74分钟C·罗前场主罚任意球破门，这也是葡萄牙人该赛季攻入的首粒入球。

流浪汉世界杯足球赛在巴西里约热内卢开幕，有64支国家和地区的球队参赛。

20 日

穆里尼奥迎来从教10周年纪念日。

2010-11赛季英超第5轮上演焦点大战，曼联主场3比2力克利物浦，贝尔巴托夫上演帽子戏法，成为英超成立以来在"双红大战"中首位收获帽子戏法的球员。他也成为继1946年9月皮尔森之后，时隔64年第一位能在西北德比上演帽子戏法的曼联球员。

21 日

在皇家马德里拒绝穆里尼奥执掌葡萄牙国家队教鞭后，葡足协宣布保罗·平托出任国家队新帅，双方签约至2012年欧洲杯结束。

2010-11赛季德甲第5轮，拜仁慕尼黑客场2比1逆转霍芬海姆，伊比舍维奇开场 36.4 秒闪电破门，刷新了 2009 年 9 月对阵柏林赫塔创造的 44 秒个人最快进球纪录，同时也创造了该赛季德甲最快进球纪录。穆勒下半场追平比分，结束拜仁慕尼黑联赛里 333 分钟的进球荒，范比滕补时阶段反超比分。里贝里在比赛中右脚踝韧带撕裂，不得不因伤休战一个月。

西甲纪律委员会作出判罚，对在西甲联赛中铲到梅西脚踝造成其受伤的马德里竞技后卫乌伊法鲁西处以停赛两轮的处罚。

国际足联 U-17 女足世界杯半决赛，日本队以 2 比 1 战胜朝鲜队挺进决赛。比赛中，日本小将横山久美在前场连续对 6 名球员先后做出 9 次过人打进一球。

22 日

曾经执法过韩日世界杯的厄瓜多尔籍裁判莫雷诺，在纽约肯尼迪国际机场被拘捕，因为当地警方在其身上搜出了 6 公斤海洛因。

美国足协希望克林斯曼接任美国男足主教练一职，但由于美国足协不能满足后者在球队的权威地位，克林斯曼拒绝了邀请。

墨西哥足协通过新闻发布会公布，针对在 2010 年 9 月初该国家队队员雇用妓女集体狂欢一事，对阿森纳前锋贝拉作出停赛 6 个月的处罚，同时遭到处罚的还有曼联的锋线新星埃尔南德斯以及华雷斯、马克斯、桑托斯、弗朗西斯科·格德里格斯等 12 名墨西哥国脚，同时他们都被处以了 5 万比索(约合 2517 英镑)的罚款。

沙尔克 04 队客场以 2 比 1 战胜弗赖堡队，取得 2010-11 赛季德甲联赛的第一场胜利。

23 日

桑德兰后卫布兰布尔因涉嫌强奸被当地警方正式逮捕。

24 日

国际米兰宣布队长萨内蒂因胸部疼痛无缘客场与罗马的第 5 轮联赛，这也是萨内蒂 5 年来第一次因伤缺阵。

阿森纳在官方网站上公布了截至 2010 年财政年报，税前利润为 5600 万英镑，比 2009 年上升了 1050 万英镑。此外，阿森纳还提前还清了建造海布里广场的银行贷款。

25 日

2010-11 赛季英超第 6 轮，切尔西客场 0 比 1 不敌曼城，阿森纳主场 2 比 3 不敌西布罗姆维奇。

2010-11 赛季意甲第 5 轮，国际米兰客场 0 比 1 负于罗马，科尔多巴担任场上队长，这是他参加的第 300 场意甲比赛。补时阶段，罗马替补前锋武西尼奇顶进致胜一球，为罗马带来赛季首胜。

热刺完成了对南非 23 岁后卫库马洛的收购。该球员将在 2011 年 1 月份冬季转会大门开启时，以 150 万英镑的身价转投白鹿巷。

法国第四级别球队勒瓦卢瓦队宣布，他们决定以德罗巴的名字来命名俱乐部刚刚落成的体育场。

26 日

英足球名宿加斯科因被任命为加福斯俱乐部的主教练，征战英格兰甲级北部联赛。

塞维利亚宣布解雇主帅阿尔瓦雷斯，并任命前马洛卡主帅曼萨诺接任。

西汉姆联的英格兰门将格林因为侮辱性手势遭到足总调查。

英格兰职业比赛仲裁会宣布英超第 6 轮利物浦主场 2 比 2 平桑德兰比

赛中库伊特的争议进球有效。第 5 分钟，梅勒莱斯对布兰布尔犯规，特纳漫不经心地后场任意球回传，托雷斯断球后面对出击的米尼奥莱无私横传库伊特，后者跟进打入空门。赛后，桑德兰球员申诉是特纳让给米尼奥莱上前来踢定位球，但主裁安特维尔同边裁商议后判定进球有效。

27 日

2010-11 赛季英超第 6 轮，曼联客场 2 比 2 战平博尔顿，替补登场的欧文头球破门，将比分定格在 2 比 2。值得一提的是，这是欧文近 7 个月来的首粒联赛入球，也是他在英超生涯中打进的第 200 球。

2010-11 赛季意甲第 5 轮，尤文主场 4 比 2 击败卡利亚里，取得联赛主场首胜，克拉西奇上演加盟尤文以来首个帽子戏法。

28 日

前法国队主帅多梅内克向法国政府机构提出申请，要求领取失业救济金。

洛杉矶银河队决定对效力于该队的英格兰球星贝克汉姆网开一面，不追究他在联赛中与球迷发生冲突一事。

国际足联主席布拉特承诺，将为 2010 年 1 月参加非洲国家杯时遭枪击的前多哥队守门员奥比拉雷募资 2.5 万美元。

2010-11 赛季英冠联赛上演了一出不可思议的逆转大戏，利兹联在 4 比 1 领先的大好局面下以 4 比 6 输掉了和普雷斯顿的比赛。

29 日

2010-11 赛季欧冠 D 组第 2 轮，巴萨客场 1 比 1 战平喀山红宝石。第 60 分钟巴萨由比利亚点球扳平比分，这也是巴萨史上在欧冠(含欧洲冠军杯)中的第 400 个进球。

阿根廷足坛传奇人物马拉多纳在莫斯科一家大型百货公司举行的慈善

活动中为身患癌症的孩子们筹集了50万美元的善款。

前巴塞罗那球员爱德华·曼琼·莫利纳去世，享年80岁。莫利纳是1951-52赛季获得5项冠军的那支巴萨的锋线成员，他当时踢左边锋的位置。

国际足联主席布拉特向2011年U-20世界杯主办国哥伦比亚总统桑托斯转交FIFA会旗。

30日

巴拉圭"乳神"里克尔梅正式进军演艺圈，即将开拍的"处女作"将与墨西哥著名前锋布兰科共同出演。

法国国家队主教练布兰克公布了对阵罗马尼亚队和卢森堡队的欧洲杯预选赛大名单，高居法甲射手榜第一的圣埃蒂安前锋帕耶特首次入选国家队。

十月

1日

2009-10赛季欧洲金靴奖颁奖典礼在巴塞罗那隆重举行，2009-10赛季在西甲打入34球的梅西现场接受了主办方颁发的金靴，他也成为在金靴奖改制以来，巴萨队史上第二位获奖球员，此前罗纳尔多曾在1996-97赛季获得过该奖项，巧合的是，那个赛季罗尼同样为巴萨打入34球。在夺下欧洲金靴奖后，梅西也成为继范·巴斯滕、罗纳尔多以及C·罗之后，第四位包揽国际足球三大个人奖项的球员(金靴奖、世界足球先生、金球奖)，切尔西"魔兽"德罗巴以及乌迪前锋迪纳塔莱则同以29球并列金靴奖第二名。

韩国足协公布了征战2011年亚洲杯的奖金方案：如果韩国队能最终夺冠，主帅赵广来将获得1亿韩元的奖金(约9万美元)，球员最高可获6000万韩元(约5.5万美元)。

2日

为了给被困在地下的智利矿工们打气，皇家马德里组织了主教练和球星们在球衣上签名，并将这些签名球衣送抵智利。在皇家马德里之前，巴萨的比利亚也曾送去过自己的签名球衣，他的举动还受到了贝利的模仿。

3日

2010-11赛季德甲第7轮，美因茨05主场4比1战胜霍芬海姆，美因茨05的7连胜也追平了德甲开局纪录。

2010-11赛季英超第7轮，埃弗顿客场2比0击败伯明翰，伯明翰联赛主场19场不败的纪录就此终结。

马竞官网宣布，与雷耶斯、乌伊法鲁西和阿松桑三人分别续约，其中雷耶斯的合同延长至2014年。

前英格兰队主帅埃里克森出任英冠莱切斯特城主帅。

5日

荷兰主帅范马尔维克在新一期国家队名单中将曼城后腰德容除名。因为曼城在2比1战胜纽卡斯尔的联赛中，开赛仅开始3分钟德容就用一记凶狠的飞铲将纽卡中场本阿尔法放翻，导致法国人的胫骨和腓骨同时骨折，预计将离开赛场6个月。范马尔维克将德容这记飞铲描述为“毫无必要和粗野的动作”。

由于“招妓门”事件的影响，一家著名的饮料公司宣布，他们已决定将鲁尼的头像和标识从其旗下产品中删除。

由于尼日利亚政府对足球事务的介入，国际足联作出了暂时禁止尼日利亚队参加国际比赛的决定。

6 日

西班牙《马卡报》评出了西甲 2009-10 赛季各项大奖。梅西是本次颁奖大会的绝对主角,他摘得最古老的“最佳射手奖”以及“最佳球员奖”。除梅西外,巴萨阵容中还有多人获奖:巴尔德斯连续第二个赛季获得“最佳门将奖”,瓜迪奥拉也连续第二次拿到“最佳教练奖”,新援比利亚则获得“本土最佳射手奖”。而执法了南非世界杯的裁判马连科拿到了“最佳裁判奖”。

国际足球历史与统计协会(IFFHS)公布了最新一期世界俱乐部排名:国际米兰以 21 分的优势力压巴萨雄踞榜首。

贝尔巴托夫荣膺曼联俱乐部 9 月最佳球员。

2012 年欧洲杯的赛程和比赛场馆揭晓。根据安排,2012 年 6 月 8 日在波兰首都华沙进行揭幕战,7 月 1 日在乌克兰首都基辅进行决赛,31 场比赛将在 24 天内进行。

7 日

勒沃库森宣布,巴拉克由于伤势加重,将缺席 2010 年剩余的所有比赛。

西班牙职业足球联盟和各队就电视转播权分配比例达成协议,在新的分配协议中,皇家马德里和巴萨将一起占据总收益的 34%,年收入将超 1.3 亿欧元。

欧洲赌球案在德国开庭,四名涉嫌人被控操纵欧洲多个国家超过 30 场足球比赛,但德国足协明确表示德甲中不存在可疑的比赛。

沙尔克 04 中场法尔范在秘鲁国内遭到逮捕,原因是其前女友梅利莎起诉他没有支付足够的赡养费。

阿森纳公布了 9 月份最佳球员,小将威尔希尔以 40%的高支持率当选。

8日

巴西队在阿布扎比与伊朗队进行了一场热身赛，结果 3 比 0 轻取对手。伊朗队老将巴盖里替补出场，比赛结束后，他宣告退出国家队，其 17 年国家队生涯也就此画上句号。

9日

2012 年欧洲杯预选赛第 3 轮全面展开，A 组中，德国队主场 3 比 0 完胜土耳其队，克洛斯独中两元，他也以 57 球紧追盖德·穆勒的 68 球排在德国队总射手榜第二位，而他 104 场的国家队出场纪录也超越了贝肯鲍尔。

阿根廷队客场与日本队进行了一场热身赛，最终以 0 比 1 负于东道主，终结了对日本队 6 连胜的历史。这也是意大利名帅扎切罗尼执掌日本队的首场比赛，第 20 分钟，冈崎慎司补射打进本场惟一入球。

乌克兰队在热身赛中主场 2 比 2 战平加拿大队，舍甫琴科第 100 次代表国家队比赛。

10日

意大利足协宣布，对托蒂和罗马俱乐部各处以 1 万欧元的罚款，原因是托蒂在 7 月 20 日的新闻发布会上口无遮拦，称国际米兰连夺意甲冠军受到了足协的偏袒。

切尔西门将切赫荣膺 2010 年捷克足球先生，这也是他第五次获此殊荣。

11日

皇家马德里开出高额奖金，如果 2010-11 赛季球队能夺得欧冠、西甲和国王杯三项冠军，每名球员将得到 113.5 万欧元的奖金，这相当于西班牙国家队成员的两倍。

英国足球杂志《442》公布了 2010-11 赛季英格兰足坛财富排行榜，贝克汉姆尽管身家缩水 2500 万镑，但却仍以 1 亿英镑的资产继续占据球员中的首富。而在排名前10位人选中，曼联球员占到4席，欧文与费迪南德紧随小贝之后，位列二、三名。吉格斯与鲁尼则分列第五和第六位。而在教练榜单上，英格兰队主帅卡佩罗以3600万镑继续稳居榜首。

12日

2010年金足奖揭晓，托蒂力压贝克汉姆、杰拉德、德罗巴、布冯、劳尔等人获此殊荣，成为第三位获得金足奖的意大利球员。

13日

2012年欧洲杯预选赛第4轮全面展开，C组中意大利队主场与塞尔维亚队之战被迫中断。比赛原定当地时间20:50开始，但由于客队极端球迷对本队不满而闹事，导致开球时间延迟35分钟。但比赛仅进行了6分钟，客队球迷再度闹事，塞尔维亚国门斯托伊科维奇被烟花击中面部，被迫住进医院，苏格兰主裁汤姆逊立即中断了比赛。

尤文图斯俱乐部官方宣布内德维德正式被提名为尤文管理层成员。

14日

伦敦高等法院做出最终宣判：利物浦的两名美国老板希克斯和吉列特败诉，利物浦被批准即时出售。

前德国U-19欧青赛冠军队成员、现效力于慕尼黑1860的恩塞雷科离奇失踪，有消息称他的失踪与在乌干达同父异母的哥哥被杀害有关。

15日

意大利警方抓获了造成意大利与塞尔维亚之战腰斩的首犯“头套男”博格达诺夫。

2006年世界杯决赛上关于齐达内头顶马特拉齐，最终被红牌罚下一事至今仍是一个谜。畅销书《齐达内，鲜为人知的生活》的作者贝斯曼在做客法国电视5台时称：“赛前一天，齐达内和他的妻子吵架了，这使他直到比赛当天都还没有恢复平静。而在比赛中法国队的表现也不太好，当马特拉齐不断向他挑衅的时候，他终于失去了理智。”

国际足球历史和统计联合会公布了近 25 年最佳门将排名，尤文图斯主力门将布冯以 197 分高居第一，曼联两代门神舒梅切尔和范德萨分居二、三位。卡西利亚斯名列第四。

33 名智利矿工获救之后，皇家马德里和曼联两大豪门都发出官方邀请，希望他们能到伯纳乌和老特拉福德观看比赛。

16日

利物浦官网正式宣布，NESV 老板亨利已正式完成对红军的收购，价格为 3 亿英镑。这次收购让“红军”躲过了扣分处罚，也大大缓解了“红军”的经济危机。而同日 32 岁的后防中坚卡拉格宣布与“红军”续约两年。

在巴塞罗那的瓦尔德希布伦医院，梅西基金会儿童公园正式落成。

《品牌经济》公布的年度报告显示，皇家马德里是欧洲价值最高的俱乐部品牌，品牌估价达到 3.86 亿英镑，曼联以 3.73 亿排在第二，巴萨位列第三为 3.62 亿。

卡佩罗准备邀请贝克汉姆参加 2011 年 11 月英格兰队对法国队的热身赛，以此来作为贝克汉姆在英格兰队的告别赛，但这个提议遭到小贝本人拒绝。

美国足协宣布退出 2018 年世界杯主办权的竞争，专心致力于 2022 年世界杯的申办工作。

17日

2010-11 赛季西甲第 7 轮，巴萨主场 2 比 1 逆转领头羊瓦伦西亚，打破了对手该赛季联赛不败金身。

2010-11 赛季德甲第 8 轮，美因茨 05 主场 0 比 1 负于汉堡，未能书写 8 连胜纪录，同时也没有创下德甲史上最佳开局纪录。

2010-11 赛季意甲第 7 轮，AC 米兰主场 3 比 1 战胜切沃，取得联赛 3 连胜。终场前，罗比尼奥实现了意甲进球零的突破。

伯明翰宣布，任命著名主持人杨澜的丈夫吴征为俱乐部新的副主席。

18 日

尽管新老板亨利到场观战，但利物浦表现毫无起色，在与埃弗顿的默西塞德郡德比战中，"红军"客场 0 比 2 完败，连续 5 轮联赛不胜。

19 日

阿森纳的年轻中场伊斯特蒙德被警方逮捕，罪名是他对一名妇女进行"猥亵暴露"。事情发生在 2010 年 10 月初，据称伊斯特蒙德对一名女性进行了不雅部位的暴露和猥亵，对方因此报警。19 岁的伊斯特蒙德 2010 年刚和"枪手"签下了一份长期合同，并被认为未来有希望入选国家队。

国际足联对身处"黑金丑闻"中的两名国际足联执委展开正式调查。此前英媒报道，在各国申办 2018 年世界杯过程中，两名国际足联官员试图兜售他们手中的选票。

纽卡斯尔前锋卡罗尔因殴打前女友被警方逮捕，并出庭受审。

20 日

2010-11 赛季欧冠 G 组第 3 轮，皇家马德里主场 2 比 0 力斩 AC 米兰，报了 2009-10 赛季主场落败的一箭之仇。

因拖欠南非世界杯 1.43 亿美元余款仍未付清，国际足联被南非方面正式起诉。

21日

2010-11赛季欧冠B组第3轮，沙尔克04主场3比1击败特拉维夫工人，打进两球的劳尔将自己保持的欧冠进球纪录增加到68球，欧战进球则达到69球，超过AC米兰的因扎吉1球，追平了盖德·穆勒的纪录。而在欧足联官方进球榜（含丰田杯）上，劳尔也以70球超过因扎吉2球独居首位。

国际足联宣布，暂时停止特马里和阿达穆这两名涉嫌兜售世界杯举办权选票的执委职务。

土超豪门加拉塔萨雷俱乐部正式解除了主教练里杰卡尔德的工作合同。

22日

利物浦客场与那不勒斯的欧联杯赛前爆发血案。先是两名"红军"球迷被12个当地年轻人攻击，其中44岁的弗里亚尔和53岁的菲利普斯两人后脑勺、臀部、大腿和后背受伤。不久后又有4名"红军"球迷在那不勒斯臭名昭著的黑手党"克莫拉"组织的老巢佛塞拉地区遇袭。50岁的布朗和他的17岁的儿子亚当被严重刺伤。

西班牙队主帅博斯克荣膺阿斯图里亚王子奖，该奖项已举办了30届，用于表彰在科学、技术、文化、社会及人类进步领域中的杰出人士、团队及研究机构。

23日

曼联宣布与鲁尼正式续约五年，新合同直至2015年6月，鲁尼续约后周薪将升至25万英镑。

德国女总理默克尔因突然造访德国国家队更衣室，与半裸的球员"亲切"交谈而引发很多政界和体育界人士的不满。为平息争议，默克尔打电话给德国足协，就此事作出正式道歉。

2010-11赛季德甲第9轮先赛一场，拜仁慕尼黑客场0比0平汉堡，拉姆第200次出战德甲。

前尤文主帅费拉拉出任意大利U-21主帅，接替刚刚离任的卡西拉奇。

俄罗斯正式撤回其申办2022年世界杯的申请，转而专心竞争2018年世界杯的申办权。

24日

2010-11赛季西甲第8轮，皇家马德里主场6比1狂扫桑坦德竞技，此役C·罗从第15分钟到第55分钟连进四球，职业生涯首次完成"大四喜"。

在肯尼亚首都内罗毕进行的一场足球比赛中，发生踩踏事件，造成6名球迷丧生。

25日

在2010-11赛季荷甲比赛中，埃因霍温主场10比0狂扫费耶诺德，创造了两队历史上最大分差，巴西前锋雷斯上演帽子戏法。

26日

智利政府举办了一场足球友谊赛，参赛的双方分别是获救的33名被困矿工以及政府工作人员，最终矿工队以3比2获胜，智利总统皮涅拉参加了比赛，并打入1球。

27日

在南非世界杯上名声大噪的"章鱼帝"保罗，在奥博豪森水族馆去世，"享年"近三岁。在南非世界杯上，章鱼保罗因准确预测8场比赛胜负结果而一夜成名，它一生中一共预测了14场比赛，结果命中13场。保罗在南非世界杯上成为了"娱乐领袖"，很多国家都愤然将其列入餐馆、食堂的菜单，中国甚至拍摄了一部以它为主题的电影《追踪章鱼保罗》。

国际足联和《法国足球》公布了"FIFA金球奖"23人候选名单，其中世界冠军西班牙队有 7 人入选，在俱乐部方面，巴萨则有 6 人获提名。

为庆祝贝利七十大寿，意媒在百名球员、教练以及记者间做了一次民意调查，以确定贝利和马拉多纳谁才是史上最佳，但最终马拉多纳获得 64 票，完胜“寿星”贝利。

28 日

德国柏林洪堡大学的艾格斯教授研究表示，1954 年前西德队是靠兴奋剂才在世界杯决赛中奇迹般 3 比 2 逆转匈牙利队的。

2010 年世俱杯的抽签仪式在苏黎世举行。世俱杯将于 12 月 8 日至 18 日在阿联酋的阿布扎比进行，揭幕战将由东道主阿尔瓦赫达队迎战大洋洲冠军赫卡里联队。

意大利职业联盟主席贝雷塔证实，2011 年意大利超级杯将在中国举办，而未来 4 年内，意超级杯将会 3 次落户中国。

皮耶罗作为模范球员获得了首届“2010 年度体育人金奖”。

29 日

德国著名体育市场调查公司 Sport＋Markt 最新出炉的报告显示，英超已超越德甲成为球衣广告收入最高的职业联盟。2010-11 赛季，英超的球衣赞助额比上赛季猛增了 4450 万欧元，达到 1.28 亿，超越德甲的 1.185 亿，名列欧洲第一。意甲则是欧洲五大联赛中惟一收入下降的联盟，2008-09 赛季意甲共获得了 7400 万欧元的球衣广告赞助，2010 年则降至 6590 万，排名欧洲第三。意甲收入的下滑主要受累于拉齐奥和佛罗伦萨至今“裸奔”。

继国际足联爆出世界杯贿选丑闻之后，一位名叫马兰格斯的塞浦路斯足协官员也向《米兰体育报》曝料称，在 2012 年欧洲杯承办权竞选中，波兰和乌克兰也存在贿赂评委的行为。马兰格斯称，波-乌联手行贿了 4 名执委，其中一名执委得到 315 万欧元，另三人则分别得到 200 万。2007 年，2012 年欧洲杯承办权的竞争在波兰-乌克兰、意大利、克罗地亚-匈牙利之间进行，结果波-乌组合在第一轮就获得了12位执委中的8票，意大利仅获4票。目前，欧足联已表态要调查此事。

西班牙《足球先生》评出了世界足坛百大新星，评选对象为1989年之后出生的球员，结果西班牙与巴西入围人数最多，均达9人，而在俱乐部方面，巴萨和拜仁均有4人入围。

国际米兰宣布与中场核心斯内德续约至2015年。

在换肾之后依然继续足球生涯，并因此感动无数人的博尔顿前锋克拉什尼奇突然又成为媒体头条，据德媒报道，他在英格兰因涉嫌强奸一名17岁女孩而被警方逮捕。

30日

欧足联确定对于欧预赛意塞之战球迷骚乱事件的处罚决定，塞尔维亚队被处以至少一个主场禁止球迷入场的处罚，另外判定意大利队此役以3比0取胜。

巴西队主帅梅内塞斯公布了与阿根廷队进行友谊赛的23人大名单，罗纳尔迪尼奥因最近出色的状态而得以重新入选，另外格雷米奥的道格拉斯首次披上黄衫。

由于在欧冠与哥本哈根的比赛中吹口哨影响对手，欧足联宣布对巴萨门将平托处以欧冠禁赛两场的处罚。

31日

尤文图斯客场2比1力克AC米兰，第66分皮耶罗抽射得分，而这是他攻入的第179个意甲进球，超越前辈博尼佩尔蒂，创造了尤文球员意甲进球的新纪录。

桑普多利亚官方网站出台声明，声称将对侮辱球队主席的卡萨诺进行封杀。

十一月

1日

卡萨诺因侮辱桑普主席而向后者公开道歉。

2日

在洪都拉斯第二大城市圣佩德罗苏拉进行的一场业余球赛中，发生了一起惨案，有14名球员被蒙面枪手屠杀。

3日

章鱼保罗二世正式亮相德国奥博豪森水族馆。

前切尔西知名前锋凯日曼失业，法国巴黎圣日耳曼解除了他原本夏天到期的合同。

2010-11赛季欧洲冠军联赛开始第4轮角逐，拜仁慕尼黑客场4比0完胜克鲁日，成为首支取得欧冠小组赛开局4连胜的德甲球队并率先出线，戈麦斯上演帽子戏法。

AC米兰主场2比2平皇家马德里。下半时，替补出场的因扎吉梅开二度，并以70个欧战进球超过劳尔和盖德·穆勒1球，成为欧战射手王（在计算丰田杯进球的欧足联官方进球榜上，因扎吉则以70球追平劳尔）。此外，本场伊瓜因为皇家马德里打进首开记录的一球，是皇家马德里在欧冠历史上的第700球。

齐达内与马特拉齐的恩怨画上句号。在AC米兰与皇家马德里的比赛前，穆里尼奥为两名冤家见面创造了条件。马特拉齐在皇家马德里下榻的梅地亚酒店见到了齐达内，双方抛开昔日恩怨，拥抱进行问候，还有一番短暂的交谈。事后马特拉齐在自己的官网上透露:“我拥抱了齐达内,我选择和他和解。”莫拉蒂也证实:“是的,他们终于释然了。”

4日

阿森纳球员纳斯里当选为英超2010年10月份最佳球员。

拜仁宣布与后卫拉姆续约4年,新合同直至2016年。

2010-11赛季欧联杯第4比赛日意甲球队再遭滑铁卢,4支球队2平2负继续不胜,巴勒莫和那不勒斯同在客场1比3负于对手,尤文图斯和桑普多利亚则在主场被0比0逼平。

由于心脏问题,25岁的皇家马德里后腰德拉雷德宣布退役,退役后他将在皇家马德里青年队中担任教练职务。

前皇家马德里主帅佩莱格里尼接替葡萄牙人费雷拉,出任西甲马拉加新主帅,双方签约三年。

球王贝利探望百岁建筑大师奥斯卡·尼迈耶。这位建筑大师提出了设计贝利博物馆的方案。

5日

AC米兰的米兰内洛训练场爆发了不和谐的一幕:在常规训练中,伊布因一次滑铲的动作过大,激怒了美国队友奥涅乌,两人随后大打出手。

6日

中国香港南华俱乐部宣布邀请退役的曼联“92黄金一代”成员巴特加盟该队。

西媒遴选的国内足坛第一帅哥出炉,毕尔巴鄂后卫奥西奥折桂,“第二帅哥”是他的队友略伦特,季军则是西班牙人的奥斯瓦尔多,皇家马德里的阿隆索和巴萨的皮克分居四、五位。

曼联官网公布了球队 2010 年 10 月最佳球员得主，埃尔南德斯以 79% 的选票力压纳尼当选，这也是“小豌豆”加盟后首次获此殊荣。

国际足联“索贿门”事件仍在持续升级，南非世界杯组委会 CEO 乔丹坦言，在 2010 年世界杯申办过程中，南非曾和其他国家达成过不正当的交易。

7 日

英媒《每日镜报》披露，61 岁的阿森纳主帅温格与一名比自己小 22 岁的女歌星索尼娅·塔塔尔保持了长达两年的不正当关系。

8 日

2010-11 赛季英超第 11 轮，在富勒姆 1 比 1 战平阿斯顿维拉的比赛中，富勒姆后卫萨尔西多的左脚踝关节被前英格兰国脚卢克·扬铲断，当值主裁居然没有向施暴者卢克·扬做出任何处罚。

遭遇断腿之灾的阿森纳中场拉姆塞在时隔 9 个月之后正式复出。

非洲足联公布了 2010 年非洲足球先生候选人，德罗巴、埃托奥、凯塔入围，埃辛、图雷兄弟则无缘名单。

9 日

2010-11 赛季意甲第二位下课主帅诞生：热那亚主教练加斯佩里尼被解职，前拉齐奥主帅巴拉尔迪尼将接替他的位置。

热刺官方宣布范德法特当选英超 2010 年 10 月最佳球员，他也成为继范尼、博格坎普、罗本、范佩西之后第五位获得这一奖项的荷兰人，埃弗顿主帅莫耶斯则当选英超 10 月最佳教练。

10 日

国际足球历史和统计联合会公布了近十年国际足坛联赛排行榜，英超位列榜首，西甲排名第二，意甲则滑落至第三。巴西、德甲、阿甲、法甲、荷甲、葡超和墨西哥联赛分列 4 至 10 位。日本 J 联赛以第 34 位排名亚洲最高，韩国 K 联赛列第 39 位居亚洲次席，中超列第 56 位，在亚洲排名第五。西班牙足球历史与统计中心也公布了一份西甲成绩排行，巴萨被评为 21 世纪前十年最佳西甲球队，皇家马德里则是西甲近十年总成绩最好的球队。

37 岁的荷兰传奇后腰戴维斯宣布，在同水晶宫商议后，双方同意提前解除合同。

挪威莫尔德正式宣布索尔斯克亚出任球队主教练，“娃娃杀手”也正式结束了 14 年的曼联生涯。

11 日

西班牙国王杯 1/16 决赛进行了第二回合的较量，首回合客场被对手 0 比 0 逼平的皇家马德里终于在主场显示强队本色，他们以 5 比 1 狂扫穆尔西亚，顺利晋级 16 强。

佛罗伦萨宣布，门将弗雷接受了右膝前十字韧带重建手术，将缺席 5 个月。

AC 米兰在联赛中 3 比 1 力克巴勒莫，替补上场的因扎吉左膝前十字韧带撕裂连带外侧半月板受损，2010-11 赛季提前结束。

12 日

在训练中，拜仁队长范博梅尔和乌克兰中场季莫什丘克爆发冲突。

德国主帅勒夫宣布了新一届国家队名单。美因茨 05 两位新星许尔勒、霍尔特比和多特蒙德两位新星格茨、施梅尔策入选。

西班牙足协确认，将 2010-11 赛季皇家马德里与巴塞罗那的首回合西班牙国家德比推迟一天，于当地时间 11 月 29 日晚 9 点开球。

2011 年亚洲杯吉祥物揭晓，这个名为“SABOOG”的吉祥物以沙漠跳鼠为原型，共有 5 个不同颜色，由卡塔尔青年设计师马德希德设计。

13 日

第 34 届美洲杯抽签仪式在拉普拉塔阿根廷歌剧院举行，参赛队伍包括 10 支南美球队以及受邀的墨西哥、日本两队。具体抽签结果为 A 组：阿根廷、哥伦比亚、日本、玻利维亚；B 组：巴西、巴拉圭、厄瓜多尔、委内瑞拉；C 组：乌拉圭、智利、墨西哥、秘鲁。揭幕战将于 2011 年 6 月 1 日在拉普拉塔举行，由东道主阿根廷队出战江河日下的玻利维亚队。

65 岁的贝肯鲍尔宣布将不会参加 2011 年的国际足联执委会选举，他还表示，将在近两年内退出足球圈。

英格兰第一裁判韦伯决定将南非世界杯决赛的红黄牌捐给慈善机构，以帮助那些身体残疾与心智障碍的儿童。

由于在德甲、欧冠两线均作战不利，不莱梅决定停止和所有球员的续约磋商。

14 日

2010-11 赛季意甲第 12 轮，尤文图斯主场 1 比 1 战平罗马。第 35 分钟，阿奎拉尼助攻亚昆塔进球。上半时补时第 2 分钟，托蒂任意球击中禁区内佩佩的左肘，裁判判罚点球，托蒂操刀罚中，帮助罗马扳平比分的同时，也打破个人 2010-11 赛季的进球荒。

英格兰队公布了友谊赛迎战法国队的名单，纽卡前锋卡罗尔、曼联后卫斯莫林等 4 人首次入选。

在西甲联赛皇家马德里客场1比0击败希洪竞技的赛后，穆里尼奥和对方老帅普雷西亚多在停车场发生了激烈冲突。当时穆里尼奥从皇家马德里大巴上向普雷西亚多伸出两只手指，穆里尼奥的手势有两种解释：要么做“V”字形手势庆祝皇家马德里胜利，要么用“二”字形手势暗讽希洪竞技要降入乙级。而在此次事件之前，普雷西亚多曾骂狂人是“猪”和“土匪”。

大力神对皇家社会的比赛中发生了触目惊心的一幕：在底线附近，一名17岁的球童突然倒地不省人事，主裁判马里恩科察觉后果断中断了比赛，该球童经抢救后成功脱险。

15日

2010-11赛季英超第13轮，领头羊切尔西爆冷主场0比3完败于桑德兰，该赛季主场全胜、一球未失的纪录就此被终结。

2010-11赛季意甲第12轮上演了第276次的米兰德比，最终国际米兰“主场”0比1负于AC米兰，前者从2008年3月29日开始的联赛46轮主场不败纪录被终结。

16日

阿斯顿维拉俱乐部宣布，前阿森纳的法国球星皮雷自由转会至该队。

卡利亚里解雇主帅比索利，原意大利国家队主帅多纳多尼将接过教鞭。

2010阿根廷春季联赛第14轮一场焦点战在纪念球场展开争夺，河床队主场1比0力克博卡青年队，里克尔梅半场伤退，麦达纳打入全场比赛惟一的一粒进球。

西班牙国家队新主场队服发布亮相，这款球衣由阿迪达斯公司赞助提供，并且还在球衣上印有2010年南非世界杯冠军标志的徽章，队服依然延续西班牙传统的红色。

联合国儿童基金会驻乌拉圭大使弗兰与智利前足球明星萨莫拉诺出席联合国儿童基金会的献爱心活动。

17 日

阿森纳中场新星拉姆塞遇袭,他的朋友也被刺伤。事发于威尔士一家酒吧,当时拉姆塞在酒吧中被一群卡迪夫球迷认出,对方对他进行言语攻击,原因是拉姆塞 2008 年从卡迪夫转投至"枪手"帐下。见势不妙,拉姆塞拉着朋友哈奇森离开酒吧,没想到几名球迷不依不饶,其中一人追出来拿着匕首直冲拉姆塞,哈奇森及时挡在他们中间,并发生打斗。过程中对方突然一刀刺在哈奇森的脸上。经警方查明,持刀凶徒年仅 18 岁。

伊布拉希莫维奇荣获 2010 年瑞典足球先生称号。

2012 年欧洲杯吉祥物揭晓,该届比赛的吉祥物有两个,分别代表乌克兰和波兰。

国际足联官方公布了 2010 年最佳进球的十大候选,南非球员查巴拉拉在世界杯揭幕战上的进球、范布隆克霍斯特在世界杯半决赛荷兰胜乌拉圭的惊世远射等名作均进入评选。

18 日

南美双雄巴西队与阿根廷队在卡塔尔多哈进行了一场国际友谊赛,结果凭借梅西的绝杀,阿根廷队以 1 比 0 获胜,终结了自 2005 年以来不胜巴西队的历史。

葡萄牙队主场与西班牙队进行热身赛,此役首先是作为庆祝葡萄牙成立 100 周年的纪念活动,另外也是这两个国家共同申办 2018 年世界杯的一次宣传。结果葡萄牙队以 4 比 0 大胜新科世界杯冠军。

英格兰队在热身赛中主场 1 比 2 不敌法国队,卡佩罗执教"三狮军团"后遭遇首次主场失利。

19 日

国际足联在苏黎世召开新闻发布会，证实执行委员会中的两名成员阿达姆、特马里在 2018 年与 2022 年两届世界杯申办中出售自己的选票，两人分别被处以 3 年及 1 年的“禁赛”。

20 日

亚足联公布了 2010 年度各项最佳评选的最终候选名单。

布莱克本宣布，印度家禽业巨头文姬孵化场有限公司将以 2300 万英镑购入该俱乐部 99.9%的股份，正式成为球队新东家。

21 日

2010-11 赛季西甲第 12 轮，巴萨客场 8 比 0 狂胜阿尔梅里亚。梅西上演帽子戏法。阿根廷人不仅完成了连续 9 场比赛破门的壮举，同时还将自己在西甲联赛的总进球数增加至 101 个，成为巴萨队史上最年轻的联赛百球先生。第 73 分钟梅西再次助攻博扬单刀破门，并将比分锁定为 8 比 0。

2010-11 赛季英超第 14 轮全面展开，在北伦敦德比中，阿森纳主场在两球领先的大好局面下，被对手连扳三球，17 年来首度在主场输给热刺。

22 日

2010-11 赛季意甲第 13 轮，国际米兰客场 1 比 2 不敌“飞驴”切沃，自 2006 年 2 月 12 日后，国际米兰再次尝到连败。

2010-11 赛季西甲第 12 轮，马竞客场 4 比 2 战胜皇家社会，弗兰打进 1 球，在效力马竞的总进球数达到 92 粒，超越曾经的球队旗帜托雷斯，排在马竞历史射手榜的第 10 位。而且他的效率远超托雷斯，弗兰打进 92 球只用了 171 场比赛，而打进 91 球的托雷斯则足足用了 249 场。

23 日

阿贾克斯对队中头号球星苏亚雷斯作出了禁赛两场的内部处罚。在荷甲阿贾克斯 0 比 0 战平埃因霍温的终场前，阿贾克斯的乌拉圭球星苏亚雷斯竟然张嘴咬了对方球员巴卡尔一口。

在国际米兰客场 1 比 2 不敌切沃的比赛中，埃托奥报复性地用头将对方后卫塞萨尔顶翻在地。虽然逃过了主裁的红牌，但意大利纪律委员会宣布："猎豹"将被追加停赛 3 场和罚款 3 万欧元。由于国际米兰 12 月 15 日迎来世俱杯首战，埃托奥被停赛的第三场，也就是 12 月 12 日与切塞纳的比赛被推迟到 2011 年，这意味着"猎豹"已提前告别 2010 年的联赛。

24 日

尤文宣布与后防大将基耶利尼完成续约，新合同将延续到 2015 年 6 月。

25 日

在 2010-11 赛季欧洲冠军联赛 A 组第 5 轮的较量中，国际米兰主场 1 比 0 小胜特温特，提前一轮获得小组出线权，同时结束了各项比赛 5 场不胜的尴尬。

亚足联 2010 年度颁奖典礼在马来西亚进行，日本拿下公平竞赛奖、最佳足协等 7 项大奖，成为最大赢家；澳大利亚的奥格内诺夫斯基和安妮分获最佳男、女球员两项分量最重的大奖。

英格兰业余级联赛中发生了荒唐的一幕，一位名叫里默的球员为发泄对裁判哈克尼斯的不满，竟然在被红牌罚下场后，开车入场追轧裁判，为此他被判入狱 24 周。

荷兰足协宣布，对咬伤对手肩膀的阿贾克斯队长苏亚雷斯禁赛 7 场。

26 日

欧足联宣布，欧足联纪律委员会将对欧冠中"行为不当"和"违反体育道德"的皇家马德里进行立案调查。在欧冠联赛中，皇家马德里客场 4 比 0 大胜阿贾克斯的比赛结束前，阿隆索和拉莫斯均因故意拖延时间而吃到第二张黄牌被罚下，他们将在末轮与欧塞尔的无关痛痒的比赛中被停赛，避免了因潜在的第三黄而在淘汰赛遭禁赛的可能。赛后《马卡》报整合出一组图片，详细地回顾了整个洗牌过程：先是穆里尼奥在教练席上和领队岑多琴多耳语；随后“狂人”又捂着嘴和替补门将杜德克交流；下一个镜头则是杜德克走到球门后向卡西利亚斯传达主帅的指示；接着是卡西在拉莫斯耳边说着什么；最后便是黄牌和红牌出现。

国际足联与国际职业球员协会联合推出了2010年度最佳阵容55人候选名单。世界杯得主西班牙共有10人入选，成为最大赢家，排在其后的为巴西9人、阿根廷8人、英格兰6人、德国4人，荷兰与意大利则各3人，葡萄牙有2人入围。以效力的联赛分布来看，西甲共有18人入选，英超17人、意甲15人、德甲4人，而法甲仅1人。2011年1月，两大协会将在苏黎世举行的金球奖颁奖典礼中公布最终的11人名单。

尼日利亚指控赤道几内亚队在女足非洲杯中起用了两名“男”球员。在2010年11月结束的女足非洲杯中，赤道几内亚队在决赛2比4不敌尼日利亚队，但尼日利亚队女足主帅乌切却称，赤道几内亚队阵容中至少有两名男人。两年前，赤道几内亚队曾在非洲杯半决赛战胜尼日利亚队，并最终捧杯，打破了尼日利亚队8连冠的历史，当时尼日利亚就质疑对方队长安诺玛和前锋辛珀尔是男人。而本届女足大赛的东道主南非也控诉说，她们与赤道几内亚队在淘汰赛90分钟内战成1比1，加时赛所有球员都很疲惫，惟独辛珀尔依然生龙活虎，最终“她”连进两球助赤道几内亚队淘汰南非队。

利物浦宣布沃纳将出任俱乐部新主席，现任主席劳顿将在2010年11月30日结束任期。

27日

国际足球历史和统计联合会公布了2001-2010十年期间欧洲俱乐部排行榜，榜首被巴塞罗那夺走，紧随其后的是曼联、利物浦和阿森纳。国际米兰和AC米兰分居5、6位，皇家马德里仅列第8位。

28 日

在 2010-11 赛季英超第 15 轮中，曼联主场 8 比 1 大胜布莱克本，贝尔巴托夫一人独中 5 元。在英超 18 年历史中，只有 3 人有过单场比赛打进 5 球，他们分别是安迪·科尔、希勒和迪福。

29 日

2010-11 赛季意甲第 14 轮，国际米兰主场 5 比 2 击败帕尔玛，终结联赛 4 轮不胜。斯坦科维奇上演帽子戏法，打破了长达 13 个月的联赛进球荒，同时这也是他 16 年职业生涯来的首个帽子戏法。

2010-11 赛季德甲第 14 轮，不莱梅主场 3 比 0 完胜圣保利，止住了近 7 场比赛 6 负 1 平的颓势。阿尔梅达上演帽子戏法，不过他随后因肘击对方被红牌罚下，他也成为德甲历史上第 2 位同一场比赛收获帽子戏法又被红牌罚下的球员。

因 30 多名本国裁判罢工，苏格兰足协只能靠着以色列、马耳他和卢森堡等足球小国的“外交援助”，才勉强确保苏超联赛 6 个赛地的比赛正常进行。其他 15 场苏格兰低级别联赛的赛事统一取消。

30 日

第 238 场西班牙国家德比在雨夹雪天气中展开，皇家马德里客场 0 比 5 惨败在巴塞罗那脚下。巴萨在迎来俱乐部成立第 111 周年纪念日的同时取得联赛 7 连胜，并反超皇家马德里 2 分登上榜首。另外巴萨首次在国家德比中取得 5 连胜，同时创造了 16 年以来在与皇家马德里交锋中的最大比分胜利。

国际米兰公布了参加世俱杯的 23 人名单，门将塞萨尔提前复出入选，库蒂尼奥和小曼奇尼、奥比因伤落选。

多特蒙德宣布与新锐国脚格罗斯克罗伊茨续约两年。

十二月

1日

英国BBC电视台的《全景》节目再次曝光了国际足联黑金事件内幕，并直接指控巴西足协主席特谢拉、南美足联主席莱奥兹和非洲足联主席哈雅图等三名现任国际足联执行委员会委员曾接受已经破产的ISL公司的贿赂。《全景》称有21笔共计950万美元的黑金支付给了巴西足协巨头特谢拉，哈雅图和莱奥兹也都有收受黑金的行为。

在英格兰联赛杯1/4决赛中，曼联客场0比4惨败于西汉姆联，遭遇2010-11赛季首败，前曼联青训球员斯派克托和C·科尔各打入2球。

欧足联官方宣布，由于在欧冠中皇家马德里故意吃牌制造“洗牌门”事件，因此对穆里尼奥给予停赛两场、罚款4万欧元的处罚；当事人阿隆索、拉莫斯将因红牌停赛一场，同时罚款2万欧元；两名门将作为参与此事的同谋也遭到处罚，卡西利亚斯被罚1万欧元，替补门将杜德克则被罚5千欧元；同时皇家马德里将被罚款12万欧元。

德国《图片报》披露了德甲18位主教练的年薪，其中沙尔克04主帅马加特以540万欧元高居榜首，而最廉价的主帅则是科隆的舍费尔，年薪只有15万欧元。

利物浦后卫卡拉格因肩部受伤将进行手术，不得不休战12周。

2日

2010-11赛季欧联杯小组赛第5轮全面开战。A组中，曼城主场3比0完胜萨尔茨堡红牛，提前一轮晋级淘汰赛。同组的另一劲旅尤文图斯客场被波兰的波兹南1比1逼平，小组赛5连平提前一轮被淘汰。

皇家马德里前锋伊瓜因由于椎间盘突出进行手术，将休战两个月。

3 日

国际足联主席布拉特揭晓了 2018 年和 2022 年两届世界杯的主办权归属——俄罗斯和卡塔尔成为幸运儿，世界杯也分别首次落户东欧和中东。

国际足球历史和统计联合会公布了最新一期的世界俱乐部排名，巴塞罗那以 301 分超越 297 分的国际米兰，重夺榜首，拜仁慕尼黑以 264 分排名第三位。

4 日

欧足联公布了 2009-10 年度最佳阵容 55 人候选名单，国际米兰成为最大赢家，共有 9 人入围。

2011 年劳伦斯奖提名揭晓，在最佳男运动员的提名名单中，弗兰、伊涅斯塔和梅西三名足球选手入围。

5 日

2010-11 赛季德甲第 15 轮，沙尔克 04 坐镇主场 2 比 0 完胜拜仁慕尼黑，终结了对手的 7 轮不败。

日本 J 联赛落下帷幕，名古屋鲸八队夺冠。

6 日

2010-11 赛季德甲第 15 轮，多特蒙德客场 2 比 0 战胜纽伦堡，积 40 分锁定半程冠军。

韩国 K 联赛落下帷幕，FC 首尔夺得冠军。

巴西甲级联赛鸣金收兵，弗鲁米嫩塞夺得冠军，罗纳尔多效力的科林蒂安屈居第三。

阿根廷国脚阿圭罗正式获得西班牙国籍。

7日

《法国足球》杂志公布了“2010年FIFA金球奖”前三名候选名单，巴萨三将伊涅斯塔、哈维和梅西入围，巴萨也成为继1988年和1989年AC米兰之后，又一支在金球奖评选中囊获三甲的俱乐部，斯内德意外落选。同时，国际足联还公布了最佳主帅的候选名单：博斯克、瓜迪奥拉和穆里尼奥将争夺该奖项。最佳女足球员的前三名则是德国的巴伊拉马伊、普林茨以及巴西的玛塔。

欧足联公布了对皇家马德里“洗牌门”的最终处理决定。经过上诉，穆里尼奥和皇家马德里获得减刑，其中“狂人”的禁赛由两场减为一场，罚款由4万欧元降为3万；针对皇家马德里的罚款则由12万降为10万。不过，对于拉莫斯、阿隆索、杜德克、卡西利亚斯四名球员的处罚则维持原判。

8日

2010-11赛季欧冠小组赛末轮，卫冕冠军国际米兰客场0比3惨败于垫底球队不莱梅，仅以小组第二出线；热刺获得小组头名。曼联主场1比1战平瓦伦西亚。第32分钟瓦伦西亚前锋埃尔南德斯单刀破门打破曼联小组赛不失球的纪录。沙尔克04客场2比1击败本菲卡，成为2004-05赛季后除拜仁慕尼黑以外首支夺得小组头名晋级16强的德甲球队。

维基解密曝光了一枚重磅炸弹：缅甸军事执政团领导人丹瑞曾考虑出资10亿美元从格雷泽家族手中买下曼联。

2010赛季巴西足协颁奖典礼在里约热内卢隆重举行，罗纳尔多荣膺传奇巨星奖。

因被所效力的比勒费尔德终止了合同，37岁的前德国国脚诺伊维尔宣布退役。

因涉嫌绑架和谋杀怀孕的女友，前弗拉门戈门将布鲁诺被当地法庭判罚监禁 4 年。

9 日

2010-11 赛季欧冠小组赛末轮，AC 米兰主场 0 比 2 不敌阿贾克斯，各项赛事 8 场不败纪录被打破的同时，也成全了对手参加欧联杯。而皇家马德里则在主场 4 比 0 完胜欧塞尔，以 5 胜 1 平积 16 分创造了他们在欧冠小组赛中的最佳历史战绩。

2010 年世俱杯揭幕，阿联酋瓦赫达 3 比 0 击败巴布亚新几内亚的赫卡里联。

罗纳尔多发表声明，证实私生子阿莱士是他的亲生儿子。

10 日

意大利球员工会与职业联盟达成共识，在获得相关保护权益之后，他们正式宣布取消此前设计的罢工计划，周末的意甲将照常进行。

纽卡斯尔宣布，帕杜成为球队新一任主教练。

11 日

巴萨举行发布会，宣布下赛季将在球衣上增添“卡塔尔基金会”的广告，合同直至 2016 年，总价值 1.5 亿欧元。这将是巴萨成立 111 年以来首次以盈利为目的出售球衣广告。每年 3000 万欧元的价格，也超越曼联和利物浦的 2360 万以及皇家马德里的 2300 万，创造了全球俱乐部球衣赞助新高。不过在出卖胸前广告的同时，巴萨将继续保留原有的联合国儿童基金会的广告。此外，由欧洲体育媒体联盟评选的 2011 年 11 月最佳阵容中，巴萨共有 5 位球员入围，其中梅西获得全票。

欧足联主席普拉蒂尼建议，将 2022 年世界杯放在冬天举办。

皇家马德里门将卡西利亚斯将再次“触电”，他将在电影《越位》中友情客串。

12 日

拜仁慕尼黑与中场核心施魏因斯泰格续约至 2016 年 6 月。

13 日

2010-11 赛季英超第 17 轮，切尔西做客白鹿巷 1 比 1 战平热刺。连续 5 轮联赛未尝胜果，这创下了阿布入主以来，“蓝军”最长的连续不胜纪录。第 78 分钟，伤停近 3 个月的兰帕德替补出场。

非洲足联公布了 2010 年度非洲足球先生候选名单，德罗巴、埃托奥以及吉安将角逐该奖项。

14 日

罗纳尔多朋友队和齐达内朋友队在希腊雅典举行了一场慈善比赛，比赛的收入将捐给在海地地震和巴基斯坦洪水中受灾的民众。

英超榜首大战结束，曼联凭借朴智星的进球 1 比 0 力斩阿森纳，在少赛一场的情况下再次以 2 分优势登上榜首。弗格森则超越率曼联夺得第一座欧冠奖杯的巴斯比爵士，以 24 年 1 个月零 14 天成为执教曼联时间最长的教练。比赛中，老特拉福德还来了一群特殊的观众——在智利圣何塞矿难中获救的 33 名智利矿工中，有 27 人受到曼联传奇博比・查尔顿爵士的邀请来现场观看了比赛。

象征着意甲最差球员的 2010 年度“金垃圾奖”正式揭晓，阿德里亚诺以 22.42%的选票，继 2006 年和 2007 年之后第三度当选。阿毛里则排名第二，罗纳尔迪尼奥位列第三。

布莱克本俱乐部官方宣布主帅阿勒代斯和助理教练麦克唐纳下课。

曼城宣布签下前巴萨中场小将阿苏林，这名 19 岁的以色列国脚也是曼城在冬季签下的第一名新援。

斯图加特宣布解雇主帅凯勒，由曾执教过勒沃以及汉堡的拉巴迪亚接手球队，后者也成为斯图加特两年以来的第 5 位主帅。

葡萄牙边锋西芒与土耳其贝西克塔斯达成加盟协议，葡萄牙人将在冬季转会市场开放后离开马竞转战土超。

15 日

世俱杯首场半决赛在阿布扎比打响，民主刚果球队马赞姆贝爆冷 2 比 0 击败南美冠军巴西国际，成为首支打进世俱杯决赛的非洲球队，打破了欧洲和南美球队在以往 6 届决赛的统治。

曼城宣布，如果特维斯为离队而挂靴，球队会把他告上法庭，索赔金额将高达 5000 万欧元。

国际足联 2010 年南非世界杯颁奖典礼在德国举行。金靴奖得主穆勒、金球奖得主弗兰和金手套得主卡西利亚斯分别获奖。

国际体育记者协会最佳男运动员候选名单揭晓，巴萨三将伊涅斯塔、比利亚、梅西被提名。

继长子恩佐和次子卢卡之后，齐达内的第三个儿子西奥也加入了皇家马德里青训营，西奥到 2011 年才满 9 岁，司职前锋。

16 日

欧联杯率先进行了 D 到 I 组 6 个小组的末轮比赛。塞维利亚主场 2 比 2 战平多特蒙德，以小组第二晋级，多特蒙德惨遭淘汰。那不勒斯则依靠卡瓦尼补时阶段的进球，主场 1 比 0 小胜布加勒斯特星，成为惟一晋级的意甲球队。

曼联与巴西中场安德森续约4年半。

17日

意大利职业联盟否决了桑普多利亚要求与卡萨诺解约的申请，后者被判留队，同时职业联盟勒令桑普多利亚必须解除球员停赛停训的禁令，但卡萨诺的年薪也将减半。

国际米兰确认斯内德因伤无缘世俱杯决赛。

18日

欧冠1/8决赛抽签揭晓，卫冕冠军国际米兰抽到了2009-10赛季决赛对手拜仁慕尼黑，AC米兰则碰到热刺。其他对阵为：罗马VS矿工、AC米兰VS热刺、瓦伦西亚VS沙尔克04、里昂VS皇家马德里、阿森纳VS巴塞罗那、马赛VS曼联、哥本哈根VS切尔西。1/8决赛首回合将在2011年2月15日拉开战幕。

欧联杯进行了1/16决赛抽签，曼城抽到希腊萨洛尼卡阿里斯，利物浦对阵布拉格斯巴达，意甲独苗那不勒斯将与比利亚雷亚尔死磕。其他重要对阵：安德莱赫特VS阿贾克斯、塞维利亚VS波尔图、本菲卡VS斯图加特、乌克兰冶金VS勒沃。

英国《世界足球》杂志评出了2010年度各项最佳，哈维荣膺年度最佳球员。哈维也成为第一个获评《世界足球》年度最佳球员的西班牙人。而穆里尼奥则战胜西班牙队主帅博斯克和乌拉圭队主帅塔巴雷斯，当选最佳教练，西班牙队则被评为年度最佳球队，拜仁慕尼黑的托马斯·穆勒被授予年度最佳新人奖。

朴智星宣布在2011年亚洲杯结束之后退出韩国国家队。

国际足联主席布拉特公开表示支持将卡塔尔世界杯放在冬季举办的主张。

19 日

国际米兰在世俱杯决赛中 3 比 0 完胜非洲冠军马赞姆贝，夺得 2010 年以来的第 5 座冠军奖杯。在稍早前进行的三四名决赛中，巴西国际 4 比 2 战胜城南一和，夺得季军。

英超第 18 轮中的切尔西 VS 曼联、阿森纳 VS 斯托克城、伯明翰 VS 纽卡斯尔、维冈竞技 VS 阿斯顿维拉、利物浦 VS 富勒姆的比赛因天气恶劣被迫延期。

意甲第 17 轮先赛两场，领头羊 AC 米兰主场 0 比 1 不敌罗马，联赛 7 轮不败终止。第 69 分钟，博列洛破门帮助罗马绝杀旧主。

在西甲第 16 轮中，巴塞罗那在同城德比中客场 5 比 1 大胜西班牙人，豪取十连胜。

在德甲第 17 轮中，沙尔克 04 主场 3 比 0 完胜科隆，劳尔上演帽子戏法。领头羊多特蒙德客场 0 比 1 不敌法兰克福，客场 8 连胜就此终结。不莱梅主场 1 比 2 负凯泽斯劳滕，客队的拉基奇开场仅 23.6 秒就打进一球，创造了德甲该赛季最快进球纪录。

阿森纳宣布将在冬歇期签入 18 岁的日本前锋宫市亮。

20 日

德甲结束了冬歇期前的最后两场比赛，拜仁慕尼黑客场 5 比 3 力克斯图加特，戈麦斯第三次上演帽子戏法，在近 14 场比赛中攻入 18 球。

贝尔巴托夫当选 2010 年保加利亚足球先生，这也是他第七次获此殊荣。不过在颁奖仪式上贝尔巴托夫希望记者们以后不要再投票给自己，他认为自己应该给年轻球员让路。

21日

在提交转会申请一周后，曼城前锋特维斯的态度发生了180度的大转弯，正式宣布留守球队。

卡萨诺从桑普多利亚转会至AC米兰，双方签约3年。

埃托奥力压德罗巴和吉安，荣膺2010年非洲足球先生，他也成为惟一一个四获非洲足球先生的球员。

在BBC年度体育颁奖大会上，贝克汉姆被授予个人终身成就奖。

巴萨宣布与博扬续约至2015年，违约金提升至1亿欧元。

曼联老板格雷泽否认了关于卡塔尔财团出价15亿英镑收购红魔的传闻。

2010年南美足球先生14人候选名单出炉，阿根廷成为最大赢家，有6人入围，乌拉圭和巴西则各有3人。

马竞宣布签入巴甲科林蒂安中场埃利亚斯，以顶替离队的葡萄牙边锋西芒。

曾在1982年世界杯率领意大利队夺冠的一代名帅、“烟斗教练”贝阿尔佐特在米兰病逝，享年83岁。

22日

西班牙国王杯1/8决赛进行了首回合争夺，巴萨主场被毕尔巴鄂0比0逼平，结束各项赛事十连胜。

穆里尼奥向主席弗洛伦蒂诺发出了最后通牒，宣布如果俱乐部不解雇体育经理巴尔达诺的话，他2010-11赛季结束后就会主动请辞。

由意大利《都灵体育报》主办的第8届欧洲金童奖揭晓，曼城前锋巴洛特利在40位候选人中脱颖而出，这也是该奖项成立以来第一次由意大利人当选。

为备战与洪都拉斯队的友谊赛，加泰罗尼亚联队主帅克鲁伊夫公布了球队大名单，包括巴尔德斯、皮克、普约尔、布斯克茨在内的7名巴萨球员入选。

切尔西与法国19岁小将卡库塔续约4年半，新合约直至2015年6月。

23日

继上轮客场5比3大胜斯图加特后，拜仁慕尼黑又在德国杯1/8决赛中客场6比3淘汰被罚下两人的斯图加特。

在西班牙国王杯1/8决赛首回合中，皇家马德里主场8比0横扫莱万特，C·罗和本泽玛双双完成帽子戏法。

英足总任命前曼城主席伯恩斯坦为新任主席。

斯托克城从萨拉戈萨签下边锋彭南特，转会费为260万英镑。

24日

国际米兰宣布与主帅贝尼特斯解约。

2010年阿根廷年度最佳运动员揭晓，梅西仅屈居次席，女子曲棍球选手卢西亚娜·艾马尔荣膺该项奖项。不过梅西力压NBA火箭的斯科拉，获得最佳海外运动员奖项。

曼联官方确认荷兰门将范德萨将于2010-11赛季结束后退役。

斯坦科维奇当选2010年度塞尔维亚足球先生，这也是他职业生涯第二次获得该奖项。

作为欧足联主席竞选的惟一候选人,普拉蒂尼提前蝉联下一任主席,他将于2011年至2015年执行第二个任期。

巴西足协在查证历史时承认了桑托斯在1959年至1970年间获得的巴西杯冠军及Roberto Gomes Pedrosa锦标赛冠军,球王贝利因此被追授了6枚冠军奖牌。

德国前国脚汉克宣布从汉诺威96自由转会至门兴格拉德巴赫,双方签约至2013年6月。

25日

国际米兰宣布聘请前AC米兰主帅莱昂纳多出任球队新帅。双方签约一年半。

由卡西利亚斯和菲戈发起的7人制慈善赛在马德里上演,卡西队在古蒂打进两球以3比1领先的情况下,最终被对手以5比4逆转,格拉内罗为菲戈队上演绝杀,菲戈本人也有一球入账。

巴西后卫罗伯特·卡洛斯宣布在2011赛季后退役。

荷兰边锋阿费莱从埃因霍温转会至巴塞罗那,转会费为300万欧元,双方签约4年半,毁约金高达1亿欧元。

拜仁慕尼黑宣布不与队长范博梅尔续约。

26日

法国《队报》评选了2010年度世界足坛最佳11人阵容。巴萨有5名球员入选,分别是梅西、哈维、伊涅斯塔、皮克和布斯克茨。国际米兰则有麦孔、卢西奥和斯内德3人入选。皇家马德里门将卡西利亚斯除入选外,还被该报连续第三年评为年度最佳门将。剩余的两个最佳名额被拜仁的施魏因斯泰格和本菲卡的科恩特朗获得。

因大雪暂停的阿森纳主场与斯托克城的比赛将延期至 2011 年 2 月 22 日进行。

日本中场细贝萌从浦和红宝石自由转会加盟勒沃库森，双方签约至 2015 年 6 月，不过细贝萌将被租借到德乙奥格斯堡锻炼。

27 日

韩国队公布了参加 2011 年亚洲杯的 23 人最终名单，朴周永因膝伤落选。

28 日

英超第 19 轮最后一役上演焦点大战，阿森纳主场 3 比 1 大胜切尔西。不但终结了对“蓝军”的 5 连败，也让切尔西在半程之后，在多赛 2 场的情况下落后半程冠军曼联 6 分，几乎“枪毙”了切尔西的卫冕希望。

由西班牙《世界报》组织西甲 20 支球队主教练及队长投票选出的 2010 年度各项最佳揭晓，哈维和梅西分别荣膺西甲最佳西班牙籍球员和西甲最佳海外球员。哈维是连续第三年获奖，而梅西则是连续第四年蝉联，皇家马德里主帅穆里尼奥也投票给了两人。其他奖项得主为：最佳教练瓜迪奥拉，最佳海外球员斯内德、最佳海外教练穆里尼奥。

罗纳尔多宣布实施绝育手术。

拜仁中场施魏因斯泰格当选 2010 年德国足球先生。

斯内德当选 2010 年荷兰足球先生，荷兰国门斯特克伦博格荣登第二，罗本和范德法特并列第三。

29 日

在英超第 20 轮中，曼城主场 4 比 0 大胜维拉，巴洛特利上演帽子戏法。

美国体育学院在其官网上公布了 2010 年最佳运动员得主：巴萨前锋比

利亚意外获得最佳男运动员。

37岁的前意大利国脚维埃里宣布复出，他与巴西业余球队博阿维斯塔签约六个月。

国际米兰前锋潘德夫当选2010年马其顿足球先生，这也是他第五次当选。

前利物浦名宿埃维·科恩驾驶摩托车发生车祸，经抢救无效不幸身亡，享年54岁。

30日

在英超第20轮中，切尔西主场1比0力克博尔顿，近7轮联赛以来首次赢球。

国际米兰新帅莱昂纳多正式上任。

国际米兰用1250万欧元从热那亚买回了后卫拉诺基亚另50%所有权，“新内斯塔”正式加盟“蓝黑军团”。

英冠普雷斯顿宣布主帅、爵爷弗格森的儿子达伦·弗格森下课。

安哥拉一家法院对2010年1月发生的多哥国家足球队遇袭案进行宣判，一名实施枪击的男子被判处24年监禁。

意大利《米兰体育报》公布了该报评选的年度世界体坛各项最佳，穆里尼奥力压网球名将纳达尔，当选“2010年度体育人物”，他也成为该奖项第一位获奖的足球教练。在其他奖项评选结果中，国际米兰荣膺“年度意大利最佳团队”，西班牙国家队则获得“年度世界最佳团队”。

31 日

西班牙《足球先生》评选出世界足坛十年最佳阵容，10 名西甲球员上榜，马尔蒂尼成为惟一的非西甲球员，该最佳阵容为：卡西利亚斯/普约尔、马尔蒂尼、卡洛斯/哈维、齐达内、罗纳尔迪尼奥/梅西、罗纳尔多、劳尔、埃托奥。而在 MVP 票选中，齐达内以 27.7%的选票荣膺第一，梅西位居第二，罗纳尔多列第三。

意大利《慢镜头》进行了十年最佳球员票选活动，梅西以 22%的选票位列榜首。

阿根廷中场达历桑德罗力压同胞贝隆和巴西超新星内马尔，当选 2010 年南美足球先生。乌拉圭老帅塔巴雷斯当选为年度南美最佳教练。

英国《卫报》评出该报 2010 年国际足坛大奖，梅西和巴萨分获年度最佳球员和最佳球队。

西班牙《马卡报》选出 2010 年度最佳 11 人，阵容为：卡西利亚斯/麦孔、皮克、普约尔、贝尔/C·罗、哈维、阿隆索、伊涅斯塔/比利亚、梅西。

穆里尼奥指挥的“非洲联队”在慈善赛中 3 比 2 战胜了“西甲明星联队”，比赛的收入将全部捐献给联合国儿童基金会，用于改善非洲儿童的学习条件。

法国《队报》评选出“2010 年世界之王”，伊涅斯塔不敌同胞纳达尔位列第二，斯内德位列第三。

麦孔力压队友卢西奥、塞萨尔与 AC 米兰的帕托，获得 2010 年“桑巴金球奖”。

据《米兰体育报》统计，在 2009-10 赛季中，穆里尼奥是登上该报头版次数最多的人，总计达到惊人的 143 次。